高等法律职业教育系列教材
审定委员会

高等法律职业教育系列教材

法院执行原理与实务

FAYUAN ZHIXING YUANLI YU SHIWU

主　审 ○ 尚彦卿

主　编 ○ 王凌云　周静茹

副主编 ○ 曾　郁　刘　畅

撰稿人 ○ 王凌云　周静茹　曾　郁
　　　　　刘　畅　尚彦卿　兰凤英

中国政法大学出版社

2016 · 北京

图书在版编目（ＣＩＰ）数据

法院执行原理与实务 / 王凌云，周静茹主编. —北京：中国政法大学出版社，2016.7（2022.1重印）
ISBN 978-7-5620-6906-5

Ⅰ．①法… Ⅱ．①王… ②周… Ⅲ．①法院—执行（法律）—研究—中国 Ⅳ.①D926.2

中国版本图书馆CIP数据核字(2016)第171526号

出 版 者　　中国政法大学出版社

地　　址　　北京市海淀区西土城路 25 号

邮　　箱　　fadapress@163.com

网　　址　　http://www.cuplpress.com (网络实名：中国政法大学出版社)

电　　话　　010-58908435(第一编辑部) 58908334(邮购部)

承　　印　　保定市中画美凯印刷有限公司

开　　本　　787mm×1092mm　1/16

印　　张　　13.5

字　　数　　280 千字

版　　次　　2016 年 7 月第 1 版

印　　次　　2022 年 1 月第 3 次印刷

印　　数　　6001～8000 册

定　　价　　35.00 元

总 序
Preface

　　高等法律职业化教育已成为社会的广泛共识。2008 年，由中央政法委等 15 部委联合启动的全国政法干警招录体制改革试点工作，更成为中国法律职业化教育发展的里程碑。这也必将带来高等法律职业教育人才培养机制的深层次变革。顺应时代法治发展需要，培养高素质、技能型的法律职业人才，是高等法律职业教育亟待破解的重大实践课题。

　　目前，受高等职业教育大趋势的牵引、拉动，我国高等法律职业教育开始了教育观念和人才培养模式的重塑。改革传统的理论灌输型学科教学模式，吸收、内化"校企合作、工学结合"的高等职业教育办学理念，从办学"基因"——专业建设、课程设置上"颠覆"教学模式："校警合作"办专业，以"工作过程导向"为基点，设计开发课程，探索出了富有成效的法律职业化教学之路。为积累教学经验、深化教学改革、凝塑教育成果，我们着手推出"基于工作过程导向系统化"的法律职业系列教材。

　　《国家（2010～2020 年）中长期教育改革和发展规划纲要》明确指出，高等教育要注重知行统一，坚持教育教学与生产劳动、社会实践相结合。该系列教材的一个重要出发点就是尝试为高等法律职业教育在"知"与"行"之间搭建平台，努力对法律教育如何职业化这一教育课题进行研究、破解。在编排形式上，打破了传统篇、章、节的体例，以司法行政工作的法律应用过程为学习单元设计体例，以职业岗位的真实任务为基础，突出职业核心技能的培养；在内容设计上，改变传统历史、原则、概念的理论型解读，采取"教、学、练、训"一体化的编写模式。以案例等导出问题，根据内容设计相应的情境训练，将相关原理与实操训练有机地结合，围绕关键知识点引入相关实例，归纳总结理论，分析判断解决问题的途径，充分展现法律职业活动的演进过程和应用法律的流程。

法律的生命不在于逻辑，而在于实践。法律职业化教育之舟只有驶入法律实践的海洋当中，才能激发出勃勃生机。在以高等职业教育实践性教学改革为平台进行法律职业化教育改革的路径探索过程中，有一个不容忽视的现实问题：高等职业教育人才培养模式主要适用于机械工程制造等以"物"作为工作对象的职业领域，而法律职业教育主要针对的是司法机关、行政机关等以"人"作为工作对象的职业领域，这就要求在法律职业教育中对高等职业教育人才培养模式进行"辩证"地吸纳与深化，而不是简单、盲目地照搬照抄。我们所培养的人才不应是"无生命"的执法机器，而是有法律智慧、正义良知、训练有素的有生命的法律职业人员。但愿这套系列教材能为我国高等法律职业化教育改革作出有益的探索，为法律职业人才的培养提供宝贵的经验、借鉴。

2016 年 6 月

前　言
Foreword

　　在国家大力提倡推动高等职业教育的新形势下，高等法律职业教育开始了对教育观念和人才培养模式新的探索。高职法律教育比普通法律教育更需要一系列更具针对性、实用性更强的"基于工作过程导向系统化"的高职法律教育系列教材。在高职司法警察课程体系中，法院执行是培养司法警察人才的重要课程。近年来，从我国法制建设推进情况来看，新出台了多个有关法院执行方面的法律法规及司法解释，对法院执行工作的相关业务规定及程序进行了适当的调整与规范；从现有教材来看，目前，国内的法院执行类教材理论阐述多、实操训练少，职业教育实践性不突出，难以适应警官职业教育对技能训练的教学需求。本教材编写旨在遵循高等职业教育"工学结合"的指导思想，理论知识以够用为度，以职业能力培养为本位，重在掌握法院执行的基本知识和基本技能，以更好地适应岗位工作需要。

　　为顺利完成教材编写，编写组多次组织教师到法院执行部门进行调研学习，与执行部门共同分析法院执行工作的典型工作任务，明确法院执行岗位的知识、能力与素质要求。在行业调研的基础上，设计了合理的法院执行教材的体系和内容，并邀请实践机关人员共同参与编写。

　　本书在整体结构上，将法院执行分为上编的原理和下编的实务两部分内容。前四个单元详尽阐明了法院执行的基本原理，后六个单元则分别论述了法院执行的主要业务工作，两部分内容将基本理论和实务操作有机结合并合理分配比例。在每一单元的具体内容中，以"单元—项目"为结构，以典型案例为导入，以问题思考为启发，引出教学内容，每个实践单元还配有专门的技能训练项目。这充分体现了高等职业教育融教、学、训为一体并着重实践的特点。

本教材由广东司法警官职业学院安全保卫系老师王凌云、周静茹为主编，广东司法警官职业学院安全保卫系老师曾郁、湖南司法警官职业学院老师刘畅为副主编，深圳市中级人民法院执行局法官尚彦卿为主审。本书各单元编写任务分工为：

王凌云：单元六、单元七、单元八和单元九；

周静茹：单元十；

曾郁：单元三、单元四；

刘畅：单元二；

尚彦卿：单元五；

兰凤英：单元一。

本教材编写过程中参考了大量法院执行方面的教材、专著和文献，吸收了法院执行工作的新成果，融入了广东司法警官职业学院安全保卫系教师近年来教学实践经验。同时，本书在编写过程中得到了深圳市中级人民法院执行局法官尚彦卿、湖南司法警官职业学院老师刘畅、广东司法警官职业学院安全保卫系书记何文忠和主任周静茹以及相关部门的同志的大力支持和指导，在此一并致以衷心的感谢。

由于本书编者水平有限，书中难免存在疏漏和不足之处，恳请读者批评指正。

编　者

2016 年 6 月

目　录

*C*ontents

上编　法院执行原理

下编　法院执行实务

上编

法院执行原理

单元一

法院执行概述

知识目标

1. 明确法院执行的概念；
2. 理解法院执行根据的概念及其要件；
3. 掌握法院执行的原则。

能力目标

1. 能运用法院执行的一般原则及民事执行的特有原则指导实践工作；
2. 能依据执行根据的要件对执行根据进行审查及处理。

项目一　法院执行的概念和价值

一、法院执行的概念及特点

案例 1-1

朱某，男，1955 年 10 月 5 日出生，住杭州市西湖区古荡小区 12-2-201 室，2007 年 1 月 1 日向王某（男，1952 年 12 月 24 日出生，住杭州市西湖区康乐新村 5-3-401 室）借款 10 万元，双方约定朱某在 2010 年 1 月 1 日前将本金 10 万元及利息 6000 元一次性归还给王某，双方签订了借款合同，并于 2007 年 1 月 4 日在杭州市公证处办理了公证手续，双方同意该合同有强制执行效力。至 2010 年 1 月 1 日，朱某以生意亏损为由仅归还王某本息共计 5 万元，王某多次催还均未讨回借款，并于 2010 年 3 月 25 日发现朱某外出并一直杳无音信。

【问题思考】

1. 本案中，王某可以通过几种途径收回自己的借款？
2. 假设朱某在 2010 年 1 月 1 日前归还了全部本息，朱某的这一行为如果用一个法律术语来表述，应该是什么？它和法院强制执行的区别是什么？

3

应知应会

（一）执行的概念

1. 执行的含义。执行，通常是指"实施、实行（政策、法律、计划、命令、判决中规定的事项）"。从广义上来讲，它包含了所有对政策、法律、命令等的实施；而从法律意义上讲，它是指对法律规定的实施和对生效裁判的实施。

执行，又称强制执行，是指义务人不履行生效法律文书所确定的义务时，具有执行权的国家机关依据法定程序运用国家公权力强制将生效的法律文书内容付诸实现的法律活动。

强制执行和履行是相对应的概念。履行是法律文书生效后，义务人按照法律文书的要求自动履行义务，是一种不需要外力介入的、自觉的行为；而强制执行是法律文书生效后，针对义务人不履行自己义务的行为而采取的一种通过国家强制力迫使其履行义务的补救措施，是一种通过外力迫使的、强制性、被动性的行为。通常情况下，只有当义务人在履行期限内不自动履行自己的义务时，执行机关才能进行强制执行。

2. 执行的特征。

第一，执行程序的法定性。强制执行是执行机关直接运用国家强制执行权力的行为，因此，无论对何种生效法律文书的执行，都必须严格按照法律规定进行，不得违反法定程序。

第二，执行机关的法定职权性。我国法律、法规对行使强制执行权的机关有明确的规定，无论刑事执行、行政执行或民事执行，都只能由法定的执行机关负责执行。

第三，执行根据的有效性。强制执行必须有执行根据，执行根据必须是各种发生法律效力的法律文书，未生效的法律文书不能执行。

第四，执行措施的强制性。强制执行以国家公权力为后盾，通过采取强制性措施迫使被执行人履行义务，以确保法律的权威和尊严。因此，执行机关实施执行措施的行为具有明显的强制性。

（二）法院执行的概念和特征

1. 法院执行的概念。法院执行是指人民法院按照法定程序，运用国家强制力，强制义务人履行已经发生法律效力的判决、裁定以及其他法律文书所确定的义务的法律活动。

人民法院执行的目的是依法强制义务人履行生效法律文书所确定的义务，以保障权利人的合法权利和维持正常的社会秩序，在性质上是一种国家公力救济机制。

2. 法院执行的特征。法院执行与其他机关的执行相比，有许多共同之处，如都必须有执行根据，都以国家强制力作后盾，都要遵循法定程序，等等。但是，法院执行

具有以下自身特点[1]:

（1）法院执行范围广，执行内容具有多样性。执行按其内容来分，一般可分为行政执行、民事执行、刑事执行。一般来说，由行政机关负责行政执行，监狱机关、公安机关负责刑事执行，而人民法院兼有民事执行、行政执行和刑事执行的职责。在所有执行机关中，法律授权人民法院执行的种类最全、事项范围最广、内容最多。

（2）人民法院作为执行机关具有独特性。执行是行使国家权力的一种活动，只有经国家法律明确授权的机关才能行使执行权。根据法律规定，人民法院是唯一拥有民事、行政和刑事执行权力并且可依法实施民事执行、行政执行和刑事执行的主体。而仲裁委员会、公证处及调解委员会等，均不享有强制执行权。

（3）法院执行机构具有专门性。目前，按有关法律规定，只有人民法院设置了相对独立的专司执行事务的机构——执行局，且从最高人民法院至基层人民法院均建立了"编队管理、双重领导"的较为完整的执行体系。

（4）法院执行人员具有职业性。法院从事执行的人员包括从事执行裁判工作的法官、执行员、司法警察等，他们均具有良好的法律职业素养和职业能力。法院专门执行机关依法独立行使执行权，就必然要求法院执行人员具有独特的法律思维及专门从事执行工作的职业人特征。

二、法院执行的种类

根据我国法律规定，人民法院的执行包括民事执行、行政执行和刑事执行。

1. 民事执行。民事执行案件全部由人民法院执行，其中包括民事诉讼案件和民事非诉讼案件。民事非诉案件主要包括仲裁裁决案件及公证债权文书案件。

2. 行政执行。行政执行以人民法院执行为原则，行政机关自行执行为例外，包括行政诉讼案件和行政机关申请非诉讼强制执行案件。

3. 刑事执行。刑事案件只有极少数由人民法院执行，如死刑案件及刑事财产案件。刑事财产案件包括对罚金刑和没收财产刑的执行。

三、法院执行的价值

任何法律制度都是以实现一定的法律价值为出发点和最终归宿的，"执行价值理论是法律实践层面的法律价值理论，是法律价值评价理论。自由、正义（公正、公平和平等）、效率秩序、稳定等法律价值都在执行工作中有充分的体现"。"执行工作，无论是执行改革还是日常执行工作，都要很好地体现公正与效率这个主题。"[2]

强制执行的价值主要体现在两个方面：一方面，就保护执行申请人的权利而言，

---

[1] 金川主编：《法院执行原理与实务》，中国政法大学出版社2006年版，第3页。
[2] 沈德咏、张根大：《中国强制执行制度改革：理论与实践总结》，法律出版社2003年版，第85~86页。

执行申请人不仅希望执行程序迅速，更希望其权利能得到完全实现；另一方面，就被执行人而言，执行程序又需要兼顾其正当利益，避免因强制执行的程序不当而侵害被执行人的正当权益。所以，强制执行程序的基本价值主要有效率价值和公正价值。

（一）执行效率

执行效率是指以最快的速度、最小的代价实现权利人的权利，缩短执行周期，降低执行成本，以保护权利人的合法权益，维护法律的权威和社会安定。

强制执行的效率主要体现在两个方面：①执行迅速、及时。裁判确定以后，尽快地实现已经确定的裁判的内容，是执行的首要目标。如果裁判得不到及时的执行，执行周期延长，就会增加执行的成本，不仅会损害债权人的利益，也会损害国家司法的权威性和法律的尊严，影响社会安定。②经济。这是指执行中人力、物力和财力的投入量，其核心是要求执行中尽量减少人力、物力和财力的投入而追求最大的执行效益。执行效率不仅要求执行过程的迅速实现，还要以最少的代价实现。

执行效率在执行中的具体体现是：①人民法院要对执行申请案件及时审查，一般只进行形式审查，提高执行程序开始的效率；②执行工作的各个阶段，都要严格依照法律关于期间的规定，非依法律规定不得停止执行；③坚持对债务人的财产按现金、动产、其他财产权利、不动产的顺序执行，尽量减少执行行为对债务人正常生产、生活的影响，尽量减少执行程序中各项费用的支出。

（二）执行公正

审判公正是司法公正的中心内容，但审判的结果更多是一种应有的理想状态的公正，只有通过强制执行将其付诸实施后，才能真正使当事人的合法权利得以公正地实现。其实，法律的公正在执行中更容易被人们直观地感受到，如果法律的权利与义务得不到实现或不能及时实现，势必引起当事人乃至社会公众对司法的不信任。因此，执行公正也是司法公正的重要部分。执行公正是指在强制执行过程中，要合理分配执行当事人之间的权利义务关系，还要平衡执行申请人权益和被执行人利益的关系。

执行公正包括执行的程序公正和执行的结果公正。执行程序的公正通过程序合理设置、程序公开来实现。程序设置合理，通过限制执行人员的恣意，并以公众看得见的方式进行，以减少公众对公正的怀疑，以达到执行程序公正之目的。比如，执行中搜查、查封、扣押财产时，要有见证人，要造具清单，由在场人员签名等。在公正的执行程序下，通过强制执行措施，使权利从法定状态变为实有状态，维护裁判确定的执行申请人的权利，并适当兼顾被执行人的合法权益，这实现了执行的结果公正。执行的程序公正和结果公正是统一的过程。

（三）强制执行中效率与公正的关系

强制执行中，效率与公正两大价值的关系应该是效率优先、兼顾公正。理由如下：在审判程序中，当事人之间的权利义务关系处于不明确的状态，审判就是查明事实，对当事人之间的权利义务进行裁判，以解决纠纷，恢复社会秩序，实现社会正义，所以，审判过程必须以公正作为首要的价值目标。

而在执行阶段，当事人之间的权利义务关系已经确定，强制执行的任务就是及时有效地采取执行措施，迫使被执行人履行义务，实现执行申请人的权利并最终实现社会秩序的稳定。在审判过程中，作为首要价值的当事人权利义务的公正，不再是执行程序所要解决的问题，以最经济的方式及时实现法律文书确定的权利义务应当是强制执行的首要价值。如果执行效率低下、费用高昂，不仅不利于保护当事人的权利，还会影响国家司法的权威性，并最终损害司法的公正性。所以，强制执行要坚持效率优先，这也是实现司法公正的客观要求。

项目二 法院执行的原则

案例 1-2

2005 年 9 月 2 日早晨 6 时许，柳某等 8 人乘坐江某驾驶的鄂 L11353 号四轮农用货车到某区红旗村某湾做工，6 时 40 分许，遇某快运公司司机郑某驾驶鄂 AB2366 号货车载货沿 107 国道从北向南行驶，在该国道 1301.5 公里处与江某驾驶的农用货车相撞，致江某当场死亡、柳某等人受伤的特大交通事故。某法院审理后判决：①由中财保汉口某公司赔偿柳某、鲁某、熊某、游某、汪某人民币 40 173.95 元；②由陈某、郑某共同赔偿上述 5 人人民币 291 178.20 元，某快运公司负连带责任；③由甘某（系江某之妻，在本案中既是申请人亦是被执行人）赔偿上述 5 人人民币 42 319.67 元；④由郑某和陈某共同赔偿甘某 98 387.85 元，某快运公司负连带责任；⑤由郑某和陈某共同赔偿鲁某 6008.94 元，某快运公司负连带责任。上述款项共计 478 068.61 元。

2006 年 9 月，柳某等 9 人先后向某法院申请执行，该院于 2006 年 9 月 25 日立案受理。该案到执行局后，执行员先后分别向中财保汉口某公司、某快运公司、郑某、陈某、甘某等送达了执行通知书，在送达过程中，陈某去向不明，某快运公司的办公场所与其在工商管理登记机关所登记的不符，办公地点已人去楼空，同时在工商管理登记机关了解到，某快运公司在成立时是以 6 个集装箱及汽车零配件进行注册登记的。到某市公安局车管所查询，某快运公司原有 4 台货车，除肇事车辆外，其余 3 辆货车均在当事人申请执行之前已将财产转移过户到其他公司名下。郑某也因交通事故致残在医院治疗，还需人员护理照料，案件执行处于"山穷水尽"的境况。而申请执行人情绪激动，开始是每天来人到法院吵闹、辱骂，甚至动手扭打执行人员，后来发展至群体来法院示威，并把七八十岁的老人送到某院拉扯横幅，集体到区委、区政府、市人大上访、静坐，社会影响很大，严重影响机关正常工作秩序。若不尽快执行，势必催生更大的群体事件。

为了尽快取得执行实效，执行局成立执行专班，配备专车，不分白昼，四处查找所有被执行人的财产线索，不放过任何一丝线索和希望，每天将所查的信息进行分析、研究，然后部署新的方案，最终将突破口放在某快运公司。该公司法人代表朱某是鄂某钢厂退休职工，执行人员不辞辛劳，往返鄂某钢厂多次，在当地派出所查寻朱某及其亲属所有信息，在鄂某钢厂居委会及社区进行走访、调查，逐步掌握一些执行信息，后又在武汉三镇所有区房产局及市房产局和金融单位对朱某及其直系亲属按照身份证号码查找房产登记和查询银行存款信息，进行地毯式搜索。几十个工作日下来，徒劳无果。2006 年 12 月 31 日晚，执行专班人员通过公安机关的配合，在流动人员暂住人口信息登记上查找到某快运公司法人代表朱某的暂时住址，立即传唤其到法院，自此，案件取得了实质性的进展，但朱某声称其根本未成立什么公司，觉得很冤，很委屈。凌晨一点半，朱某的弟弟朱某喜出现在法院，其坦诚说某快运公司是其本人以其姐姐的身份注册成立的，他也是为了帮朋友，没有想到把自己的姐姐给拖累了，当即表态，人民法院的判决一定要执行，先行给付一部分赔偿款，剩余款项也明确了一个履行期限并以本人的房产作担保。当晚，执行人员与申请人柳某等联系，告知其案件进展情况，柳某等申请人对执行专班人员的工作大为感动，表示同意接受朱某喜的担保执行方案，并保证不再到市、区上访。该案于 2007 年 10 月全部执行完毕。

【问题思考】

该交通肇事赔偿执行案由开始的"山穷水尽"到后来的"柳暗花明"，其整个过程贯穿了执行过程的什么原则？

应知应会

法院执行的原则是指对执行活动起指导作用的准则，是在整个执行程序中，人民法院、当事人、协助执行的单位和个人进行活动时必须遵循的行为准则。它不仅反映了我国执行制度的性质，而且体现了我国执行制度的精神实质，它为人民法院执行工作指明了方向、提出了总的要求。明确执行的原则，不仅在理论上有其必要性，对执行实践也具有重要的作用。

一、法院执行的一般原则

一般认为，法院执行应当遵循以下一般原则：

（一）依法执行原则

依法执行原则是法院执行最基本的原则，是法治原则在执行程序中的要求与体现。依法执行原则是确保执行程序的公正，提高执行工作效率的重要保障，这一原则的基本要求为：

1. 执行必须以法定程序进行。执行程序启动后，执行机关必须严格依照法律规定的步骤、阶段、过程实施执行，不得逾越或省略其中任何一个步骤、阶段、过程，没有法定的情形或者非依法定的程序不得停止执行；必须严格依照法律规定的程序采取法律规定的执行措施，并依法定的方式实施执行，不得以违反法律规定的程序采取执行措施，不得采取法律没有规定的执行措施；延缓、中止、终结执行的，都必须严格依法定的程序进行，不得恣意。

2. 执行必须依生效法律文书确定的内容执行。人民法院的生效裁判文书和其他生效法律文书，是人民法院执行的根据。法院执行必须以生效法律文书为前提，并且不能随意改变执行内容，不能擅自变更执行对象。执行法院还应严格按照生效法律文书内容的需要依法采取执行措施，确保权利人的权利实现。这是维护生效法律文书的权威性的要求，也是严肃依法执行的需要。

（二）全面保护执行各方权益原则

保护执行各方合法权益原则是公民在法律面前一律平等的法治原则在执行工作上的体现。这一原则要求执行法院在执行工作中要严格按照生效法律文书的规定，强制被执行人履行法定的义务，以维护权利人的合法权益；也要照顾被执行人的实际情况，保证被执行人能维持正常的生产和生活；同时还要保护第三人的合法权益。

1. 依法保护权利人的合法权益。保护权利人的合法权益，首要的就是强制被执行人履行生效法律文书所确定的义务。义务人不按生效法律文书的内容全面自觉履行，不但损害了权利人的合法权益，而且是对执行机关和国家法律的蔑视。对于义务人拒不履行的，执行法院应当依法强制其履行，非法定事由不得中止或终结执行，以保护权利人的合法权益。

2. 依法保护被执行人的合法权益。在执行中依法保护被执行人的合法权益，就是应当照顾被执行人的实际情况，尊重被执行的人格权和基本生存权。例如，要保留其必要的生产资料及家庭必需的生活资料，以保证被执行人能维持基本的生产和生活；对不同类别的财产实施执行时，应当注意执行顺序的合理性，尽量减少执行给被执行人带来的损失；采取执行措施时，应当尽量通知被执行人本人或者其成年家属到场。这是人道主义在执行立法中的体现，也是维护社会稳定的需要，又是司法文明的要求。

3. 依法保护第三人的合法权益。由于执行客观情况的复杂性，往往产生不当侵害案外第三人的合法权益的现象。按有关法律规定，案外第三人有权提出执行异议，对此应加倍重视。案外第三人一旦提出执行异议，执行法院就有义务对该异议进行审查，并依法作出正确处理。对第三人合法权益的保护，也是法院执行活动应遵循的原则。

（三）强制和教育相结合原则

强制性是执行工作的基本特征，执行工作和其制度本身，自始至终体现着国家强制力。由于被执行人未自觉履行法律文书确定的义务，损害了权利人的合法权益，同时也损害了国家法律的尊严。但是，也应该看到，案件之所以进入执行程序，是因为有较复杂、易激化的矛盾存在，所以只有做到以思想工作为先导，以强制执行为后盾，强制执行与思想教育工作相结合，互为补充、相辅相成，才能达到最佳的执行效果。

1. 强制是执行工作的根本点。由于执行程序是执行机构对被执行人拒不履行义务而用强制执行措施保证执行申请人的权益得以实现的法律制度，执行本身应体现国家强制执行权力的严肃性和权威性。对拒不履行义务的被执行人财产和行为的强制执行措施，是完成强制执行任务的根本保证。可以说，离开了强制，就谈不上执行。只有以这些强制性的措施作为后盾，才会使那些拒不履行义务的人感受到国家强制执行权的震慑作用，促使其自觉履行。

2. 说服教育是我国强制执行工作不可缺少的内容。人民法院和其他机关作出的法律文书生效后，大部分当事人都是能够自动履行的，不履行的只是一少部分。人民法院在执行前应当了解、分析被申请执行人拒不履行义务的原因，是确实无力履行，还是无视法律、拒绝履行等。事先做好调查研究和摸底工作，并根据不同情况多加疏导或进行思想教育，能有效地避免矛盾的激化，以缓和的方式达到执行的目的。这种方式既有利于执行工作的顺利进行，优化执行效果，减少执行带来的社会矛盾，又能使当事人增强法律意识，其社会效果远远超过案件本身的了结。

3. 正确处理好强制与教育的关系。在执行中，强制与说服教育是互为补充、相辅相成的。其中，强制是后盾，说服教育是方法。没有强制，就无法最终保证生效法律文书的实现，同时说服教育也不易奏效；而没有说服教育，则不易提高被执行人的法律意识，无法实现法律教育的目的，盲目地采取强制执行措施也有可能导致当事人权利实现的成本扩大，并最终可能影响当事人之间纠纷的彻底解决。

在实际的执行工作中应注意防止两种错误倾向：①只重视执行的强制性，而忽视说服教育在执行中应有的作用；②过分强调说服教育，并把它作为执行的主要方法，忽视强制执行在执行程序中的核心地位。前一种做法不利于彻底解决纠纷，后一种做法不利于及时地保护当事人的合法权益，常常造成执行的迟延。

二、民事执行的特有原则

（一）执行标的有限原则

民事执行标的有限原则的内涵一般包括两方面：

1. 民事执行的对象只能是财产和行为，不能以对人身的执行来折抵或代替对财产的执行。对人的执行包括以债务人的身体、自由、劳动力为执行标的进行的强制执行。在过去人权不发达的社会，当债务人无法履行债务时，可以将债务人变卖偿债，或者使其提供劳务以满足债权。进入现代文明社会后，因人权观念深入人心，这些做法早已被废除。目前，各国强制执行法多以对债务人的财产执行为原则，以对人执行为例外，而且这种对人的执行也不同于过去，即只是在间接执行的情况下，才可能发生以限制债务人的人身自由的方式促使其执行的情形，并不是要以对人身的执行来取代对财产的执行。[1] 我国是社会主义国家，公民的人身自由和权利应该得到切实的尊重和保护，人身不能作为强制执行的对象，不能以羁押被执行人或其他限制人身自由的方法来替代对物或行为的执行。在实践中，有些被执行人或案外人因实施严重妨害执行秩序的行为，被人民法院处以罚款、拘留，这是人民法院依法对他们采取的强制措施，不能理解为对人身的执行，二者的性质是完全不同的。

2. 对财产的执行也应当有范围的限制，应当保障债务人的基本生存条件。生存权作为基本人权，要高于作为普通权利的债权，因此，各国在对债务人财产进行执行时，一般都对债务人基本生存所需的财产作了豁免性的规定。而我国法律的相关规定为：对个人财产的执行，要兼顾被执行人的利益，保留被执行人和所扶养家属必需的生活费用和生活用品；而执行法人或其他组织的财产，应当兼顾被执行人的生产和经营，人民法院执行法人或其他组织的财物时，一般应先执行其一定的自有资金和流动资金，被执行人无一定的资金或者其资金不足以清偿债务的，才可执行生产、经营设备和厂房等其他财产。

另外，执行也包括对行为的执行，既可以责成被执行人为某种行为，也可以责成被执行人不为某种行为。被执行人如果拒绝履行，人民法院可以委托有关单位或者他人代为完成，费用由被执行人负担。这就将完成法律文书指定行为的强制执行转化为对其财产的强制执行，而不是用人身强制来迫使他完成指定的行为。

（二）当事人主动原则

当事人主动原则是民法古老原则——当事人主义在执行活动中的体现。它是指在法院执行中，执行程序的启动、财产处分、有关执行措施的采用、执行和解及终结等均以当事人请求为前提，以当事人的意思表示为依据，执行法院往往表现为"被动"。当事人主动原则体现了现代民事诉讼的目的价值要求，反映了民事权利的本质属性。贯彻当事人主动原则，有利于维护人民法院中立、公正、公平的形象，有利于督促债权人积极行使权利，有利于司法资源的合理配置和利用，有利于培养社会公众良好的法律意识。

当事人主动原则也有例外。有关国家和社会重大利益的案件、有关公民（主要指老、弱、孤、寡、病、残者）生活急迫的案件，法院可依职权主动开始执行程序，这是国家合理干预民事诉讼的具体体现，也是社会公正与公平理念的体现。

鉴于民事强制执行是对私权的执行的实质，当前，应深刻理解和认真贯彻当事人主动原则，有效改变执行法院职权主义甚至超职权主义的观念和做法，这对解决"执行难"问题具有重大意义。

---

〔1〕《德国民事诉讼法》规定在特定情形下允许对债务人拘留。台湾强制执行法有拘提、管收、限制住居的规定，允许对人的执行。参见张登科：《强制执行法》，台湾三民书局1993年版，第30页。

（三）预先告诫原则

预先告诫是指人民法院采取强制执行措施之前，必须先行告知被执行人及时履行生效法律文书所确定的义务，以及拒不履行义务时将采取对其不利的强制执行措施。《民事诉讼法》第 240 条规定："执行员接到申请执行书或者移交执行书，应当向被执行人发出执行通知，并可以立即采取强制执行措施。"这就是预先告诫原则的法律规定，作用在于"防止和杜绝突然袭击"，避免或减轻因采取强制性执行措施给债务人造成的损失，也可避免或减少债务人的对抗。根据预先告诫原则，人民法院在采取强制执行措施之前，应当给被执行人留有一定的履行期限，以督促义务人自觉履行义务，并告知被执行人如不及时履行义务将受到不利影响，人民法院将实施强制执行。

《最高人民法院关于人民法院执行工作若干问题的规定（试行）》（以下简称《执行规定》）第 26 条第 2 款规定："在通知书指定的期限内，被执行人转移、隐匿、变卖、毁损财产的，应当立即采取执行措施。"这条规定有利于及时控制被执行人的财产或标的物，有利于保证生效法律文书得以顺利执行。这种情况作为预先告诫原则的例外是必要的。

（四）优先清偿原则

优先清偿是指在民事执行中，同一债务人存在多个债权人，对债务人的财产首先申请执行或首先申请查封的债权人，在无其他法定优先权设定的条件下，享有优于其他债权人受偿的权利。[1] 优先清偿原则是与平等清偿原则相对应的一项执行原则，也是各国民事强制执行法发展的方向。

贯彻优先清偿原则有利于提高债权人的法律保护意识，督促债权人及时行使申请执行权，体现了债权人与债务人权利与义务的一致性，方便法院及时解决执行纠纷，有利于提高法院执行效率，从速实现执行目的，维护社会秩序稳定。实行优先清偿原则，将会对我国现行执行制度产生较大的影响，与此相关的一些执行措施规定将作相应的修改和调整。

（五）协助执行原则

做好执行工作是人民法院的任务，但如果离开了有关单位的协助，也很难保证执行工作的顺利进行。比如，在执行程序中，有时需要扣留被执行人的收入，必须由被执行人所在单位协助才能做到；需要查询、冻结、划拨被执行人的存款的，必须由有关的银行、信用合作社和其他有储蓄业务的单位协助，才能实现。协助执行是一项法定义务，而不是简单的部门协作。

为了避免有关单位应履行而不履行协助义务，《民事诉讼法》规定人民法院首先应当责令其履行义务，让这些单位明确，协助人民法院执行是法律规定的义务；如果再

---

〔1〕 谭桂秋：《民事执行法学》，北京大学出版社 2005 年版，第 69 页。

拒绝协助，甚至妨碍执行，就可以对单位的主要负责人或者直接责任人员处以罚款，并可以向监察机关或有关机关提出给予纪律处分的司法建议。这就从立法上保证了有关单位协助人民法院执行的原则能得到认真贯彻。

但应明确协助执行原则的执行主体只能是人民法院，有关单位只有法定的义务协助法院执行，而不能直接采取强制措施。人民法院需要有关单位协助执行，应当发出协助执行通知书，说明需要执行的具体事项、执行的方法、完成期限和应注意的问题。接到协助执行通知书的有关单位，必须按照通知的内容协助执行。

（六）执行穷尽原则

所谓"执行穷尽"，是指人民法院根据债权人的请求，为了实现生效法律文书所确定的权利，穷尽各种执行方法、措施和途径，对被执行人的财产进行必要的调查、审计，依法采取查封、扣押、冻结、拍卖、变卖等执行行为，在履行了上述程序后仍不能满足债权人权利的，法院才能裁定终结执行程序。执行穷尽具体表现为：

1. 穷尽调查手段。当前，执行难度较大的是因被执行人恶意逃债而隐匿转移财产，使执行人员难以查寻到被执行人的可供执行财产。查找到可供执行财产是执行工作的生命线，而有的被执行人是不会主动、真实地提供其财产状况及其存放地点的，如查找不到被执行人可供执行的财产，就谈不上什么执行措施的采取了。因此，执行人员必须善于运用查询、搜查等调查手段，全方位地了解被执行人所有的财产及财产性的权利，如被执行人的动产、不动产等，同时还要善于发现被执行人转移、隐匿财产的线索与迹象，要善于发现有无被执行主体扩张的情形，防止有执行能力的当事人逃避执行。

2. 穷尽强制执行措施。执行措施是指人民法院依照法律规定，强制义务人履行生效法律文书所确定的义务的具体方法和手段。执行人员应依法采取与案件情况相适应的执行措施，例如，针对金钱债权的查封、扣押、冻结、扣留等控制性执行措施；划拨、提取、拍卖、变卖、以物抵债等处分性执行措施；对特定物的强制交付；对不动产的强制管理；多个债权人对一个债务人的申请执行和参与分配措施；强制腾退迁出房屋；等等。只有在执行人员已经穷尽了应当采取的强制执行措施后，才能最终确定被执行人的履行能力。

3. 穷尽执行方法。在执行中，要开拓创新，善于针对不同的情况采取并穷尽各种方法来努力实现债权人的权益。如进行财产审计、分步执行、悬赏执行、债权入股、集中专项执行、通过媒体曝光等执行方法。

执行穷尽原则可以增强当事人在经济交往中的风险意识，有利于司法资源的合理运用，减轻法院面临的舆论压力，督促法院执行人员尽职尽责地开展执行活动，最大限度地保护债权人的合法权益。

项目三　法院执行根据

一、法院执行根据的概念及作用

📝 案例1-3

某法院就钱某诉张某返还原物纠纷一案作出判决：判令张某返还所侵占钱某的马一匹。判决生效后，钱某申请法院强制执行。法院立案执行后发现该马匹已丢失。因诉讼中法院对该马匹没有采取财产保全措施，也没有对该马匹价格进行委托评估，执行中，双方当事人对马匹价格争议较大，对于该马匹的大致年龄、个体大小等反映其市场价格的情况，法院也未能调取到相关的证据，造成该案无法强制执行。

【问题思考】

1. 造成该案无法执行的原因是什么？

2. 制作判决书等法律文书时应该注意什么事项？

📖 应知应会

（一）法院执行根据的概念

强制执行必须以生效法律文书为根据，没有法律文书或法律文书不生效，都不能进入强制执行程序。执行根据，也称执行依据或执行名义[1]，是表示存在一定的实体权利，同时确定该权利的范围与种类，并宣示可由执行机关执行的一种法律文书。

执行根据具有以下法律特征：

1. 确定性。执行根据必须是生效的法律文书，能够终局地确定当事人之间的权利义务关系。执行根据的主要内容是确认当事人之间存在实体上的权利义务关系，确定实体权利的享有者和实体义务的承担者，以及实体权利的种类、范围、数量或义务履行的期间、条件等。

2. 给付性。法律文书根据对当事人之间权利义务关系的影响不同，分为：以确认某种法律关系的存在为内容的法律文书，以变更某种法律关系为内容的法律文书和具有给付内容的文书。前两种法律文书没有可执行性，因此不能成为执行名义。只有具有给付内容的法律文书的标的是适于执行的，才能成为执行名义。

3. 具备法定的形式。一般执行机构不审查执行根据的内容，执行根据应具一定的形式，以保障其真实、合法与正当。在形式上，执行根据总是表现为依照一定程序

---

〔1〕"执行名义"这一称呼是德国和我国台湾地区法律中的概念，"执行根据"一词更通俗易懂，容易为老百姓接受，所以国内学者多采用此提法。

制作的生效的法律文书，包括法院的法律文书、仲裁机构的法律文书、行政机关的法律文书等。但并非所有的法律文书都能成为执行根据。

（二）法院执行根据的作用

执行根据是启动强制执行程序的前提，也是认定强制执行合法的首要标准，因此，执行根据在执行程序中具有十分重要的意义。主要表现在以下几个方面：

1. 执行根据是连接裁判程序和执行程序的纽带。经裁判程序确定的权利人权利，仍处于一种理论状态，如果义务人不自觉履行义务，这种权利要变为现实的权利，必须经过执行程序。但是，裁判程序并不能自动地过渡到执行程序，而必须通过一定的纽带连接。执行根据正是连接裁判程序与执行程序的纽带。经裁判程序作出的法律文书，是裁判程序的结果，标志着裁判程序的终结；权利人取得执行根据以后，又对执行机关产生了执行请求权，执行机关应基于权利人的请求或依职权行使执行权，采取强制执行措施，实现权利人的权利。可见，执行根据既体现裁判程序的结束，又是执行程序的开始，它使裁判程序与执行程序连接起来。

2. 执行根据是权利人行使执行请求权的依据。只有当法律文书成为执行根据以后，权利人才有权向执行机关请求执行，移送执行人才能向执行机关移送执行。执行请求权的发生或存在，以执行根据的成立或存在为基础，没有执行根据就没有执行请求权。权利人只有获得了执行根据，才能依此行使执行请求权。

3. 执行根据是执行机关采取执行措施的唯一依据。执行根据已为法律所确认，具有极高的权威性。执行机关既不能没有执行根据就采取执行措施，也不能脱离执行根据确认的实体权利的范围、种类、数量等采取执行措施，只能按照执行根据所确认的内容，依法采取必要的执行措施。没有执行根据，执行机关实施的执行行为无效，不能产生实体权利变更的效力；执行机关没有依据执行根据确定的权利范围、种类和数量所为的执行行为，超出部分无效，不能产生权利变更的效力，不足部分，权利人可请求继续执行。

4. 执行根据效力丧失或内容的满足导致执行程序的结束。执行根据依法被撤销的，应终结执行。执行根据的内容全部实现后，执行程序当然结束，不能再对被执行人执行。

二、执行根据的分类

一般来说，常见的执行根据主要有判决书、裁定书、调解书、仲裁裁决书、决定书等几种。

1. 判决书。判决是审判机关依照法定程序对案件进行实体审理以后，根据认定的案件事实和适用的实体法规定，对当事人之间权利义务关系做出的权威性判断。作为执行根据的判决书，必须是程序终局、效力确定、内容明确、适于法院执行的书面法律文书。作为执行根据的判决书，主要包括具有给付内容的民事判决书、行政判决书和刑事判决书。

2. 裁定书。裁定书是指人民法院为处理诉讼案件中的各种程序性事项所作出的具有法律约束力的结论性判定。但不是所有的裁定书都可以作为执行根据，也不是所有的裁定书都需要强制执行。通常认为，可以作为执行根据的裁定书主要包括以下几种：财产保全裁定书，先予执行裁定书，查封或扣押被告人财产的裁定书，承认和执行外国法院判决、外国仲裁机构仲裁裁决的裁定书，等等。

3. 调解书。调解书是指有关机关根据双方当事人就民事权益之争议平等协商所达成的协议，并在其职权范围内制作的具有法律效力的文书。根据我国法律规定，调解是我国法院审理民事案件、刑事附带民事案件的附带民事部分、行政赔偿案件、仲裁机构处理民商事案件的一种结案方式，调解书与判决书、仲裁裁决书具有同等的法律效力。所以，调解书可以成为执行根据，由法院依法强制执行。调解书要成为执行根据，必须具有法律上的效力。故调解书只有符合了双方当事人自愿、具有给付内容、经双方当事人签收的要件，才能成为执行根据。

4. 支付令。支付令是人民法院根据债权人的申请，向债务人发出的督促其限期清偿债务的法律文书。根据法律规定，债务人在法定期限内既不提出异议又不履行支付令的，债权人可以向法院申请强制执行。由此可见，支付令一旦生效，就与生效判决一样具有执行力，可以成为执行根据。

5. 决定书。能作为执行根据的决定书主要是法律规定由行政机关作出的行政处理决定书和行政处罚决定书。另外，还有人民法院在审理、执行民事、行政、刑事案件中对妨害诉讼（或执行）行为人作出的罚款制裁决定书。

6. 仲裁裁决书。仲裁裁决书是仲裁机构根据当事人之间达成的仲裁协议，在对案件进行实体审理的基础上，对当事人之间的实体权利义务关系作出的终局性判断文书。仲裁裁决成为执行根据的要件在于：当事人必须有选择仲裁解决纠纷的合意，裁决的事项是可仲裁事项，仲裁程序合法，等等。此时的仲裁裁决才能成为执行根据。

7. 公证债权文书。公证债权文书是公证文书的一种，是指公证机关对于追偿债款、物品的文书，认为无疑义的，在该文书上证明有强制执行效力的公证文书。根据我国有关法律法规的规定，公证机关依法赋予强制执行效力的债权文书可以申请法院执行，受申请的法院应当执行。也就是说，公证机关依法赋予强制执行力的债权文书可以成为执行根据。公证机关赋予强制执行力的债权文书的范围包括：借款合同、赊欠货物的债权文书、借据欠单、还款协议以及给付赡养费、抚养费、抚育费、赔偿金的协议等。

三、执行根据的要件及其审查

（一）执行根据的要件

从形式上看，执行根据总是表现为法律文书，但是，并非所有的法律文书都能成为执行根据。法律文书要成为执行根据，必须符合一定的条件或者具备一定的要素，这些条件或要素，就是执行根据的要件。一般认为，执行根据的要件包括形式要件和实质要件。

1. 形式要件。形式要件是执行根据在形式上应具备的要素或应达到的要求。

（1）必须为公文书。公文书是执行根据的基本形式要件。作为运用国家公权力强制义务人履行义务的程序，执行只能以有权机关制作的属于人民法院执行范围的公文书为根据，这里的有权机关，一般是指审判机关、行政机关、公证机关和仲裁机构等。不是有权机关在其法定职权范围内制作的公文书，不能成为执行根据。私文书，如合同、遗嘱、和解协议等，是不能作为执行机关据以执行的根据的。

（2）必须指明权利人和义务人。执行根据必须指明权利人和义务人。若执行当事人不明确，执行机关就无法确定应当迫使谁履行义务，也无法确定所实现的权利应当归谁所有，执行工作便无法进行。同时，执行根据所指明的权利人和义务人还必须特定化，以利于执行机关迅速确认并及时采取执行措施。

（3）必须标明应执行的事项。执行机关采取执行行为，只能以执行根据上表明的事项为依据，如交付财物、给付金钱、其他作为或不作为等。若执行事项不明确，执行机关就无法采取执行措施，该法律文书也就不能成为执行根据。

2. 实质要件。执行根据的实质要件是指执行根据在内容上应达到的要求或应具备的要素。

（1）法律文书已经生效。若法律文书未生效，当事人之间的权利义务关系就未最后确定，权利人与义务人的法律地位没有最后确立。所以，只有已经生效的法律文书才能成为执行根据，权利人不得以尚未生效的法律文书为依据请求执行，执行机关也不得依据尚未生效的法律文书采取强制执行措施。

（2）法律文书具有执行力。作为执行名义的法律文书不但必须已经生效，而且必须表明其可由执行机关强制执行，即该法律文书必须有执行力。执行力是指在一定条件下，权利人可以请求享有国家执行权的机关采取强制执行措施，迫使拒不履行生效法律文书确定义务的义务人履行义务的效力。执行力是国家为了实现公力救济而赋予裁决的一种强制性效力，是国家强制权力的体现。执行力是执行根据必不可少的内容，没有执行力，法律文书就不能成为执行根据。

（3）法律文书具有执行内容，而且内容必须合法。作为执行根据的法律文书必须具有执行内容，它要求进入执行程序的法律文书必须具有实体上的执行内容。作为人民法院执行依据的法律文书，如果无执行内容，实施执行就毫无意义，也无法着手进行操作。执行根据的内容一般要求是明确具体的特定给付。

内容合法是指给付标的物或给付程序等不得违反法的强制性或禁止性规定，不得违背社会公共秩序或善良风俗，否则都不能成为执行根据。

执行根据的要件，是执行根据成立必须具备的条件。形式要件和实质要件必须同时具备，缺一不可。

（二）执行根据的审查

在执行程序开始前，执行机关对执行根据要进行审查，从而审查权利人是否具有执行请求权，然后才能确定是否可以立案进行执行。

执行依据的审查主要分为三大块：人民法院制作的法律文书（判决书、调解书、裁定书、支付令、决定书等）的审查，仲裁机构制作的仲裁裁决书和调解书等法律文书的审查，公证机关依法赋予强制执行效力的债权文书的审查。

1. 人民法院制作的法律文书的审查。

（1）审查权取得的依据：《最高人民法院关于适用〈中华人民共和国民事诉讼法〉的解释》第 463 条第 1 款规定："当事人申请人民法院执行的生效法律文书应当具备下列条件：①权利义务主体明确；②给付内容明确。"《最高人民法院关于人民法院执行工作若干问题的规定（试行）》（以下简称《执行规定》）第 123 条规定："受托法院认为委托执行的法律文书有错误，如执行可能造成执行回转困难或无法执行回转的，应当首先采取查封、扣押、冻结等保全措施，必要时要将保全款项划到法院账户，然后函请委托法院审查。受托法院按照委托法院的审查结果继续执行或停止执行。"

（2）审查的内容：全方位的审查，不仅要从程序上审查，而且要从实体上审查。只有实体上正确、程序上合法，才能真正进入强制执行程序。

（3）审查后的处理：本院的应当提出书面意见报请院长审查处理。院长认为确有错误的，提请审判委员会讨论，决定再审的，应当裁定中止执行；如不决定再审，应继续执行；再审后如撤销原判决、裁定的，终结执行；维持的，恢复执行。外地法院的，只有两种结果：按照委托法院的审查结果继续执行或停止执行。

2. 对仲裁机构制作的仲裁裁决书和调解书的审查与处理。

（1）审查的法律依据：根据《仲裁法》的规定，仲裁过程中采取保全措施或执行仲裁裁决，由当事人申请人民法院执行。《民事诉讼法》第 237 条规定，对依法设立的仲裁机构的裁决，一方当事人不履行的，对方当事人可以向有管辖权的人民法院申请执行。受申请的人民法院应当执行。

（2）审查的内容：原则是注重程序的审查。具体须审查的事项有：①当事人在合同中是否订有仲裁条款或事后有无达成书面仲裁协议；②裁决的事项是否属于仲裁协议的范围或仲裁机构仲裁的权限范围；③仲裁庭的组成或仲裁的程序是否违反法定程序；④认定事实的主要证据是否充分；⑤适用法律是否确有错误；⑥仲裁员在仲裁该案时有无贪污受贿、徇私舞弊、枉法裁决的行为；⑦裁决的执行是否违背社会公共利益；⑧申请时是否具备法定的条件：最高人民法院《执行规定》第 20 条规定的有关文件和证件是否齐全、第 22 条特别规定的有仲裁条款的合同书和仲裁协议是否提交。

（3）审查后的处理：准予执行或不予执行，裁定不予执行应当用书面形式，并将裁定书送达双方当事人和仲裁机构，裁定书送达后即发生法律效力。

3. 公证机关赋予强制执行效力的债权文书的审查与处理。我国公证机关的公证文书，一般只有证据效力和法律要件效力，但经过公证机关赋予强制执行效力的公证债权文书，却具有强制执行效力。一方当事人在公证债权文书确定的期限内不履行义务，债权人可以凭公证机关赋予强制执行效力的公证债权文书向人民法院申请强制执行。

（1）审查的法律依据：《中华人民共和国公证法》第37条规定："对经公证的以给付为内容并载明债务人愿意接受强制执行承诺的债权文书，债务人不履行或者履行不适当的，债权人可以依法向有管辖权的人民法院申请执行。前款规定的债权文书确有错误的，人民法院裁定不予执行，并将裁定书送达双方当事人和公证机构。"

（2）审查的内容：不仅要审查公证程序是否合法，而且要审查其是否有违反实体法的规定，但它有自己的特点：①审查是否符合法定条件：债权文书具有给付货币、物品、有价证券的内容；债权债务关系明确，债权人和债务人对债权文书有关给付的内容无疑义；债权文书中载明债务人不履行义务或不完全履行义务时，债务人愿意接受依法强制执行的承诺。②审查是否符合法定范围：借款合同、借用合同、无财产担保的租赁合同；赊欠货物的债权文书；各种借据、欠单；还款（物）协议；以给付赡养费、抚养费、抚育费、学费、赔（补）偿金为内容的协议；符合赋予强制执行效力条件的其他债权文书。③审查是否符合法定申请程序：债务人不履行或不完全履行公证机关赋予强制执行效力的债权文书的，债权人拟向人民法院申请强制执行的，必须向原公证机关申请执行证书，然后凭执行证书和公证书向有管辖权的人民法院申请执行，这是一个前置程序；执行证书的内容必须明确具体，具有给付内容，即应当注明被执行人、执行标的和申请执行期限，以及因债务人不履行或不完全履行而发生的违约金、利息、滞纳金等；必须在申请期限内提出申请，包括两个层次：申请执行证书没有超过诉讼时效，在《民事诉讼法》规定的申请执行期限内提出申请。

（3）审查后的处理：准予执行或不予执行。

单元思考题

1. 如何理解法院执行的涵义？
2. 法院执行应该遵循什么原则？民事执行的特有原则是什么？
3. 法院执行根据的要件是什么？如何对执行根据进行审查？

单元二

法院民事执行

✏️ 知识目标

1. 明确民事执行标的的概念及内容；
2. 理解民事执行管辖的适用；
3. 掌握民事执行的程序；
4. 掌握民事执行当事人的变更和追加的情形；
5. 掌握民事执行竞合的解决办法。

■ 能力目标

1. 能掌握民事执行的基本流程；
2. 能运用民事执行管辖理论解决执行立案管辖问题；
3. 能根据民事执行当事人的实际需要对其进行变更和追加；
4. 能运用参与分配等方法解决民事执行竞合问题。

项目一 民事执行的概念和执行标的

一、民事执行的概念及特征

📝 案例 2-1

某电子公司因个体工商户张某拒绝履行生效判决所确定的向其支付 18 万元货款的义务，向人民法院申请强制执行。在执行过程中，人民法院冻结了张某的银行存款，并查封了其库存货物。

【问题思考】

1. 该案属于何种种类的法院执行？
2. 该类法院执行有何特征？

应知应会

1. 民事执行的概念。民事执行是指法院的执行组织，依据申请人提交的或审判组织移送的发生法律效力的判决书、裁定书、调解书或支付令，以及其他机构制作的、具有民事执行效力的法律文书，行使司法执行权，按照法律规定的程序，强制义务人履行法定义务，实现上述法律文书内容的活动。由于它是一种强制实现生效法律文书内容的活动，所以，民事执行也被称为强制执行或民事强制执行。

在民事执行中，享有权利的一方当事人称为债权人，也称执行权利人，负有义务的一方当事人称为债务人，也称执行义务人或被执行人。在因申请而开始的执行程序中，又分别称为执行申请人和被申请人。

2. 民事执行的特征。[1]

（1）执行主体的特定性。在我国，人民法院是行使民事执行权的法定机关，除此之外的任何机关、单位或个人都不得实施民事执行权。因此，只要是依法应当通过民事执行程序实现的生效法律文书，必须统一由人民法院执行。

（2）执行依据的有效性。在执行程序开始之前，权利人必须出具裁判机关或其他机关制作的、确定实体民事权利的生效法律文书。如果没有民事执行根据或民事执行根据内容不明确，或者法律文书尚未生效，则执行机关不得采取民事执行行为。

（3）执行手段的强制性。民事执行的强制性，主要体现为执行措施或手段的强制性，当债务人拒绝履行义务时，民事执行机关可以不经债务人同意，强制其交付一定的财产、作出或不作出一定的行为，债务人必须服从与容忍。民事执行的强制性直接来源于国家公权力的强制性。

（4）执行过程的法定性。民事执行必须按照法定的方式与程序进行。从执行程序的启动到执行措施的采取，再到执行程序中事项的处理等，民事执行机关都不得任意增加或者省略程序，不得任意变更法定的方式。

3. 民事执行与刑事执行、行政执行的区别。民事执行、行政执行和刑事执行是我国执行制度的三个组成部分，它们之间既有共同点，也存在显著的区别。就其共同性来说，它们都是国家有权机关实施的强制义务人履行义务的活动，都以国家公权力为后盾，都具有强制性，都有一定的执行名义或执行根据等。三者的区别主要表现在以下几个方面：

（1）执行机关不同。依据我国法律规定，民事执行的执行机关是法院，只有法院才有民事执行权，其他任何机关都不得实施民事执行行为。刑事执行的执行机关既可以是法院，也可以公安机关或监狱。具体来说，发生法律效力的刑事判决和裁定，视具体情况，主要由司法行政机关领导下的监狱或公安机关执行，罚金、没收财产、死

---

〔1〕 参见谭秋桂：《民事执行法学》，北京大学出版社2005年版，第7页。

刑等判决的执行，由法院执行，必要时也可以会同公安机关执行。对行政案件的裁判书的执行，以法院执行为原则，以行政机关自己执行为例外，即法律没有授权行政机关执行的，行政机关应申请由法院执行。

（2）执行名义不同。民事执行的执行名义包括法院制作的判决书、裁定书、调解书，仲裁机关制作的裁决书以及公证机关制作的依法赋予强制执行效力的债权文书等。刑事执行的执行名义只能是法院制作的刑事判决书和裁定书。行政执行的执行名义包括法院的判决书、裁定书，行政机关制作的行政决定书、命令书等。

（3）执行对象不同。民事执行的对象只能是物和行为，不能对被执行人的人身执行，更不能以对人身的执行代替对物或行为的执行。刑事执行的执行对象主要是被执行人的人身，如限制其人身自由、强制其劳动，直至剥夺被执行人的生命等，在特定情形下也可以是物（如判处罚金或没收财产）。行政执行的执行对象，既可以是物、行为，也可以是被执行人的人身（如行政拘留等）。

（4）执行机关的主动性程度不同。在民事执行中，除"老弱病残"案件由法院依职权主动移送执行外，对于其他执行案件，执行机关都是被动的，没有债权人的申请，一般不能主动采取强制执行措施，只有债务人拒绝履行义务，并有债权人申请时，执行机关才能采取强制措施迫使债务人履行义务。在刑事执行中，执行机关必须主动采取执行措施，因为不存在犯罪人自动履行刑罚的问题，更没有申请强制执行的问题，只有法院直接交付执行机关执行，执行机关的主动性程度比较高。在行政执行中，法院作为执行机关，必须经行政机关或行政相对人的申请才能采取强制执行措施，而行政机关作为执行机关时，也应视相对人是否自动履行义务而定，如果相对人自动履行义务，行政机关就没有必要采取强制执行措施；如果相对人拒绝自动履行义务，行政机关就可以依法采取强制执行措施。

民事执行与刑事执行、行政执行存在上述差别的原因，可以从多方面进行分析，其中最为根本的原因在于：民事执行是实现私权的法律程序，私权的可处分性决定了在执行程序中必须尊重当事人的意思自治，所以执行机关的主动性受到限制[1]。行政执行和刑事执行都是确保和实现公权的法律程序，公权是为保护国家利益和社会公共利益而设定的，具有不可处分性，所以，执行机关的主动性可以充分发挥，并不得阻抑。

二、民事执行的种类

应知应会

依据不同的标准，可以将民事执行作以下分类：

---

〔1〕 参见金川主编：《法院执行原理与实务》，中国政法大学出版社 2006 年版，第 46 页。

1. 对人执行与对物执行。这是以执行标的为标准所作的分类。对人执行是以债务人或者应当为债务人清偿债务者的身体、名誉或者自由等为执行对象，从心理上迫使其履行债务。对物执行是以债务人的财产权为执行标的。对物执行中有执行标的物，而对人执行中却无执行标的物。现代社会尊重个人人格，民事执行以对物执行为原则，对人执行仅为辅助财产执行的特殊方法，属于例外规定。

2. 金钱执行与非金钱执行。这是根据执行根据所载债权的性质所作的划分。金钱执行是指实现执行根据上所载金钱债权的执行。为满足金钱债权的请求权，可以对债务人的财产或者人身进行执行。非金钱执行是指非为实现金钱债权请求权而进行的执行，包括交付物的请求权的执行和完成行为的执行。金钱执行与非金钱执行，因实现的权利性质不同，二者的执行方法也有所不同。

3. 直接执行、间接执行与替代执行。这是以民事执行方法为标准所作的分类。直接执行是指执行机关直接以强制力实现债权人的权利的执行，如查封、扣押、拍卖债务人的财产，并以拍卖所得价款满足债权人的债权。间接执行是指执行机关不直接以强制力实现债权人的权利，而给予债务人一定的不利益，以迫使债务人履行债务的执行，例如，责令拒绝履行义务的债务人支付迟延履行利息或迟延履行金。替代执行是指执行机关命第三人代债务人履行债务，而由债务人负担费用的执行。

4. 终局执行与保全执行。这是依据执行的效果所作的划分。终局执行也称满足执行，是指使债权人的债权获得实现或者满足的执行。比如依据确定的给付判决所为的执行。保全执行是指维持债务人财产现状，以保证将来的终局执行的执行。比如对债务人财产的查封、扣押、冻结等限制债务人处分其财产的行为。民事执行原则上指终局执行，保全执行为其例外。

三、民事执行的标的

案例 2—2

房屋出租人甲因承租人乙拖欠租金提起诉讼，法院判决乙在 10 日内偿还甲的租金共计 1000 元，双方均未上诉。3 个月后，乙仍未偿还债务，甲遂向法院申请强制执行。经查明，被执行人乙除一辆维持生计的从事客运的人力三轮车之外，无其他财产可供执行，甲遂要求法院执行这辆三轮车。

【问题思考】

该三轮车能否作为该案的执行标的？

应知应会

（一）民事执行标的的概念和特征

民事执行标的是指民事执行机关实施民事强制执行行为所指向的、能够用于满足债权人实体权利请求的客体和对象。

民事执行标的具有如下法律特征：

1. 执行标的范围的有限性。执行标的范围的有限性是由民事执行标的的性质决定的。民事执行标的是实现债权人权利的客观基础，因此其首先必须能够满足债权人实现债权的需要，否则不能成为执行标的。基于债权请求权的性质，执行标的还要为债务人所有或支配，不为债务人所有或支配的，也不能成为执行标的。

执行标的范围的有限性也是由法律规定决定的。为了维护社会安宁，我国法律规定：维护债务人及其所扶养家属基本生活的生活资料，实体法和程序法规定的不得强制执行的财产以及债务人的人身，都不能成为执行标的。

民事执行标的范围的有限性决定了民事执行不得对债务人的人身进行执行，也不得对案外人的财产或债务人依法不得执行的财产进行执行。

2. 执行标的的确定性。执行程序中，执行机关变更或停止对执行标的的执行，往往会改变生效法律文书的内容，因此，生效法律文书的确定性，也要求执行标的具有确定性，随意变更执行标的或停止对执行标的的执行就会破坏这种确定性，也会对裁判机关和国家法律的权威性造成损害。

当然，执行标的的确定性也是相对的。经过法定的程序，执行标的是可以变更的，对执行标的的执行也是可以停止的。对此，我国法律规定了以下执行标的的确定性例外的情况：①执行和解；②对可以替代履行的行为，被执行人拒不履行时，人民法院可以强制执行，也可以委托有关单位或个人完成，费用由被执行人承担；③出现了应中止执行或终结执行的法定情形，应停止对执行标的的执行。

3. 执行标的的非抗辩性。执行机关在执行程序中根据执行依据只需依通常标准认定执行标的，即执行机关只要依通常标准认定某项财产为债务人所有或受其支配，就可以对其采取强制执行措施，并不要求债权人充分举证证明，也无需法院查证证明某项财产确实属于债务人所有或支配，更无需在执行程序中进行言辞辩论确认财产系债务人所有。例如，对动产的执行，只要该项财产由被执行人占有，就可推定其为被执行人所有，并强制执行；对于不动产或需登记才明确权属的财产，凡登记机关载明为被执行人所有的，即可予以执行；对于被执行人所有，但为第三人持有的财产，除非有证据证明该第三人并非所有权人，否则不得对第三人占有的财产采取执行措施。

（二）民事执行标的的内容

民事执行标的的具体内容包括财产和行为。

1. 财产。作为执行标的的财产，必须是归债务人所有或受债务人支配并适于强制执行的财产。它包括：

（1）债务人现有的财产。凡在开始执行时属于债务人所有的财产，比如房屋、汽车、现金、土地使用权、存款、股票和各种有价证券等各种动产和不动产，除法律规定不得对其执行或性质上不适于强制执行的以外，均可以成为执行标的。

（2）债务人可取得的财产。债务人将来可取得的财产是一种财产权利，只要债务人做出意思表示就能取得的财产，如代位权中债务人对第三人的到期债权，是可以成为执行标的的。此外，对股息、红利等的执行，其执行标的也是债务人可取得的财产。

（3）债务人非法处分的财产。债务人非法处分的财产作为执行标的的情形，是指债务人为了逃避执行，与第三人恶意串通，致使债务人没有履行能力，这种处分行为当然无效，人民法院仍可以撤销这种处分行为，从而使非法处分的标的物成为可供执行的财产。

2. 行为。行为是当事人作为或不作为的法律事实。作为执行标的行为，可以要求债务人实施一定的行为，也可以要求债务人不得实施一定的行为，即积极的作为和与消极的不作为与容忍。

（1）作为。主要包括可替代的行为和不可替代的行为两类。作为执行标的的行为，如果是可以替代履行的行为，根据《执行规定》第60条的规定，如果债务人拒不履行的，可以委托有关单位或他人完成，因完成上述行为发生的费用由被执行人承担。当执行标的是不能由他人替代完成的行为时，执行机关可以对债务人采取罚款、拘留等强制措施，通过对债务人施加压力迫使其履行义务。

（2）不作为与容忍。不作为与容忍又合称不行为。不作为就是债务人不得做出某种特定的行为，容忍就是对债权人或第三人为某种行为不加妨害。不作为能否成为执行标的，学界有不同的看法。我国台湾地区的学者认为，不作为能作为执行标的，但我国学者在谈到执行标的时，极少有将不作为作为执行标的的。[1]

⊕ **特别提醒**

以下财产不得成为民事执行标的：

1. 法律上规定不得强制执行的财产。实体法上禁止让与、扣押的财产，如土地、矿藏、河流、草原、耕地等，其所有权专属于国家，不得成为执行标的，不准流通的物品，如武器、弹药、毒品、违禁品、淫秽品等，也不得成为执行标的；程序法上禁止扣押的财产，如被执行人及其扶养家属的生活必需品，依法已被查封的财产等，也不得成为执行标的。

2. 性质上不适用强制执行的财产。专属于债务人所有的权利，如民法上规定的健康权、姓名权、肖像权、名誉权，以及宪法中规定的退休金等，都不得成为执行标的；有违社会公序良俗的特殊财产，如债务人的礼拜用品、荣誉奖章等，也不得成为执行标的。

---

〔1〕 谭秋桂：《民事执行法学》，北京大学出版社2005年版，第164页。

项目二　民事执行管辖

一、民事执行管辖的概念

民事执行管辖是指在人民法院系统内部，对各级人民法院和同级人民法院之间强制执行案件的分工和权限按一定标准进行划分，以便确定生效的民事法律文书由哪一个法院负责执行的制度。

确定执行案件的管辖具有重要的意义，它有利于权利人行使执行申请权，使权利人的权利得以实现；也有利于人民法院内部工作的均衡和协调，防止实践中出现人民法院争夺执行案件管辖权或者互相推诿的现象。

二、管辖的适用

（一）审级管辖

📖 **案例2-3**

刘某诉张某一案经过 B 市 H 区人民法院一审终结，判决张某赔偿刘某人民币 39 000元。张某不服判决，向 B 市人民法院提起上诉，二审法院经过审理，驳回了张某的上诉。经查，刘某居住在 D 市 X 区，张某在 B 市 C 区的银行有存款 20 000 元，在 B 市 F 区的银行有存款 20 000 元。

【问题思考】

此时，刘某可以向哪个人民法院申请执行？

📖 **应知应会**

审级管辖，实际上是一审管辖，即对于人民法院审结的案件，无论是一审法院作出的生效文书，还是二审法院作出的终审文书，均由第一审人民法院或者第一审人民法院同级的被执行的财产所在地人民法院负责执行，第二审人民法院一般不受理执行案件。一审管辖执行案件的具体范围包括民事判决书、裁定书、调解书、支付令，以及具有财产内容的刑事判决书、裁定书等。

适用一审管辖时，要注意以下问题：①适用审级管辖的案件必须是人民法院审结的案件，公证、仲裁等非诉案件的执行不适用一审管辖，而适用地域管辖或级别管辖；②一审法院可以是基层法院，也可以是中级法院，还可以是高级法院和最高法院；③在审级管辖中，可以选择第一审法院或者第一审人民法院同级的被执行财产所在地人民法院的其中一个来具体行使执行管辖权。

（二）地域管辖和级别管辖

案例2－4

2011 年 5 月 12 日，底某与王某签订了借款协议，底某向王某借款 10 万元，定于 2012 年 5 月 12 日返还。协议书经公证处公证。公证书上写明：如果债务人不履行债务，届时可申请强制执行。合同签订后，王某如实履行了合同义务。但是 2012 年 5 月 12 日底某没有还款。王某以底某未履行合同义务为由，向法院申请执行。

【问题思考】

王某可以向哪些法院请求强制执行？

应知应会

地域管辖和级别管辖往往交叉适用，因而在此合并分析。《中华人民共和国民事诉讼法》第 224 条第 2 款规定："法律规定由人民法院执行的其他法律文书，由被执行人住所地或者被执行的财产所在地人民法院执行。"其中，"其他法律文书"通常是指赋予强制执行效力的公证债权文书、仲裁裁决文书等。而这里的"人民法院"，因执行根据和标的等不同而选择不同级别的法院，具体可参照各地法院受理诉讼案件的级别管辖的规定来确定。由此可见，在地域管辖中存在着级别管辖问题。

根据有关法律、司法解释和执行实践，下列法律文书由被执行人住所地或被执行人财产所在地的相应级别的法院管辖：

1. 仲裁机构作出的国内仲裁裁决、公证机关依法赋予强制执行效力的公证债权文书，由被执行人住所地或被执行的财产所在地人民法院执行。前述案件的级别管辖，参照各地法院受理诉讼案件的级别管辖的规定确定。

2. 在国内仲裁过程中，当事人申请财产保全，经仲裁机构提交人民法院的，由被申请人住所地或被申请保全的财产所在地的基层人民法院裁定并执行；申请证据保全的，由证据所在地的基层人民法院裁定并执行。

3. 在涉外仲裁过程中，当事人申请财产保全，经仲裁机构提交人民法院的，由被申请人住所地或被申请保全的财产所在地的中级人民法院裁定并执行；申请证据保全的，由证据所在地的中级人民法院裁定并执行。

4. 外国法院作出的发生法律效力的判决、裁定以及国外仲裁机构的裁决，需要我国法院承认和执行的，应当由当事人直接向被执行人住所地或者其财产所在地的中级人民法院申请，人民法院审查后制作的承认和执行外国法院判决、裁定或者外国仲裁机构的仲裁裁决的裁定书和执行令，由作出该裁定书和执行令的中级人民法院执行。

（三）选择管辖

案例 2-5

某民事执行案件中，A 县法院与 B 县法院均有管辖权。当事人向这两个法院都申请了执行，两个法院都进行了执行立案。

【问题思考】

本案应由哪个法院管辖？该案最后该如何处理？

应知应会

执行中的选择管辖是指两个以上的法院对同一执行案件都有管辖权时，当事人可以选择其中一个法院申请执行。

实践中，如果当事人向两个以上人民法院申请执行的，可以由最先立案的人民法院管辖，而先立案的人民法院不得将案件移送给另一个有管辖权的人民法院。人民法院在立案前发现其他有管辖权的人民法院已先立案的，不得重复立案；立案后发现其他有管辖权的人民法院已经立案的，应当撤销案件，将该案件移交给先立案的人民法院；已经采取执行措施的，应当将控制的财产交由先立案的执行法院处理。

（四）指定管辖

指定管辖是指对于下级民事执行机关之间发生管辖权争议时，上级执行机关通过裁定指定其辖区内的下级人民法院对某一民事执行案件行使管辖权，或者因其他原因，由上级法院提级执行或指定原执行法院以外的其他法院对案件行使管辖权，而使管辖权在法院之间发生变动。

指定管辖主要有以下情形：

1. 因管辖权争议需要指定管辖的。《执行规定》第 16 条规定："人民法院之间因执行管辖权发生争议的，由双方协商解决；协商解决不成的，报请双方共同的上级人民法院指定管辖。"因此，当人民法院之间因执行管辖发生争议后，应尽可能通过协商解决，协商不成的，应报他们的共同上级人民法院指定管辖。如果双方同属一地、市的基层人民法院，由该地、市的中级人民法院指定管辖；同属一省、自治区、直辖市的两个人民法院，由该省、自治区、直辖市的高级人民法院指定管辖；如双方为跨省、自治区、直辖市的人民法院，先由双方的高级人民法院协商，协商不成的，由最高人民法院指定。

2. 有管辖权的法院因特殊原因不能行使管辖权。由于法律或事实上的特殊原因，如法院工作人员被申请集体回避或不可抗力的水灾、地震等，导致法院无法行使管辖权，上级法院可以指定适当的其他法院管辖。

3. 上级法院需要提级或指定管辖的。《执行规定》第 132 条第 2 款规定："对下级法院长期未能执结的案件，确有必要的，上级法院可以决定由本院执行或与下级法共同执行，也可以指定本辖区其他法院执行。"下级法院因为怠于执行或难以执行，上级法院可以提级或指定其他法院管辖。

项目三 民事执行程序

执行程序既体现为执行机关依照法律规定，采取强制措施，实现执行根据确定的债权人权利所应遵循的方式、过程和手续，又体现为这一过程中所形成的执行机关与执行当事人以及其他执行参与人之间的一系列执行法律关系。执行机关履行自己的职责，债权人实现自己的权利，债务人履行义务，要经过一系列的开始、进行和结束的阶段。

一、执行的启动

应知应会

民事执行的启动是指启动人基于一定的原因，请求执行机关启动执行程序，采取强制性的民事执行措施，实现民事执行根据所确定内容的制度。

法律文书生效后，并不能自动转到执行程序，而是必须通过法律规定的启动方式启动执行程序，才能开始执行。我国目前执行开始的方式采用以当事人申请执行为主，依职权移送为补充的启动模式。

（一）申请执行

申请执行是指根据生效法律文书，享有权利的一方当事人在对方拒绝履行义务的情况下，向人民法院提出申请，请求人民法院强制执行。

当事人申请执行应具备以下条件：

1. 申请执行的法律文书已经生效，生效法律文书具有给付内容且执行标的和被执行人明确。无给付内容或未生效的法律文书，当事人不能申请强制执行。

2. 义务人在生效法律文书确定的期限内无故拒不履行义务。如果法律文书确定的履行期限已经届满，当事人有能力履行而未履行法律文书所确定的义务，并且没有正当理由的，应视为故意推托或者拒绝履行的行为。

3. 申请执行人是生效法律文书确定的权利人或其继承人、权利承受人。权利人是公民的，如果该公民死亡，其权利继承人有权申请强制执行；权利人是法人和其他组织的，如果该法人或其他组织被撤销或合并，其权利承受人享有申请执行权。

4. 申请执行人在法定期间内提出申请。申请执行的期间为 2 年。申请执行期间从法律文书规定履行期间的最后一日起计算；法律文书规定分期履行的，从规定的每次履行期间的最后一日起计算；法律文书未规定履行期间的，从法律文书生效之日起计算。申请执行时效的中止、中断，适用法律有关诉讼时效中止、中断的规定。

但该法定期间经过并不必然导致申请执行人申请权的消灭。《最高人民法院关于适用〈中华人民共和国民事诉讼法〉的解释》第483条规定："申请执行人超过申请执行时效期间向人民法院申请强制执行的，人民法院应予受理。被执行人对申请执行时效期间提出异议，人民法院经审查异议成立的，裁定不予执行。被执行人履行全部或者部分义务后，又以不知道申请执行时效期间届满为由请求执行回转的，人民法院不予支持。"根据该规定，超过2年申请期间，申请执行人提出强制执行申请，被执行人没有提出异议的，该申请有效。

5. 应当向有管辖权的人民法院提出申请。根据法律规定，法院的判决书、裁定书一般由第一审人民法院执行，其他由人民法院执行的法律文书，由被执行人住所地或者被执行的财产所在地的人民法院执行。

⊕ 特别提醒

法律文书的"生效期"并不等于法律文书规定的"履行期"。绝大多数的法律文书履行期迟于生效期，从生效期到履行期这段时间，是给予义务人的自动履行时间。如果法律文书生效但履行期未满，权利人申请强制执行，法院是不能受理的。只有法律文书履行期届满后，义务人仍不履行义务的，才可行使申请执行权。

（二）移送执行

移送执行，是指人民法院审判人员审结案件后，将生效的判决书、裁定书移交给法院执行机关执行。移送执行的要求和条件与申请执行基本相同，最大的不同是申请执行由当事人依据申请向法院提出，而移送执行由审判员依职权向本院执行机关移交。

移送执行是启动执行程序的一种特殊形式，它只适用于特殊类型的案件。根据《执行规定》第19条的规定，移送执行适用于以下三种生效法律文书：①发生法律效力的具有给付赡养费、扶养费、抚育费内容的法律文书；②民事制裁决定书；③刑事附带民事判决、裁定、调解书。而2015年实施的《最高人民法院关于审理环境民事公益诉讼案件适用法律若干问题的解释》第32条规定："发生法律效力的环境民事公益诉讼案件的裁判，需要采取强制执行措施的，应当移送执行。"

因此，移送执行在目前的法律规定中包含以下生效的法律文书：发生法律效力的具有给付赡养费、扶养费、抚育费内容的法律文书；民事制裁决定书；刑事附带民事判决、裁定、调解书；以及发生法律效力的环境民事公益诉讼案件的裁判。

权利人申请执行和审判员移送执行只是执行程序的启动，案件能否进入实质性执行阶段，还要依法院对申请执行和移送执行的审查结果而定。经审查，申请符合条件的，人民法院应当在接到申请或移送之日起3日内予以立案执行；不符合条件的，当事人坚持不撤申请的，法院应当在7日内裁定不予受理。

二、执行的准备与实施

应知应会

执行立案后，法院执行人员要阅览案卷，制作笔录，并送达执行通知，并展开财产的调查，采取执行措施等，这一系列的工作就是执行的准备与实施过程。执行准备与实施以执行机关的职权行为为主，如送达执行通知、进行财产调查、采取执行措施，并处理执行异议，最终实现权利人的权利。执行准备与实施过程中，执行机关一般要进行如下工作：

（一）向被执行人发出执行通知书

执行机关应将执行通知书在决定受理执行案件之后的 3 日内发出，责令其在指定的期间履行，逾期不履行的，强制执行。被执行人不履行法律文书确定的义务，并有可能隐匿、转移财产的，执行人员可以立即采取强制执行措施。

（二）调查被执行人的财产状况和履行能力

执行机关受理案件后，执行人员应调查了解被执行人的履行能力，主要是向被执行人、有关机关、社会团体、企业事业单位或公民个人调查了解被执行人的财产状况：①掌握属于被执行人所有的财产或财产权利状况；②确定被执行人的财产所在的地点；③可供执行财产与不能执行财产的状况。

执行财产调查的途径主要有：①申请执行人提供被执行人的财产及线索；②责令被执行人申报财产状况；③法院依职权进行调查，传唤询问有关人员，采取搜查措施；④实行悬赏执行等。

（三）采取执行措施

我国法院执行中的执行措施有以下几种：①查询、冻结、划拨被执行人的银行存款；②扣留、提取被申请执行人的收入；③查封、冻结、拍卖、变卖被执行人的财产；④强制交付法律文书指令交付的财物或票证；⑤强制被申请执行人迁出房屋或者退出土地；⑥强制执行法律文书指定的行为；⑦强制加倍支付迟延履行期间的利息和支付延迟履行金；⑧限制被执行人出境；⑨将被执行人信息纳入征信系统；⑩向媒体公布被执行人不履行义务的信息；⑪限制被执行人进行消费等。

（四）处理执行进行中的程序性事项

在执行进行中，执行机关对程序性事项的处理，其实就是对当事人或案外人程序性权利的救济。执行过程中，当事人之间、当事人与执行机关之间、案外人与当事人之间或多或少会发生争议。由执行机关处理的争议，只能是程序性事项，即当事人或案外人认为执行机关的执行程序、执行措施违法或不当，对之提出异议，并请求裁断的事项。

当然，执行实施过程中也必须有执行当事人的参与及配合，执行当事人在执行实施过程中同样承担着一定的义务。申请人承担着查报被执行人财产状况的义务，而被执行人要如实申报自己的财产状况，并要容忍或积极配合执行机关的执行行为。

📖 拓展阅读

限制被执行人从高消费拓宽到一般消费

2015 年 7 月 6 日，最高人民法院审判委员会通过了《最高人民法院关于修改〈最高人民法院关于限制被执行人高消费的若干规定〉的决定》，其中一个最突出的变化是从限制高消费拓宽到限制一般消费，也就是高消费以外非生活或经营必需的消费类型：

被执行人为自然人的，被采取限制消费措施后，不得有以下高消费及非生活和工作必需的消费行为：①乘坐交通工具时，选择飞机、列车软卧、轮船二等以上舱位；②在星级以上宾馆、酒店、夜总会、高尔夫球场等场所进行高消费；③购买不动产或者新建、扩建、高档装修房屋；④租赁高档写字楼、宾馆、公寓等场所办公；⑤购买非经营必需车辆；⑥旅游、度假；⑦子女就读高收费私立学校；⑧支付高额保费购买保险理财产品；⑨乘坐 G 字头动车组列车全部座位、其他动车组列车一等以上座位等其他非生活和工作必需的消费行为。

被执行人为单位的，被采取限制消费措施后，被执行人及其法定代表人、主要负责人、影响债务履行的直接责任人员、实际控制人不得实施前款规定的行为。因私消费以个人财产实施前款规定行为的，可以向执行法院提出申请。执行法院审查属实的，应予准许。

三、执行的阻却

📖 案例 2-6

2006 年 8 月，王某诉至法院，要求陈某归还欠款 8000 元及其利息。后经法院主持调解，陈某同意在 2006 年 12 月 30 日前一次性归还王某借款本息合计 9000 元。但在约定的还款期届满后，陈某并未履行生效法律文书所确定的义务，王某遂于 2007 年 1 月 10 日申请人民法院强制执行。

本案在执行过程中，被执行人陈某与申请执行人王某达成执行和解协议：陈某于 2007 年 3 月 30 日前支付王某借款 8000 元，王某自愿放弃 1000 元的利息。此后，陈某之父（以下简称陈父）代其子归还了 5000 元，另外 3000 元由陈父以自己的名义出具欠条，承诺于 2008 年 5 月 1 日前还款。但到期后，陈父未能归还。2008 年 5 月 20 日，王某申请人民法院恢复对原民事调解书的强制执行。

【问题思考】

对于王某的恢复原民事调解书强制执行的申请，法院是否可以恢复？

应知应会

执行阻却是指在执行过程中，由于某种特殊情况的发生，使执行程序暂时无法继续进行或者是无需进行的各种状态的总称。

执行阻却包括：执行担保、执行和解、执行中止等。

（一）执行担保

执行担保是指执行开始后，被执行人向人民法院提供某种履行义务的保证，经申请执行人同意后，暂缓执行程序的制度。

执行担保可以由被执行人向人民法院提供财产担保，也可以由第三人作担保。以财产作担保的，应提交保证书；由第三人担保的，应当提交担保书。担保人应当具有代为履行或者代为承担赔偿责任的能力。

1. 执行担保的程序。依照我国有关法律规定，执行担保必须经过以下程序：

（1）被执行人主动提出申请。在案件的执行过程中，被执行人要想达到延缓执行的目的，应当主动向执行法院提出执行担保的申请。执行担保申请一般应书面提交给执行法院，以便执行法院进行审查。执行法院不应主动依职权要求被执行人提供担保，特别是不能在明知被执行人根本无履行能力的情况下，强迫被执行人提供担保。

（2）经申请人同意。被执行人在向执行法院提出执行担保申请后，须与申请执行人协商，取得申请执行人的同意。因为执行担保直接涉及申请执行人的利益，申请执行人同意是其处分自己权利的一种表示，是执行担保成立的最重要的条件。

（3）人民法院审查、认可。执行法院受理担保申请和担保书后，应当审查担保是否符合担保的条件；审查被执行人或第三人提供担保是否已经申请执行人同意；审查担保人主体资格是否合格（无代偿能力的单位或个人以及国家机关，不能成为执行的担保人）；审查担保物是否属于担保人所有，担保人是否有处分权，非其所有的财物或无处分权的物不得作为担保物；审查担保人的担保范围和担保期限是否明确。

人民法院经过审查，认为被执行人或第三人提供担保符合法律规定的，通常应予认可，接受担保；认为担保手续欠缺的，可以不接受担保，也可以要求担保人补办手续；认为不符合担保条件的，不应接受担保。

（4）移交担保物或办理登记手续。当被执行人或第三人提供物的担保时，应当按照《担保法》的规定移交质物或办理登记手续。被执行人或第三人以自己财产提供质押时，人民法院应当要求其移交质物，并占有质物，对不能移交的财产权利，应当依照《担保法》的规定办理登记手续；当被执行人或第三人以自己的财产提供抵押时，凡是依法应当登记的，都必须办理登记手续，对可登记可不登记的，应尽可能办理登记手续，以保障对第三人的对抗效力。

2. 执行担保的期限。执行担保成立后，法院会决定暂缓执行的期限，但会受到两点限制：

（1）如果担保是有期限的，暂缓执行的期限应与担保期限一致。

（2）最长不得超过1年。

3. 对被执行人不履行义务的措施。

（1）被执行人或担保人在暂缓执行期间有转移、隐藏、变卖、毁损等行为的，法院可以恢复强制执行。

（2）被执行人在暂缓执行的期限届满后仍不履行义务的，人民法院有权直接执行债务人的担保财产或者裁定执行担保人的财产。

（二）执行中止

执行中止是指在执行过程中，由于法定原因的出现而导致执行暂时不能继续进行，需要等到这种状况消失后再行恢复的情形。

根据《民事诉讼法》第256条及《执行规定》第102条的规定，导致执行中止的法定情形有：

1. 申请人表示可以延期执行的；

2. 案外人对执行标的提出确有理由的异议的；

3. 作为一方当事人的公民死亡，需要等待继承人继承权利或者承担义务的；

4. 作为一方当事人的法人或者其他组织终止，尚未确定权利义务承受人的；

5. 案件已经按照审判监督程序决定再审；

6. 人民法院已受理以被执行人为债务人的破产申请的；

7. 被执行人确无财产可供执行的；

8. 执行的标的物是其他法院或仲裁机构正在审理的案件争议标的物，需要等待该案件审理完毕确定权属的；

9. 一方当事人申请执行仲裁裁决，另一方当事人申请撤销仲裁裁决；

10. 仲裁裁决的被申请执行人向法院提出不予执行请求，并提供适当担保的。

中止执行后，产生以下法律效果：①在决定中止执行后，执行法院应停止案件的执行，不得再采取进一步的执行措施，即不得决定采取新的执行措施；②决定中止执行前采取的执行措施，仍然合法有效；③执行中止裁定的效力持续至恢复执行。

中止执行的情形消失后，执行法院可以根据当事人的申请或依职权恢复执行。

（三）执行和解

1. 概念。执行和解是指在执行过程中，双方当事人自行协商，达成协议，执行员将协议内容记入笔录，由双方当事人签名或者盖章后，义务人按照协议的内容履行义务，从而结束执行程序的活动。

执行和解的基本特征是当事人自行和解，这是处分原则的具体体现。它是由当事人双方主动协商进行的，是否做出让步，做出多大的让步，由当事人自行决定，任何一方不得强迫对方做出让步。执行组织原则上不得参与当事人之间的执行和解，不得强行要求双方和解或说服、强迫一方当事人让步。

2. 执行和解的适用条件。

（1）双方当事人应在自愿协商的基础上达成执行和解协议。也就是说，和解协议的内容必须完全符合当事人的真实意愿，是在未受他人威胁、欺诈，也未产生重大误解的情况下自愿做出的。

（2）执行和解协议的内容不得违反法律的禁止性规定，即不得损害国家、集体和他人的合法权益。

（3）执行和解协议一般应当采取书面形式。执行员应将和解协议副本附卷。无书面协议的，执行员应将和解协议内容记入笔录，并由双方当事人签名或者盖章。

3. 执行和解的效力。和解协议没有强制执行力，当事人不能据以申请执行。

和解协议达成后，如果一方当事人不按和解协议履行，此时法院可依对方当事人的申请，恢复对原生效法律文书的执行，但应当扣除已履行的部分；如果和解的内容已全部实现，或申请执行期已过，不予恢复执行，案件执结。

🔅 **特别提醒**

执行程序中，除当事人执行和解外，执行人员不能进行调解。因为对于生效法律文书，非依法定程序不得撤销或者变更；执行人员的任务是强制实现生效法律文书的内容，无权解决实体权利义务争议，所以，执行程序中不得进行调解。

四、执行完结

🖱 案例 2 - 7

申请执行人陈万华，男，43 岁，汉族，个体工商户，住扬州市广陵区汤汪乡连运村左庄组 39 号。被执行人赵福官，男，58 岁，汉族，农民，住扬州市邗江区公道镇赤岸火花村朱庄组。

陈万华与赵福官欠款纠纷一案，扬州市邗江区人民法院作出的（2007）扬邗民一初字第 1468 号民事判决书已经发生法律效力。依上述民事判决书，被执行人赵福官应给付申请执行人陈万华人民币 34 769 元，并承担诉讼费 335 元。根据申请执行人陈万华的请求，法院于 2008 年 5 月 23 日立案执行。

本案执行中查明，被执行人赵福官于 2006 年身患重病后丧失了生活自理能力，且无其他收入来源，因生活困难无力偿还欠款。上述事实有被执行人赵福官户籍地居民委员会出具的书面证明、医院病历等证据证实，申请执行人陈万华亦无异议。

【问题思考】

本案能否裁定终结执行？

应知应会

执行完结是指由于权利人的权利已经实现，或者出现某种法定情形，权利人的权利已不能实现，执行机关依职权决定结束执行程序，并不再恢复执行的法律制度。

执行完结主要有以下形态：

1. 执行完毕。通过执行机关采取执行措施，权利人基于执行根据的权利已全部实现，执行机关依法终结执行程序。执行完毕是达成执行目的时的执行完结，也称执行程序的正常终结。

2. 和解协议履行完毕。在执行程序中，当事人达成执行和解，并已经依和解协议履行完毕的，权利人不得再请求依执行根据执行，执行机关也不得恢复执行原执行根据。

3. 不予执行。在执行仲裁裁决和公证债权文书的过程中，如果出现法律规定的情形，执行机关可以依申请或依职权裁定对仲裁裁决或公证债权文书不予执行，并停止执行措施，结束执行程序。

4. 执行终结。执行终结是指在执行过程中，由于出现了法定情形，使得执行程序没有必要或者不可能继续进行，从而依法结束执行程序的一种结案方式。

《民事诉讼法》第 257 条规定，有下列情形之一的，人民法院裁定终结执行：①申请人撤销申请的；②据以执行的法律文书被撤销的；③作为被执行人的公民死亡，无遗产可供执行，又无义务承担人的；④追索赡养费、扶养费、抚育费案件的权利人死亡的；⑤作为被执行人的公民因生活困难无力偿还借款，无收入来源，又丧失劳动能力的；⑥人民法院认为应当终结执行的其他情形。

执行完结最主要的效力就是结束执行程序，执行机关不再为执行措施，也不得再恢复执行。人民法院执行生效法律文书，一般应当在立案之日起 6 个月内执行结案，但中止执行的期间应当扣除。确有特殊情况需要延长的，由本院院长批准。

🔅 **特别提醒**

执行终结不同于执行完毕。虽然两者都是执行结束的方式，但执行完毕已使生效法律文书内容全部执行完毕、债权人的债权全部实现，而执行终结则没有，它是执行程序的非正常结束。

项目四　民事执行当事人的变更和追加

📝 案例 2-8

申请执行人某县糖烟酒批发站与由赵某、钱某、孙某三人共同投资、共同经营的某酒店签订白酒系列买卖合同，申请执行人依照合同向该酒店供销白酒，该酒店欠申请执行人酒款 69 884 元和进场费 50 000 元未还，因该酒店未经合法成立，未领取相关证照，导致歇业，合同义务应由全体投资合伙人承担。因赵某、钱某、孙某未还欠款，申请执行人诉至法院，要求解除合同并要求三人返还欠款，某县法院于 2013 年 6 月 28 日依法作出判决：①解除合同。②由赵某、钱某、孙某付给该批发站货款 53 708 元及违约金，返还进场费 43 286.5 元，三人互负连带责任并承担诉讼费用。

孙某不服，上诉至某市中级人民法院。在二审案件审理过程中，2013 年 8 月 31 日，孙某和该糖烟酒批发站的委托代理人陈某协商和解，由孙某保证赵某、钱某履行市中院的民事调解书，撤回诉讼，某市中院作出了民事调解书，内容为：由赵某、钱某于 2013 年 12 月 31 日给付被上诉人某糖烟酒批发站货款 53 078 元及违约金，返还进场费 43 286.5 元，二审诉讼费减半收取，由上诉人孙某负担。调解书内容中，孙某无义务承担，在调解书外，孙某另写了一份保证书，内容为："本人保证赵某、钱某履行市中院 (2013) 民二终字第 169 号民事调解书，如不履行，本人自愿承担保证责任。"

因赵某、钱某拒不履行义务，该案后立案执行，但因赵某、钱某已下落不明，无财产可供执行，相关人员建议该批发站重新立案，起诉孙某，该批发站去该院立案庭申请立案，立案庭同志解释说该案不具备立案条件，如果立案，审理后会出现一个诉讼请求产生两份法律文书的情况，会导致审理结果重复。

【问题思考】

该案该怎么处理？

一般情况下，民事执行的当事人就是生效文书所确定的当事人，但民事执行过程中，可能会出现一些特殊情况，比如，作为当事人的公民死亡，法人或其他组织终止、合并、分立，等等，为避免重复诉讼，有必要扩大民事执行当事人的范围，这可能会导致生效文书确定的当事人发生变化，或者说导致民事执行当事人的变更和追加。

民事执行当事人的变更和追加既有申请执行人的变化，也有被执行人的变化，申请执行人一般只发生变更，被执行人则既有可能发生变更，也有可能发生追加。

应知应会

一、当事人的变更

（一）当事人变更的概念

当事人的变更是指在民事执行程序中，当执行名义确定的义务主体消亡或者发生权利义务的全部转让时，人民法院裁定其权利义务继受人为新的被执行人的一项法律活动或法律制度。

在通常情况下，它只改变当事人，权利的让与引起申请执行人的变更，义务的承担引起被执行人的变更，即由其他的民事主体替代原来的执行当事人，但因不增加或消灭权利义务内容，原执行依据对变更后的主体仍有约束力。

（二）当事人变更的情形

1. 执行权利人的变更。

（1）作为自然人的权利人死亡，其继承人可以因申请执行而成为执行案件中的申请执行人。

（2）作为法人或者其他组织的权利人终止、合并、分立的，继受其权利的法人或其他组织可以因为申请执行而成为执行案件的申请执行人。

（3）债权人通过合法方式转让债权给第三人的，该第三人可以以自己名义主张权利而成为执行案件的申请执行人。

2. 执行义务人的变更。

（1）作为被执行人的自然人死亡，其继承人继承遗产的，人民法院可以裁定变更被执行人，由该继承人在继承遗产的范围内履行义务。

（2）作为被执行人的法人或者其他组织终止、合并、分立的，应由其权利义务承受单位或个人履行债务。

（3）经债权人同意，原被执行义务人将全部义务转让给第三人，第三人应作为新的被执行人履行全部义务。

二、当事人的追加

（一）当事人追加的概念

当事人的追加，是指在民事执行程序中，执行名义确定的直接被执行人不能履行或不能完全履行其义务时，人民法院裁定增加案外人与直接被执行人一起承担履行义务的责任的一项法律活动或法律制度。

民事执行当事人的追加，主要是因义务的部分转移或者第三人与原被执行人对申请执行人承担连带责任而引起的，因此，民事执行当事人的追加一般是被执行人。

（二）当事人追加的情形

1. 原被执行人无力履行义务，依有关实体法，案外人对其负有无限清偿责任的，人民法院可依法裁定追加该案外人为被执行人。

2. 原被执行人无财产可供执行或其财产不足清偿债务时，人民法院可以裁定追加在诉讼中或执行中为其提供担保的案外人（保证人）为被执行人。

3. 案外人有妨害民事诉讼行为，使生效法律文书无法执行的，人民法院可以裁定追加该案外人为被执行人。

4. 其他法定的执行法院可以追加案外人为被执行人的情形。

🔷 特别提醒

在司法实践中，可能追加的被执行人有：①追加夫妻另外一方为被执行人；②追加合伙企业的合伙人为被执行人；③追加虚假出资（包括过桥出资）、出资不实、抽逃出资的股东为被执行人；④追加合并分立后的企业为被执行人；⑤追加无偿接受被执行人财产的企业、上级主管部门、开办单位为被执行人；⑥追加银行、房产、土地等协助执行人为被执行人；⑦追加独资企业的业主为被执行人；⑧追加总公司、分公司为被执行人。

三、当事人变更、追加的程序

1. 变更或追加执行主体的办理机构：变更或者追加执行当事人，在执行立案阶段提出的，由执行立案机构办理；在执行程序开始后提出的，由执行机构办理。

2. 变更或追加的启动方式：根据民事执行的私权可处分性，只有经执行依据指明的债权人以外的人申请，民事执行机关才能启动变更程序，不得依职权变更。因此，申请人申请变更或追加执行当事人，应当向执行法院提出书面申请，并提交有关证据材料。

3. 变更或追加的办理程序：变更或追加会对当事人的实体和程序权利产生重大影响，因此，民事执行机关应当组成合议庭，自收到申请之日起2个月内合议审查。合议庭在审查中，应当召集有关当事人和利害关系人进行听证。审查后理由成立的，裁定变更或追加；理由不成立的，裁定驳回。是否准许变更或追加当事人的书面裁定书应送达有关当事人。

4. 变更或追加裁定的执行：执行法院在作出变更或追加裁定书后，应当向被变更或被追加的执行债务人发出执行通知书，责令新的被执行人在指定期间履行义务。当新的被执行人在指定期间内仍拒不履行的，人民法院才可以依法强制执行。

📖 拓展阅读

变更执行义务主体的权限

变更执行义务主体的权限主要可分为以下几种情况：①若执行的法律文书是本人民法院制作的，由该人民法院变更（按照审判监督程序处理的除外）；②若执行的法律文书是由上级人民法院制作的，应由执行人民法院提出书面意见，报请上级人民法院审查处理；③委托执行的，受委托执行的人民法院在查明被执行人死亡或终止及其权利义务承受人的情况后，函告委托人民法院处理，待委托人民法院变更被执行人后继续执行；④若执行的法律文书是公证债权文书、仲裁裁决书、调解书、行政处罚决定书，执行的人民法院在执行中认为应当变更被执行人主体的，退回原公证、仲裁、行政机关，变更执行主体后再由权利人依法申请执行。

项目五　民事执行竞合

一、执行竞合的含义及构成要件

案例 2-9

2005 年 11 月 20 日，甲因为交通事故一案，被杭州市江干区人民法院判决赔偿原告乙 15 万元人民币，判决生效之日起 20 日内一次性付清。甲未上诉。2006 年 2 月 6 日，因甲仅付了 3 万元赔偿款，乙向江干区人民法院申请强制执行。江干区人民法院于 2006 年 2 月 20 日对甲的轿车（桑塔纳 2000）进行了查封，冻结了其在银行的存款 3 万元。

2006 年 2 月 23 日，丙因为与甲之间的借款合同到期而甲未如期归还 5 万元借款，依据公证的借款合同，向甲住所地下城区人民法院请求强制执行。下城区人民法院在执行中发现，甲名下的桑塔纳 2000 型轿车已被其他法院查封，且估价大概 8 万元左右。

【问题思考】

本案中，乙和丙的债权该如何处理？

应知应会

（一）执行竞合的含义

民事执行竞合是指在民事执行过程中，两个或两个以上的债权人根据数个执行根据，请求同一债务人为多个给付，而每个给付之间既相互排斥又相互重合，各个债权人的权利难以同时获得完全满足的一种竞争状态。执行竞合的主要特征是多项给付之间既相互排斥又存在重合。其重合性体现为各项给付请求都是针对债务人的同一财产提出的，其排斥性则体现为债权人的给付请求是相互独立的。

（二）执行竞合的构成要件

并非所有的债务人应为多个给付的情形都构成执行竞合，构成执行竞合需要具备一定的要件：

1. 权利主体，必须有两个或两个以上的债权人。如果是单一的债权人，即使有多个执行依据且针对债务人的同一财产，债务人的财产不足以清偿全部债务，但利益主体同一，也就不会发生执行竞合。

2. 执行根据，须有两个或两个以上的执行根据。一般来说，有两个或两个以上执行根据，就有两个或两个以上的给付，而只有多个执行根据确定的不同给付之间才可能存在相互排斥的现象。债务人依同一执行根据为两种以上的给付或对数个债权人为给付等情况，不存在执行竞合。

3. 执行标的，是同一债务人的同一财产。只有当执行标的是财产而且是债务人的同一财产时，才可能发生执行竞合。如果执行标的不是财产，或者执行标的是债务人的不同财产，各个给付之间不会产生冲突，也就不存在竞合问题。

4. 发生时间，债权人同时或先后提出给付请求。只有当两个或两个以上的执行请求同时或先后提出，即两个或两个以上的给付共存于同一时段内，才可能发生执行竞合。如果一个给付已经完成，另一个给付请求才提出，也不构成执行竞合。

二、执行竞合的解决原则

案例 2-10

甲于 2004 年 10 月向乙借款 10 万元，并以自己的本田轿车作抵押，办理了抵押登记手续，且该借款合同进行了公证，可以强制执行。2005 年由于生意亏本，甲分别欠丙和丁货款 4 万元、3 万元，丙和丁分别向 A、B 县法院起诉，A、B 县人民法院作出判决，要求甲偿还丙和丁的货款（甲住所地为 A 地）。判决生效后，由于甲对三人的债务均逾期未履行，现三人向法院申请强制执行。

【问题思考】

1. 若 A 县法院受理乙和丙的强制执行申请后，对甲的轿车予以查封，通过拍卖所得 11 万元，A 县法院应如何处理这笔款项？为什么？

2. 若丁向 B 县法院申请执行，B 县法院发现 A 县法院已经对甲的轿车进行了拍卖，所得 11 万元，同时对甲的一批货物进行查封正准备拍卖（大概价值 4 万元），除此之外，没有其他财产，请问 B 县法院下一步工作如何进行？

3. 若丁向 A 县法院申请参与分配，A 县法院应如何处理此案？理由是什么？

我国对执行竞合的解决原则是区分法人和非法人而确定是否实行参与分配。对非法人实行平等主义的参与分配，而对法人一般实行按破产顺序清偿。

具体而言，首先要考虑多个债权人之间，其债权种类是否相同，如种类不同，有的是基于所有权要求债务人返还财产；有的是基于合同之债要求债务人交付一定的标的物；有的债权是有担保的；有的只是单纯的金钱债权。这样不同种类的债权之间，必须要按照债权的种类、性质不同，分先后顺序受偿。只有多个债权种类相同的情况下，才考虑是否实行参与分配问题。

在多个债权种类相同且都是金钱债权的情况下，有两种不同的处理原则：一是按照执行的先后顺序清偿；二是不分先后顺序，而是实行按比例平等分配的办法，就是所说的参与分配。

应知应会

（一）先行执行优先原则

所谓先行执行优先原则，也即时间优先原则。我国《执行规定》第 88 条第 1 款规定："多份生效法律文书确定金钱给付内容的多个债权人分别对同一被执行人申请执行,各债权人对执行标的物均无担保物权的,按照执行法院采取执行措施的先后顺序受偿。"具体来说,多个以金钱债权为执行内容的债权人,先对于债务人的财产请求执行的债权人,可以优先于后对同一财产请求执行的债权人受偿。这个原则在各个债权人对执行标的物均无担保物权的债权,也无所有权的债权以及其他优先受偿权的情况下适用。

当然,我国所规定的先行执行优先是有限制的。只有当债务人的财产足以清偿债权人的所有债权时,才能实行优先原则,否则就必须按比例清偿。

(二)物权优先于债权原则

物权是权利人直接支配其标的物并享受其利益的排他性权利。物权的支配力决定了物权具有能够比标的物上一般债权优先行使的效力。所以,基于物权的债权的行使应优先于一般债权。《执行规定》第88条第2款也明确规定:"多个债权人的债权种类不同的,基于所有权和担保物权而享有的债权,优先于金钱债权受偿。有多个担保物权的,按照各担保物权成立的先后顺序清偿。"这确立了我国解决不同性质、种类的权利竞合时的物权优先原则。

物权优先于债权原则,具体表现在两个方面:①当物之所有权或者有担保物权的债权与普通债权并存时,所有权或者有担保物权的债权优先于普通债权执行;②同一物上有数个物权并存时,根据各个物权效力的强弱决定执行的先后顺序;如果有多个同类担保物权,则按照设立担保物权的先后顺序确定执行的顺序。

(三)按比例平等分配原则

按比例平等分配原则,即当被执行人为公民或其他组织,如果被执行人的财产不足以清偿同一顺序执行权利人的全部债务的,先请求执行的普通债权人不能享有优先权,而应与已进入执行程序的其他债权人按比例平等受偿。而适用该原则的基本前提是,被执行人的财产不足以清偿全部债务。

《执行规定》第88条第3款规定:"一份生效法律文书确定金钱给付内容的多个债权人对同一被执行人申请执行,执行的财产不足清偿全部债务的,各债权人对执行标的物均无担保物权的,按照各债权比例受偿。"《执行规定》第90条规定:"被执行人为公民或其他组织,其全部或主要财产已被一个人民法院因执行确定金钱给付的生效法律文书而查封、扣押或冻结,无其他财产可供执行或其他财产不足清偿全部债务的,在被执行人的财产执行完毕前,对该被执行人已经取得金钱债权执行依据的其他债权人可以申请对该被执行人的财产申请参与分配。"从以上法律规定可以看出,我国立法和司法解释对民事执行竞合所持的态度是优先主义和平等主义相结合,优先是有条件的优先,平等是有条件的平等。在实践中,应注意两者相结合,同时与物权优先原则相结合,这样才有利于民事执行竞合的解决。

三、参与分配制度

案例 2-11

2007 年 9 月，青岛×××有限公司（以下简称×公司）与青岛×银行签订《借款合同》，约定借款金额为人民币 300 万元，用途为购原材料，借款期限自 2007 年 9 月 29 日到 2009 年 9 月 28 日，按月结息。同时，×公司以其所有的一处有集体土地使用证、建筑面积为 5941.41 ㎡的厂房抵押给×银行，作为该贷款的抵押担保，并办理了相应的抵押登记手续。贷款到期后，经×银行催收，×公司无力还款。

2010 年 3 月，×银行对×公司因借款合同纠纷向 A 法院提起诉讼，请求判令×公司偿还贷款本金、利息及律师代理费等共计 380 余万元，要求其支付自 2011 年 9 月 24 日起至还清之日的利息，并要求×公司承担本案的诉讼费用。A 法院支持了×银行的请求并作出判决，但×银行并未申请执行。

2010 年 9 月，×公司因买卖合同纠纷案涉诉，被 Y 公司诉至 A 法院，主张偿还货款 300 余万元。同时，A 法院对已办理抵押登记的厂房采取查封的保全方式，A 法院判决生效后，案件由 B 法院负责执行。B 法院对涉案财产进行了评估、拍卖，拍卖款项 500 余万元存至 B 法院。

在 Y 公司申请 B 法院执行阶段，×银行向 B 法院提出了直接参与执行分配的申请。

【问题思考】

1. B 法院可以受理×银行的参与分配申请吗？

2. 如果可以，此案财产该如何分配？请制作一个分配方案。

按比例平等分配的具体制度就是参与分配。所谓参与分配，是指取得执行根据的债权人对债务人的财产开始执行程序后，债务人的其他已取得执行根据的债权人发现债务人的财产不能清偿所有债权时，向人民法院申请就所有债权公平受偿的制度。

我国参与分配制度的实质在于弥补我国有限破产主义的缺陷，在公民和其他组织资不抵债时，为各债权人提供一条公平受偿的途径。

（一）参与分配的适用条件

1. 债务人是公民或其他组织。这是参与分配的债务人条件。只有当债务人是公民或其他组织时，其他债权人才能请求参与分配。对未经清理或清算而撤销、注销或歇业的企业法人可以参照适用参与分配制度。而其他企业法人应通过破产程序受偿。

2. 申请参与分配债权人必须已经取得执行根据。这是参与分配的债权人的资格条件。《执行规定》第 90 条规定："……在被执行人的财产被执行完毕前，对该被执行人已经取得金钱债权执行依据的其他债权人可以申请对该被执行人的财产参与分配。"因此，其他尚未取得执行依据的债权人，就不能参与分配。

3. 各债权人的债权必须都是金钱债权或者转化的金钱债权。如果是物的交付请求权与金钱债权竞合，则只能按物权优先原则解决，而行为与金钱债权则不发生竞合，也就不存在申请参与分配。

4. 必须是被执行人没有其他财产可供执行或其他财产不足以清偿全部债务。这是参与分配最实质的要件。债务人除已被采取民事执行措施的财产外，已无其他财产，或虽有其他财产但不足以清偿全部债务，此时，其他债权人如不参与分配，其债权将没有受偿的可能性或者不能得到全部清偿，从而与前面的债权人处于受偿不平等的地位，所以，其他债权人要参与分配，以平等求偿。

5. 参与分配申请应当在执行程序开始后，被执行人的财产执行完毕前提出。执行程序的开始，是指为实现第一个债权人的债权而进行的执行程序，自执行法院接到申请执行书或移送执行书开始。而执行完毕，应以执行法院执行所得交由债权人收受时为准。执行程序还未启动，债权人只可自行请求发动执行程序，而执行完毕后，被执行财产的所有权已经转移其他债权人，已再无申请参与分配的理由，所以，参与分配的申请必须在此时间段内提出。

6. 申请参与分配必须采取书面形式。这是参与分配的形式要件。其他债权人请求参与分配，必须采取书面形式，写明参与分配的理由，并提出有关的证据，如执行依据等。

(二) 参与配的程序

1. 参与分配的申请。债权人申请参与分配的，应当向其原申请执行法院提交参与分配申请书，写明参与分配的理由，并附有执行依据。该执行法院应将参与分配申请书转交主持分配的法院，并说明执行情况。

2. 主持分配法院的确定。对参与被执行人财产的具体分配，应当由首先查封、扣押或者冻结的法院主持进行。

3. 制定参与分配方案。制定参与分配方案是参与分配程序的核心工作。参与分配方案是执行分配法院依据一定的参与分配原则所确定的各参与分配债权人所应分得金额及分配顺序的书面文件。执行法院在制定参与分配方案时，首先要对有优先权、担保物权的债权人的优先受偿权予以审查和确认，在对享有优先权、担保物权的债权人依照法律规定的顺序优先受偿后，按照各个案件债权额的比例进行分配，制作参与分配表。

4. 支付分配金额。执行分配法院将参与分配方案通知各债权人后，各债权人在分配期限之前对分配方案未提出异议的，执行分配法院即根据参与分配表支付分配金额。各债权人如在分配期限前对分配方案提出异议的，则执行分配法院依法予以审查，并依法作出相应处理后交付金额。

5. 参与分配后债权债务的处置。参与分配执行后，如果被执行人的财产未能全部满足债权要求的，则往往还有部分债权未受清偿。根据相关法律规定，剩余债务，被执行人应当继续清偿，不能主张免除。而被执行人的财产处理完毕后，确无其他财产可供执行的，可裁定中止执行，待发现被执行人有可供执行财产时，随时恢复执行，除非符合法定条件，否则不得随意终结执行。

拓展阅读

参与分配方案的制作、审批及内容（附参与分配表参考实例）

案款分配或参与分配程序中，主持分配的法院应当经合议庭合议后制作书面的财产分配方案，并逐级报本院执行局局长或主管院长审批。分配方案应当载明：可供分配的款项总额，待分配的债权总额，各债权人的基本情况及其债权的性质和数额，分配顺序，各债权的受偿比例及数额，分配的法律依据，提出异议的权利，等等。

XXXXX系列案参与财产分配呈批表

序号	债权人	案号	执行到位金额	受理费	申请执行费	评估费	优先权	分配余额	普通债权额	比例%	分配数	备注
1	A	1		4507	7614				521432		92050.04	
2	B	2		7596	13400	4300			1100000		194186.48	
3	C	3		4625	7400				100000		17653.32	
4	D	4		1238	1532				108800		19206.81	
5	E	5	1080000	424	784		58900.00	848282.79		17.68%		
6	F	6		1000	2375				165000		29127.97	
7	G	7			650				50000		8826.66	
8	H	8		2702	200				20000		3530.66	
9	J	9		1450	1850				130000		22949.31	
10	K	10		13840	28500				2610000		460751.55	
11	M						66830.21					
	合计		1080000	37582	64305	4300	125730.21	848282.79	4805232		848282.79	
承办人意见												
庭领导审批												
院领导审批												

单元思考题

1. 如何解决我国的民事执行管辖问题？
2. 对比民事执行中止和执行终结的法定情形，找出其不同之处。
3. 什么情况下可以变更和追加民事执行当事人？变更和追加的程序是怎样的？
4. 如何解决我国实践中的民事执行竞合问题？参与分配制度的适用条件和程序是什么？

单元三

法院行政执行

✎ 知识目标

1. 明确法院行政执行的概念及法律特征；
2. 理解法院行政执行的分类；
3. 掌握法院行政执行的执行措施。

能力目标

1. 能对诉讼与非诉行政执行的具体程序进行分析；
2. 能运用行政强制执行措施实施执行。

项目一 行政执行

一、行政执行的概念及法律特征

案例 3-1

2012 年 12 月 4 日，申请执行人某国土资源局向某市法院申请强制执行其责令某镇某村 15、16、18 队交出土地和清除地上附着物及青苗的决定。同年 12 月 14 日，某市法院参照最高法有关通知的精神，探索实行"裁执分离"强制执行模式，作出行政裁定：对申请执行人某国土资源局作出的责令交出土地和清除地上附着物及青苗决定准予强制执行，由辖区县级政府组织实施。2013 年 1 月 17 日，该政府依法院裁定组织力量对案件进行了强制执行。

【问题思考】

1. 什么是行政执行？
2. 行政执行的主体有哪些？

应知应会

（一）行政强制执行的概念

行政强制执行，又称行政执行，是指在行政法律关系中，作为义务主体的行政相对人不履行其应履行的义务时，行政机关或者人民法院采取行政强制措施，迫使其履行义务或者达到与履行义务相同状态的活动。

行政强制执行包括行政机关自行强制执行和行政机关申请法院强制执行两部分内容。[1] 行政机关依法作出行政决定后，当事人在行政机关决定的期限内不履行义务的，具有行政强制执行权的行政机关依照《中华人民共和国行政强制法》之规定强制执行。法律没有规定行政机关强制执行的，作出行政决定的行政机关应当申请人民法院强制执行。

（二）行政强制执行的法律特征

1. 行政相对人不履行应履行的义务，是适用行政强制执行的前提条件。行政强制执行只有在构成了义务不履行的情形下，法律明确规定可以采取时，才能采取。

2. 行政强制执行的主体是行政机关或人民法院。对不履行行政决定的公民、法人或者其他组织，由行政机关或行政机关申请人民法院，依法强制其履行义务。

3. 行政强制执行的目的是实现义务的履行或者达到与履行义务相同的状态。无论由人民法院负责，还是由行政机关负责，行政强制执行的目的都是实现法律直接规定或者行政行为所确立义务的履行。

4. 行政强制执行的对象具有广泛性和法定性。行政强制执行可以针对一切阻碍行政行为执行的对象以及应执行的一切对象进行。行政强制执行的具体实施方式，可根据行政强制执行的对象分为对物（财产）、行为和人身的三种。

5. 实施行政强制执行，行政机关可以在不损害公共利益和他人合法权益的情况下，与当事人达成执行协议。执行协议可以约定分阶段履行。当事人采取补救措施的，可以减免加处的罚款或者滞纳金。

二、行政机关行政执行与法院的行政执行的区别与联系

行政机关作出具体行政行为后，不论是否经过诉讼程序，只要当事人不自觉履行，就会发生行政强制执行。行政强制执行因实施执行的主体不同，分为行政机关的行政执行和人民法院的行政执行。两者的共同点在于：都必须以法律、行政法规的分工规定行使行政强制执行权，都基于具体行政行为而发生，都有强制执行措施，目的都是为了实现法定的行政权利义务，执行根据从总体上看都是行政裁判文书和具体行政行

---

〔1〕 姜明安主编：《行政法与行政诉讼法》，北京大学出版社 2005 年版，第 322 页。

为，只不过有些由行政机关自己执行，有些由人民法院执行。

两者的区别在于：

1. 执行活动的性质不同。行政机关的行政执行，其性质仍是具体行政行为，行政相对人对某些行政执行不服仍可依法提起行政诉讼，由人民法院再判断行政机关这种具体行政行为是否合法。人民法院的行政执行，其性质是司法活动，当事人不服，不可提起诉讼，只能通过申诉等途径解决。

2. 执行发生不同。行政机关的行政执行，行政机关单方决定便可实施。而人民法院的行政执行，除个别（特殊）案件移送执行外，一般须由当事人的申请，当事人没有申请的，不发生执行。

3. 执行机关不同。行政机关行政执行的主体是行政机关，而人民法院行政执行的主体是人民法院。当然，人民法院在执行时可以要求有关机关协助执行。

4. 当事人不同。行政机关行政执行没有申请人，被执行人只能是行政相对人。人民法院行政执行，行政机关和行政相对人既可以是申请人，也可以是被执行人。

三、行政机关行政强制执行程序与执行方式

📖 应知应会

（一）行政强制执行程序

1. 催告制度。行政机关作出强制执行决定前，应当事先催告当事人履行义务。催告应当以书面形式作出，并载明下列事项：①履行义务的期限；②履行义务的方式；③涉及金钱给付的，应当有明确的金额和给付方式；④当事人依法享有的陈述权和申辩权。

经催告，当事人逾期仍不履行行政决定，且无正当理由的，行政机关可以作出强制执行决定。

2. 陈述和申辩。当事人收到催告书后，有权进行陈述和申辩。行政机关应当充分听取当事人的意见，对当事人提出的事实、理由和证据，应当进行记录、复核。当事人提出的事实、理由或者证据成立的，行政机关应当采纳。

3. 强制执行决定。经催告，当事人逾期仍不履行行政决定，且无正当理由的，行政机关可以作出强制执行决定。强制执行决定应当以书面形式作出，并载明下列事项：①当事人的姓名或者名称、地址；②强制执行的理由和依据；③强制执行的方式和时间；④申请行政复议或者提起行政诉讼的途径和期限；⑤行政机关的名称、印章和日期。

在催告期间，对有证据证明有转移或者隐匿财物迹象的，行政机关可以作出立即强制执行决定。

4. 中止执行。根据《行政强制法》的规定，有以下情形的，应当中止强制执行：①当事人履行行政决定确有困难或者暂无履行能力的；②第三人对执行标的主张权利，确有理由的；③执行可能造成难以弥补的损失，且中止执行不损害公共利益的；④行政机关认为需要中止执行的其他情形。

中止执行的情形消失后，行政机关应当恢复执行。对没有明显社会危害，当事人确无能力履行，中止执行满 3 年未恢复执行的，行政机关不再执行。

5. 终结执行。在行政强制执行过程中，有下列情形之一的，终结执行：①公民死亡，无遗产可供执行，又无义务承受人的；②法人或者其他组织终止，无财产可供执行，又无义务承受人的；③执行标的灭失的；④据以执行的行政决定被撤销的；⑤行政机关认为需要终结执行的其他情形。

⊕ **特别提醒**

在执行中或者执行完毕后，据以执行的行政决定被撤销、变更，或者执行错误的，应当恢复原状或者退还财物；不能恢复原状或者退还财物的，依法给予赔偿。

（二）行政强制执行的方式

1. 加处罚款或者滞纳金；

2. 划拨存款、汇款；

3. 拍卖或者依法处理查封、扣押的场所、设施或者财物；

4. 排除妨碍、恢复原状；

5. 代履行；

6. 其他强制执行方式。

行政机关申请人民法院强制执行前，应当催告当事人履行义务。催告书送达 10 日后，当事人仍未履行义务的，行政机关可以向所在地有管辖权的人民法院申请强制执行；执行对象是不动产的，向不动产所在地有管辖权的人民法院申请强制执行。

项目二 法院行政执行

一、法院行政执行的概念及种类

✍ **案例 3-2**

2012 年 4 月至 10 月，张某某等 29 名农民工受雇于上饶某建筑工程公司，主要从事京福高铁项目的桥梁及路基灌注桩、抗滑桩等工程。因公司资金周转困难，2012 年 10 月，双方在结算工资时发生争议，该建筑公司一直拖欠着张某某等人 110 万元工资不予支付，并拒绝与张某某等人协商。2012 年年底，张某某等人集结到市县两级政府上访，经有关部门协商，该建筑公司先行支付了 70 万元工资，余 40 万元未支付。后经张某某等人多次索要，均无果。

2013 年 1 月 31 日，上饶县人保局向该建筑公司下发了行政处理决定书，要求该建筑公司在 3 日内支付张某某等人 40 万元工资，但该建筑公司在收到处理决定书后既未申请行政复议，也未提起行政诉讼。2013 年 7 月 16 日，上饶县人保局向上饶县人民法院申请强制执行。

经江西省上饶县人民法院法官的不懈努力，农民工代表张某某代理玉山籍 29 名农民工与上饶某建筑工程公司签订执行和解协议，在 2013 年 8 月 20 日之前付清 40 万元工资款。张某某等 29 名农民工为时一年半的讨薪路终于结束。

【问题思考】

1. 行政机关向法院申请强制执行的法律依据是什么？
2. 法院行政执行的程序和方式是什么？

应知应会

（一）法院行政执行的概念

法院行政执行是指人民法院依法定的职权或行政机关及生效具体行政行为的权利人的申请，对行政义务人采取强制措施，实现发生法律效力的行政裁判或具体行政行为所确定的义务的法律活动。

它是具体行政行为转化为司法行为后的行政管理目的的最后实现，但它不是所有行政裁判和具体行政行为的必经程序。

（二）法院行政执行的类型

根据《行政诉讼法》的规定，人民法院强制执行包括两种：一是对人民法院判决、裁定的强制执行；二是非诉行政执行。

1. 法院非诉行政执行。法院非诉行政执行是指人民法院根据有关法律规定，依行政机关或生效具体行政行为的权利人的申请，对未经诉讼审理而已生效的具体行政行为进行审查和执行的活动或制度。

根据《行政强制法》的规定，行政强制执行权仅赋予部分行政机关。对于具体行政行为，当事人在法定期限内不申请行政复议或者提起行政诉讼，又不履行行政决定的，没有行政强制执行权的行政机关可以自期限届满之日起 3 个月内，依照相关规定申请人民法院强制执行。而法律、法规规定既可以由行政机关依法强制执行，也可以申请人民法院强制执行，行政机关申请人民法院强制执行的，人民法院也可以依法受理。

2. 法院行政诉讼的执行。法院行政诉讼的执行，是指行政案件当事人逾期拒不履行人民法院发生法律效力的法律文书，人民法院和有关行政机关运用国家强制力量，依法采取强制措施，促使当事人履行义务，从而使生效的法律文书的内容得以实现的一种法律制度。

《最高人民法院关于执行〈中华人民共和国行政诉讼法〉若干问题的解释》第83条规定：对发生法律效力的行政判决书、行政裁定书、行政赔偿判决书和行政赔偿调解书，负有义务的一方当事人拒绝履行的，对方当事人可以依法申请人民法院强制执行。

二、法院非诉行政执行

案例3-3

因某市第三中学北校区（简称三中北校）未缴纳水资源费，该市水利和渔业局（简称水利局）作出限期缴纳水资源费的决定，要求三中北校缴纳水资源费16万余元。逾期不缴的，从滞纳之日起按日加收滞纳部分2‰的滞纳金，并处应缴或补缴水资源费1倍以上5倍以下的罚款。逾期，三中北校未缴纳。水利局向法院申请强制执行。

【问题思考】

水利局向法院申请强制执行属于哪种类型的法院行政执行？其具体程序是什么？

应知应会

（一）申请强制执行的条件

行政机关申请人民法院强制执行的前提条件：当事人在法定的期限内不申请行政复议或者不提起行政诉讼，又不履行行政决定的。行政机关作为申请人，要向人民法院提供当事人不履行行政决定的证据。

（二）申请强制执行的期限

《行政强制法》对行政机关申请人民法院强制执行的期限作了规定，即从当事人行使行政救济期间届满之日起3个月内，可以申请人民法院强制执行。这样规定是为了促使行政机关及时提出执行申请，提高行政效率。超过此期限的，人民法院可不予执行。

（三）申请强制执行的管辖

申请人民法院强制执行案件的管辖，是指在人民法院系统内部就执行案件所作的分工和权限划分。我国行政诉讼没有对非诉强制执行案件的管辖作出规定，但在《最高人民法院关于执行〈中华人民共和国行政诉讼法〉若干问题的解释》及《行政强制法》中有关于管辖的规定。

1. 级别管辖。一般的非诉行政强制执行案件，原则上由基层人民法院执行。如果非诉行政强制案件是比较重大、复杂、在本辖区内有重大影响的案件，按照诉讼管辖原则，管辖的法院是中级人民法院甚至高级人民法院，则行政机关应按级别管辖的一般原则向有管辖权的中级人民法院或高级人民法院申请强制执行。

2. 地域管辖。行政机关申请人民法院强制执行其具体行政行为，由申请人向申请行政机关所在地有管辖权的人民法院申请强制执行；执行对象为不动产的，向不动产所在地有管辖权的人民法院申请强制执行。

《最高人民法院关于执行〈中华人民共和国行政诉讼法〉若干问题的解释》及《行政强制法》虽然原则性规定由申请人所在地的人民法院作为非诉行政执行的管辖法院，但有几种例外的情形：

（1）关于不动产的非诉行政执行。执行对象为不动产的，行政机关应向不动产所在地有管辖权的人民法院申请强制执行。

（2）根据1998年《最高人民法院关于人民法院执行工作若干问题的规定（试行）》，对于专利管理机关依法作出的处理决定和处罚决定，由被执行人住所地或财产所在地的省、自治区、直辖市有权受理专利纠纷案件的中级人民法院执行。

（3）根据1998年《最高人民法院关于人民法院执行工作若干问题的规定（试行）》的规定，国务院各部门、各省、自治区、直辖市人民政府和海关依照法律、法规作出的处理决定和处罚决定，由被执行人住所地或财产所在地的中级人民法院执行。

3. 移送管辖。在实践中，行政机关申请人民法院强制执行的案例中，有些情况比较复杂，基层人民法院或中级人民法院可以报请上一级人民法院执行。《最高人民法院关于执行〈中华人民共和国行政诉讼法〉若干问题的解释》第89条第2款规定："基层人民法院认为执行确有困难的，可以报请上级人民法院执行；上级人民法院可以决定由其执行，也可以决定由下级人民法院执行。"

（四）申请法院执行前的催告程序

催告程序，是指当义务人逾期不履行生效法律文书中要求履行的行政义务时，行政机关通知义务人在一定期限内自觉履行义务，并告之相对人不履行义务将要产生对其不利后果的程序。这一程序无论是在行政机关自身强制执行，还是在申请人民法院强制执行时，都是不可缺少的必经步骤。

《行政强制法》第54条规定："行政机关申请人民法院强制执行前，应当催告当事人履行义务。催告书送达10日后当事人仍未履行义务的，行政机关可以向所在地有管辖权的人民法院申请强制执行……"

（五）非诉行政执行的程序

根据《行政强制法》的规定，非诉行政执行的程序包括申请、受理、审查和对裁定强制执行的处理。

1. 申请。行政机关的申请是人民法院强制执行的前提条件，行政机关向人民法院申请强制执行时，必须向法院提交相应的材料。

《行政强制法》第55条规定："行政机关向人民法院申请强制执行时，应提供下列材料：①强制执行申请书；②行政决定书及作出决定的事实、理由和依据；③当事人的意见及行政机关催告情况；④申请强制执行标的情况；⑤法律、行政法规规定的其他材料。强制执行申请书应当由行政机关负责人签名，加盖行政机关的印章，并注明日期。"

2. 受理。受理是人民法院对行政机关提出强制执行的申请进行审查的单方面行为的结果，是执行程序能否开始的关键。申请人申请非诉的强制执行必须符合一定条件，否则人民法院不予受理。

《最高人民法院关于执行〈中华人民共和国行政诉讼法〉若干问题的解释》第86条规定，行政机关根据《行政诉讼法》第66条的规定申请执行其具体行政行为，应当具备以下条件：

（1）具体行政行为依法可以由人民法院执行；

（2）具体行政行为已经生效并具有可执行的内容；

（3）申请人是作出该具体行政行为的行政机关或者法律、法规、规章授权的组织；

（4）被申请人是该具体行政行为所确定的义务人；

（5）被申请人在具体行政行为确定的期限内或者行政机关另行指定的期限内未履行义务；

（6）申请人在法定期限内提出申请；

（7）被申请执行的行政案件属于受理申请执行的人民法院管辖。

人民法院对符合条件的申请，应当立案受理，并通知申请人；对不符合条件的申请，应当裁定不予受理。

3. 审查。

（1）书面审查。人民法院对非诉行政执行的审查形式是书面审查，以行政机关提供的书面材料为主进行审查，相当于形式审查。审查的内容包括：①行政机关是否在法定期间提出的申请；②行政机关是否按照行政强制法的规定，提供了齐备的申请材料；③行政机关是否具备法定执行效力；④行政决定没有行政强制法规定的三种情形：其一，明显缺乏事实根据的；其二，明显缺乏法律、法规依据的；其三，其他明显违法并损害被执行人合法权益的。

（2）实质审查。原则上，人民法院对行政机关的执行申请只进行书面审查，但在书面审查过程中，发现行政决定明显缺乏事实根据，或者明显缺乏法律、法规依据，以及其他明显违法并损害被执行人合法权益的，在作出裁定前可以听取被执行人和行政机关的意见。

人民法院应当自受理之日起30日内审查完毕并作出是否执行的裁定。裁定不予执行的，应当说明理由，并在5日内将不予执行的裁定送达行政机关。行政机关对人民法院不予执行的裁定有异议的，可以自收到裁定之日起15日内向上一级人民法院申请复议，上一级人民法院应当自收到复议申请之日起30日内作出是否执行的裁定。

4. 告知履行。根据《最高人民法院关于执行〈中华人民共和国行政诉讼法〉若干问题的解释》第93条的规定，对于行政审判庭裁定准予执行的非诉行政案件，需要采取强制执行措施的，行政审判庭应当将案件交由本院负责强制执行非诉行政行为的机构具体执行。负责强制执行非诉行政行为的机构，在实施强制执行前，应当再次书面通知被执行人履行义务，告诫被执行人如仍拒不履行义务的，将由执行机构实施强制执行。

5. 强制执行。经告诫，被执行人仍拒不履行义务的，则可以强制执行。在此阶段，法院应出具强制执行手续，填写强制执行文书，制定强制执行方案等。法院在执行中采取执行措施，可以根据《行政诉讼法》和参照《民事诉讼法》及相关司法解释的有关规定执行。

执行任务完成后，人民法院应将案卷材料整理归档，并结清各种手续、清单及费用，书面通知申请强制执行的行政机关，宣告执行程序结束。

⬧ **特别提醒**

因情况紧急，为保障公共安全，行政机关可以申请人民法院立即执行。经人民法院院长批准，人民法院应当自作出执行裁定之日起5日内执行。

三、行政诉讼执行

📖 应知应会

行政诉讼执行，是指行政案件当事人逾期拒不履行人民法院生效的法律文书，人民法院运用国家强制力量，依法采取强制措施，促使当事人履行义务，从而使生效法律文书的内容得以实现的活动。人民法院生效的法律文书包括行政判决书、行政裁定书、行政赔偿判决书、行政赔偿调解书。

行政诉讼案件的执行不是行政诉讼的必经程序，只有在出现需要执行的情形且符合法律规定的条件时，才能启动执行程序。

（一）行政诉讼的执行条件

行政诉讼的执行，必须具备一定的条件才能发生，具体包括：

1. 须有执行根据。生效的判决书、裁定书和赔偿调解书，是强制执行据以执行的法律文书。

2. 须有可执行的内容。不是所有的裁判文书都有可执行的内容，如果是不作为义务则是不可能发生执行的。一般来说，作为可执行内容的义务有：给付义务，即赔偿；实施特定行为的义务，如拆除违章建筑、重新作出行政行为或者恢复原状等。

3. 被执行人有能力履行而拒不履行义务。

4. 申请人在法定期限内提出了执行申请。

申请人是公民的，申请执行生效的行政判决书、行政裁定书、行政赔偿判决书和行政赔偿调解书的期限为1年，申请人是行政机关、法人或者其他组织的，期限为180日。

申请执行的期限从法律文书规定的履行期间最后一日起计算；法律文书中没有规定履行期限的，从该法律文书送达当事人之日起计算。

⚜️ **特别提醒**

《最高人民法院关于人民法院执行工作若干问题的规定（试行）》第18条规定，人民法院受理执行案件应当符合下列条件：

(1) 申请或移送执行的法律文书已经生效；

(2) 申请执行人是生效法律文书确定的权利人或其继承人、权利承受人；

(3) 申请执行人在法定期限内提出申请；

(4) 申请执行的法律文书有给付内容，且执行标的和被执行人明确；

(5) 义务人在生效法律文书确定的期限内未履行义务；

(6) 属于受理申请执行的人民法院管辖。

人民法院对符合上述条件的申请，应当在7日内予以立案；不符合上述条件之一的，应当在7日内裁定不予受理。

（二）行政诉讼执行的措施

✍️ **案例3-4**

某公司向区教委申请《办学许可证》，遭拒后向法院提起诉讼，法院判决区教委在判决生效后30日内对该公司的申请进行重新处理。判决生效后，区教委逾期拒不履行，某公司申请强制执行。

【问题思考】

法院可采取的行政执行措施有哪些？

行政诉讼案件的执行措施是指执行机关所采用的具体执行手段与方法。这些执行手段与方法源于法律的明确规定，不能由执行机关任意创造。根据适用对象的不同，可以将执行措施分为对行政机关的执行措施和对公民、法人或其他组织的执行措施。

1. 对行政机关的强制执行措施。《行政诉讼法》第96条规定，行政机关拒绝履行判决、裁定的，第一审人民法院可以采取以下措施：

(1) 对应当归还的罚款或者应当给付的赔偿金，通知银行从该行政机关的账户内划拨。

(2) 在规定期限内不执行的，从期满之日起，对该行政机关按日处50~100元的罚款。

(3) 将行政机关拒绝履行的情况予以公告。

(4) 向监察机关或者该行政机关的上一级行政机关提出司法建议，接受司法建议的机关，根据有关规定进行处理，并将处理情况告知人民法院。

（5）拒不履行判决、裁定、调解书，社会影响恶劣的，可以对该行政机关直接负责的主管人员和其他直接责任人员予以拘留；情节严重，构成犯罪的，依法追究刑事责任。

除以上强制划拨存款、迟延罚款、提出司法建议措施以外，行政机关拒不履行义务，情节严重构成犯罪的，法院可依法追究主管人员和直接责任人员的刑事责任。追究刑事责任虽然具有威慑力，但严格来说，不是行政强制执行措施。

2. 对行政相对人的强制执行措施。公民、法人或者其他组织拒绝履行判决、裁定的，行政机关可以向第一审人民法院申请强制执行，或者依法强制执行。

对行政相对人的具体执行措施与民事执行的具体措施，在种类、适用、范围、条件办理程序方面基本相同，主要是：扣留、提取、划拨、扣押、冻结、拍卖、变卖、收购、强制交付、强制迁出或强制退出、强制拆除、强行销毁、强行拘留等。这里不多叙述。

拓展阅读

强制执行措施适用比较表

强制执行措施种类	民事执行	行政执行	
		对相对人	对行政机关
查询、冻结、划拨存款	适用	适用	适用
扣留、提取劳动收入	适用	适用	不适用
查封、扣押、冻结、拍卖	适用	适用	不适用
强制迁出房屋、退出土地	适用	适用	不适用
强制拆除建筑物	适用	适用	不适用
指定交付、转交	适用	适用	适用
搜查	适用	适用	不适用
迟延罚款	不适用	不适用	适用
迟延履行利息、迟延履行金	适用	不适用	不适用
司法建议	不适用	不适用	适用
追究刑事责任	适用	适用	适用

（三）行政诉讼执行程序

行政诉讼案件执行的程序，是一个由诸多阶段组成的并连续发展的过程，具体包括执行提起、审查与受理、准备、实施、阻却、完结等。

1. 执行提起。执行提起可以由申请人或者人民法院依职权提起。

（1）申请执行。如果法院的裁判法律文书已生效，而义务人拒不履行，权利人有权向人民法院提出执行申请。申请执行是行政执行启动的主要形式，除当事人外，其他人无权提出执行申请。申请执行人既可以是行政机关，也可以是行政管理相对人；既可以是自然人，也可以是法人。

申请人只能向第一审人民法院提出执行申请，第一审人民法院认为情况特殊需要由第二审人民法院执行的，可以报请第二审人民法院执行；第二审人民法院可以决定由其执行，也可以决定由第一审人民法院执行。

（2）移送执行。移送执行，指由案件审判机关直接将案件移交执行机关执行，是依职权主动执行的形式。这是对申请执行的补充。一般适用于判决裁定涉及公共利益、国家利益或者当事人生产生活紧迫需要（如给付医药费、赔偿金）等紧急情况。

2. 执行审查与受理。执行审查是指执行机构在接到执行申请和移交执行书之后，在法定的期间内，对有关文书、材料进行审查，并决定是否立案执行。同行政非诉案件的审查一样，执行机构要进行形式审查和实质审查。

凡符合执行条件和手续、材料齐全的，应当迅速立案，及时通知申请人和被执行人，并在 10 日内了解案情，并通知被执行人在指定的期间内履行。凡是不符合执行条件的，则不予受理执行，并及时通知申请人。

3. 执行准备。首先要深入了解案件，了解被执行义务人拒不履行义务的原因。其次，人民法院决定受理执行案件后，应当在 3 日内向被执行人发出执行通知书，责令其在指定的期间履行生效法律文书确定的义务和迟延履行期间的债务利息或迟延履行金，被执行人未按执行通知书指定的期间履行生效法律文书确定的义务的，应当及时采取执行措施。在执行通知书指定的期间内，被执行人转移、隐匿、变卖、毁损财产的，应当立即采取执行措施。人民法院采取执行措施，应当制作裁定书，送达被执行人。最后，制定强制执行的方案，决定强制执行的执行措施，确定执行的时间、地点，明确执行对象，办理好相关执行措施的批准手续。

4. 执行实施。在执行实施中，根据预先制定的方案，运用强制措施，迅速实施，实现法律文书所确定的义务内容，保护当事人的合法权益。关于执行措施的具体内容，在前文已有讲述。

5. 执行阻却。执行阻却是指在执行过程中，发生了法定事由，使执行不能继续进行或无必要继续进行，因而出现执行程序中断的现象。

执行阻却主要是执行中止和执行和解。

（1）执行中止。在执行过程中，因发生了法定事由，暂时中断执行，待事由消失后，执行程序再继续。法律规定的法定事由有：①申请人表示可以延期执行的；②案外人对执行标的提出确有理由的异议的；③作为一方当事人死亡，需等待继承人继承权利或承担义务的，以及法人或其他组织终止，尚未确定权利义务承受者的；④法院认为应当中止执行的其他情形。如被执行人下落不明、被执行人暂时丧失行为能力等。

（2）执行和解。执行和解是指在执行过程中，申请人与被申请人就赔偿内容协商自愿达成协议。执行和解是双方当事人自行和解，不是由法院主持进行。和解只能涉及赔偿部分，不涉及具体行政行为部分。和解不得违反法律规定，不得侵害第三人的利益，也不得损害公共利益。

6. 执行完结。执行完结是执行案件在内容和程序上的终结，包括执行完毕、和解协议履行完毕、执行撤销和执行终结等形态。

执行终结是执行完结的方式之一。在执行过程中，因法定事由出现，使执行已无必要时或因不可能继续进行而结束执行程序，就是执行终结。法律规定的法定事由有：①申请人撤销执行申请的；②据以执行的法律文书被合法地撤销；③作为被执行的公民死亡，无遗产可供执行，又无义务承担人的；④追索抚恤金案件的权利人死亡的；⑤法院认为应当终结执行的其他情形。

📝 单元思考题

1. 法院行政执行的措施具体有哪些？
2. 法院行政执行的程序是什么？

单元四

法院刑事执行

📝 **知识目标**

1. 明确法院刑事执行的概念、种类；
2. 理解死刑执行的概念与特点；
3. 掌握执行死刑的组织与实施，罚金刑和没收财产刑的执行。

能力目标

1. 能组织与实施执行死刑，并能灵活把握和处置在执行死刑过程中的各种突发情况；
2. 能遵守没收财产刑的执行程序。

项目一　法院刑事执行概述

一、法院刑事执行的概念

📋 **案例 4-1**

2007 年 5 月 16 日，北京市第一中级人民法院公开开庭审理郑某涉嫌犯受贿罪、玩忽职守罪一案，并于 5 月 29 日作出一审判决，认定郑某犯受贿罪，判处死刑，剥夺政治权利终身，没收个人全部财产；犯玩忽职守罪，判处有期徒刑 7 年，决定执行死刑，剥夺政治权利终身，没收个人全部财产。宣判后，郑某不服，提出上诉。北京市高级人民法院经公开开庭审理，于 6 月 22 日作出二审裁定，驳回上诉，维持原判，并依法报请最高人民法院核准。

最高人民法院经复核，确认一、二审认定的案件事实。

最高人民法院复核认为，一审判决、二审裁定认定的事实清楚，证据确实、充分，定罪准确，量刑适当，审判程序合法。遂依法核准北京市高级人民法院维持一审对被告人郑某决定执行死刑、剥夺政治权利终身、没收个人全部财产的刑事裁定。

2007 年 7 月 10 日上午，郑某在北京昌平秦城监狱内以注射方式被执行死刑。

【问题思考】

1. 刑罚的种类有哪些？

2. 哪些刑罚是由法院来执行的？

（一）刑事执行

刑事执行是指国家刑事司法机关依法实施已经发生法律效力的刑事裁判，对应当承担刑事责任的罪犯执行刑罚的全部刑事司法活动，包括各种主刑和附加刑的执行。刑事执行是刑事司法活动的最后一个环节，其目的就是要将刑事司法的最终结果付诸实施，将刑罚的内容予以实现。

根据人民法院依法作出的生效刑事判决、裁定，依法执行刑罚、享有刑事执行权的机关包括人民法院、监狱、公安机关。其中，人民法院负责死刑立即执行、罚金、没收财产、无罪、免除处罚的执行；监狱负责死刑缓期两年执行、无期徒刑、有期徒刑的执行；公安机关负责剥夺政治权利、管制、拘役、缓刑、假释和监外执行的执行。此外，对于在交付执行刑罚前，剩余刑期在 1 年以下的有期徒刑罪犯，由看守所（隶属于公安机关）代为执行。

（二）法院刑事执行的概念

法院刑事执行是指法院依照法定程序，运用国家强制力，将已经发生法律效力的相关刑事判决、裁定所确定的内容予以实现的各种活动或制度。

（三）法院刑事执行的依据

法院刑事执行的法律依据是已经发生法律效力的刑事判决书和刑事裁定书。根据我国《刑事诉讼法》第 248 条的规定，法院刑事执行的依据有：①已过法定期限没有上诉、抗诉的判决书和裁定书；②终审的判决书和裁定书，包括中级人民法院的第二审判决书和裁定书、高级人民法院的第二审判决书和裁定书、最高人民法院的判决书和裁定书；③最高人民法院判决死刑的判决书或核准死刑的裁定书，以及执行死刑命令书。

二、法院刑事执行的种类

（一）死刑的执行

死刑又称生命刑或极刑，是刑罚体系中最严厉的一种刑罚。我国法院对死刑的执行是指对判处死刑立即执行的判决的执行。为慎重适用死刑，避免错杀误杀，我国法律对死刑的执行作了较为详细的规定。

（二）罚金刑的执行

罚金是人民法院判处犯罪分子向国家缴纳一定数额金钱的刑罚方法。罚金刑的判决由法院执行。法院执行时可根据罪犯的财产状况和申请，决定是一次缴纳还是分期缴纳。

罚金刑是当代最普遍适用的财产刑，罚金刑能避免罪犯在监狱内交叉感染，避免罪犯对社会生活的不适应等，能够有效惩治贪利型犯罪及单位犯罪。有的国家没有规定没收财产刑，但都无一例外地规定有罚金刑。罚金刑在我国1997年《刑法》条文中多达139条，主要针对经济犯罪、财产犯罪、单位犯罪等犯罪而适用。

（三）没收财产刑的执行

没收财产是将犯罪人所有财产的一部分或者全部强制无偿地收归国有的刑罚方法。财产刑被广泛适用，是现代刑罚制度改革的重要标志。从我国刑法的发展历程来看，财产刑的适用也呈现不断扩大的趋势。1997年《刑法》的十大类罪中，规定适用罚金刑的有危害公共安全罪、破坏社会主义市场经济秩序罪、侵犯公民人身权利罪和民主权利罪、侵犯财产罪、妨害社会管理秩序罪、危害国防利益罪、贪污贿赂罪等七大类罪，涉及181个罪名，占全部414个罪名的72%。没收财产刑由法院执行，没收财产的范围一般限于罪犯个人所有的与犯罪有关的财产。没收财产刑的执行在实践中也存在难题。犯罪分子往往将属于本人所有的财产说成是其他家庭成员的财产，或者转移、隐匿财产，给法院的执行工作造成困难。

项目二　死刑的执行

一、执行死刑的概念与特点

案例4-2

李某，男，汉族，1969年12月15日出生于河南省永城市，大学文化，中共河南省永城市委办公室副主任，住永城市×××路×段×××号。2012年5月30日被逮捕。据公安部门侦查，2011年下半年以来，李某先后强奸、猥亵未成年女性11名。

河南省商丘市中级人民法院审理商丘市人民检察院指控被告人李某犯强奸罪、猥亵儿童罪一案，于2012年8月10日以（2012）商刑初字第68号刑事判决，认定被告人李某犯强奸罪，判处死刑，剥夺政治权利终身；犯猥亵儿童罪，判处有期徒刑2年，决定执行死刑，剥夺政治权利终身。宣判后，李某提出上诉。河南省高级人民法院经依法开庭审理，于2012年10月14日以（2012）豫法刑三终字第156号刑事裁定，驳回上诉，维持原判，并依法报请最高人民法院核准。

最高人民法院复核后认为第一审判决、第二审裁定认定的事实清楚，证据确实、充分，定罪准确，量刑适当，审判程序合法，于2013年4月20日，依照《中华人民共和国刑事诉讼法》第235条、第239条和《最高人民法院关于适用〈中华人民共和国刑事诉讼法〉的解释》第350条第2项的规定，判决如下：

核准河南省高级人民法院（2012）豫法刑三终字第156号维持第一审对被告人李某以强奸罪判处死刑，剥夺政治权利终身；以猥亵儿童罪判处有期徒刑2年，决定执行死刑，剥夺政治权利终身的刑事裁定。

2013年6月18日，根据最高人民法院院长签发的执行死刑命令书，原永城市委办公室副主任李某当日被执行注射死刑。

【问题思考】

根据上述案例内容，分析、归纳执行死刑的概念，明确执行死刑的含义。

（一）执行死刑的概念

执行死刑是指执刑人员依据最高人民法院院长签发的执行死刑命令，依照法定的程序，采用枪决或者注射等方式，依法剥夺已判处死刑罪犯生命的一项执法活动。

应知应会

1. 执行死刑的主体。执行死刑由人民法院司法警察执行，但如果人民法院确实没有条件执行的，可交公安机关的武装警察执行。

2. 执行死刑的对象。执行死刑的对象是指被判处死刑并已经核准执行死刑的犯罪分子。根据《刑法》第49条第1款的规定，犯罪的时候不满18周岁的人和审判的时候怀孕的妇女，不适用死刑。

3. 执行死刑的根本任务。执行死刑的根本任务就是以法定的程序和方式剥夺死刑犯的生命。其实质是从肉体消灭了死刑犯再犯的可能性，具有无比的严厉性。它以剥夺死刑犯最根本的权利——生命权为核心内容的，而其他刑罚如无期、有期、拘役、管制的执行只是剥夺和限制被执行人的自由权，这是死刑执行最为本质的特征。

拓展阅读

关于执行死刑主体的变更

1980年2月23日最高人民法院、公安部颁布的《关于判处死刑、死缓、无期徒刑、有期徒刑、拘役的罪犯交付执行问题的通知》确定："对于判处死刑立即执行的罪犯，人民法院有条件执行的，应交付司法警察执行；没有条件执行的，可交付公安机关的武装警察执行。"此通知明确了执行主体有两类：一是人民法院的司法警察，二是公安机关的武装警察。

由于当时人民法院的司法警察部门机构不健全，警力不足，人员素质不高，死刑执行任务基本上由公安机关的武装警察承担。随着人民法院司法警察队伍的不断壮大，武警总部与最高人民法院联合于2002年发出通知，武警部队不再承担执行死刑犯处决的勤务。这样，死刑执行任务由人民法院的司法警察责无旁贷地所接替。

综上所述，执行主体发生了从公安武警到司法警察的演变过程。

（二）执行死刑的特点

应知应会

1. 合法性。执行死刑是法律赋予人民法院合法、公开地剥夺犯罪分子生命的权力，经过严格的法律程序，具有充分的法律保障。法律还规定了对被执行死刑罪犯执行死刑前可能出现的例外情况的处理办法，即法律对停止执行死刑与暂停执行死刑两种情形的规定。这些法律规定都充分体现了执行死刑在法律上规定有严密的法律程序和严格的法律依据。

2. 严厉性。死刑是剥夺犯罪分子生命的刑罚，而生命权是人最基本的权利，故将死刑又称为"极刑"。执行死刑是法律赋予人民法院依法剥夺犯罪分子生命的最严厉的刑罚，它充分体现了社会主义法制保护人民、坚决打击犯罪分子的属性和职能。

3. 文明性。对犯罪分子执行死刑，既体现为严厉性，又应当是文明的。法律明确规定：不得对判处死刑立即执行的犯罪分子游街示众；严禁新闻记者到死刑执行刑场采访、拍照和录像；不得虐待罪犯；尊重少数民族风俗；等等。这些都较好地体现了社会主义人道主义精神。另外，在执行死刑的方法上，法律规定了枪决或注射等方法，目前，各地人民法院都逐步开展注射执行死刑，随着注射行刑方式的普及，今后执行死刑的方式必将朝着更加简便、文明的方向发展。

4. 综合性。执行死刑是一项涉及面很广的工作，需要人民法院、人民检察院、公安机关、武装警察、民政机关、殡仪部门等多方配合，人员多，任务重，时间紧，组织协调工作要求严密，不能出漏洞，以确保执行死刑任务的顺利完成。

拓展阅读

据统计，自1990年起，平均每年有3个国家废除死刑。目前，世界上有一半以上的国家在法律上或实践中废除了死刑：①对所有罪行废除了死刑的国家：86个。②对普通罪行废除了死刑的国家：11个。③在实践中废除了死刑的国家：24个。④保留了死刑的国家：75个。

在发达国家中，仍执行死刑的现在仅剩美、日两国。英国、法国、德国、加拿大、澳大利亚、意大利、南非和俄罗斯等一百多个国家废除了死刑。我国的香港、澳门地区也已废除死刑。

中国是至今保留死刑的国家，也是世界上规定死刑罪名的绝对数量最多的国家。1997年修订后的《刑法》在42个条文中规定了69个死刑罪名。

（三）执行死刑的依据

根据《刑事诉讼法》和有关法律、法规的规定，由最高人民法院院长签发的执行死刑命令，连同死刑判决和核准死刑的判决书或者裁定书，是执行死刑的法律依据。

1. 判决。执行死刑必须要有生效的死刑判决。生效的死刑判决有：已过法定期限没有上诉、抗诉的死刑判决，终审的死刑判决和最高人民法院作出的一审死刑判决。

2. 核准死刑的判决或者裁定。《刑事诉讼法》第235条规定："死刑由最高人民法院核准。"死刑是生命刑，是最严厉的刑罚，为体现慎重适用死刑的立法精神，法律规定死刑判决必须经复核后方能执行。

3. 执行死刑命令。死刑判决必须有执行死刑命令后方能执行，执行死刑命令由最高人民法院院长签发。下级人民法院收到执行死刑的命令后，应当在7日内交付执行，没有接到执行死刑命令的，不得交付执行。

二、执行死刑的方式

案例 4-3

药家鑫，男，1989年11月7日出生，西安音乐学院大三的学生。2010年10月20日22时30分许，药家鑫驾驶陕A419NO号红色雪佛兰小轿车从外国语大学长安校区由南向北行驶返回西安市区，当行至西北大学西围墙外翰林南路时，将前方在非机动车道上骑电动车同方向行驶的被害人张妙撞倒。药家鑫下车查看，见张妙倒地呻吟，因担心张妙看到其车牌号后找麻烦，即拿出其背包中的一把尖刀，向张妙胸、腹、背等处捅刺数刀，致张妙主动脉、上腔静脉破裂大出血并当场死亡。杀人后，药家鑫驾车逃离，当行至翰林路郭南村口时，又将行人马海娜、石学鹏撞倒，逃逸时被附近群众抓获。

2011年1月11日，西安市检察院以故意杀人罪对药家鑫提起了公诉。2011年3月23日上午9点45分，此案在西安市中级人民法院开庭审理，药家鑫因犯故意杀人罪，一审被判处死刑，剥夺政治权利终身，后药家鑫上诉。2011年5月20日，陕西省高级人民法院对被告药家鑫故意杀人一案进行了二审公开开庭审理并宣判，依法裁定驳回药家鑫上诉，维持原判，并依法报请最高人民法院核准。

最高人民法院经复核认为，第一审判决、第二审裁定认定的事实清楚，证据确实、充分，定罪准确，量刑适当，审判程序合法，故依法作出核准死刑的裁定。

经最高人民法院核准，故意杀人罪犯药家鑫于2011年6月7日上午在陕西省西安市被依法执行死刑。西安市中级人民法院当天上午在宣告上述裁定后，对药家鑫执行了注射死刑。

【问题思考】

1. 枪决执行死刑的部位在哪儿？有何优缺点？

2. 注射执行死刑的部位在哪儿？有何优缺点？

3. 总结我国当前执行死刑的方式的类型，并比较它们之间的优缺点。

应知应会

（一）当前世界上执行死刑的主要方式

目前，世界各国采用的死刑方式主要有以下几种：

1. 枪决。这种行刑方式是当今世界执行死刑最为通用的方式。枪决是随着枪支的出现而出现的。在西方国家早期时，枪决没有固定的模式，大多数情况下，行刑人站成一排，向犯人开枪。为了确保行刑人不受到报复，其中一名行刑人的枪里没有子弹。这样，报复人即使知道行刑人的姓名，也难以分清到底谁的枪里没有子弹。枪决致死速度快，技术要求不高，只要求执行人枪法准，但执行部位集中于头部或心脏，死刑犯被枪击后，血肉模糊，状况很惨且重要器官可能被损坏。

2. 绞刑。这是其中一种最古老的行刑方式。为达到准确折断脊椎而让犯人死亡的效果，行刑前，犯人必须量体重，然后根据体重给犯人的腿上绑上重物，这是为确保犯人能立即被绞死。绳索套在犯人的脖子上，然后撤掉犯人脚下的支撑物。绞刑致死时间较长，但可保存尸体，尸体医用价值高，执行成本低。

3. 斩刑。斩刑致死速度快，但行刑残酷，死刑犯痛苦不堪，除了少数几个国家，其他国家都不使用。其原理是割断脖子，也就是将头和躯干分离。这种极刑并不是要造成受刑人肢体残缺，而是因为被截去的部分相当重要，能立即导致死亡。

4. 电刑。电刑源于美国。由于强电压冲击死刑犯，尸体往往烧坏，使之极其痛苦，成本和技术要求高，不过致死时间短。当使用电刑时，犯人被绑到一个特制的椅子上，行刑一般由 3 人或更多的人执行，他们面前各有一个电按钮，实际上只有一个按钮是连在电极上的。这样安排是为了解除行刑人的心理负担，因为谁也不清楚究竟是谁按动了真按钮。

5. 毒气室。犯人被关进一间不锈钢制密室里，当行刑开始时，行刑人打开一个阀门，液态氯化氢流到犯人座椅下的一个盘子里。接着向盘子里滴入氰化钾或氰化钠，从而产生氰氢毒气。目前，美国仍有几个州采用这种方式处死死刑犯。使用这种方式，死刑犯死亡较快，痛苦少。

6. 石刑。石刑是一种钝击致死的酷刑，即埋入沙土用乱石砸死。通常把男性腰以下部位、女性胸以下部位埋入沙土中，施刑者向受刑者反复扔石块。如果是对已婚有孩子的妇女行刑，她的孩子必须到现场观看。行刑用的石块经专门挑选，以保证让受刑者痛苦地死去。

石刑在国际社会普遍被视为过于残酷，仍然存在石刑的国家包括没有舍弃伊斯兰教刑法的阿富汗、伊朗、伊拉克、苏丹、阿拉伯联合酋长国、沙特阿拉伯和尼日利亚。

7. 静脉注射。静脉注射是向死刑犯的静脉中连续注射致命的药剂的一种死刑方法。犯人躺在行刑椅上，脚踝、腿、手腕、胸部和头部都被绑住。犯人的身上连有心脏监视器。行刑人一般给犯人注射麻醉剂（使犯人失去知觉）、肌肉松弛剂（使犯人的心肺松弛）、氯化钾（使心脏停止跳动）。很多人认为，这是最人道的执行死刑的方式，也是目前美国最常用的行刑方式。

（二）我国死刑执行的方式

我国 1979 年《刑法》第 45 条规定："死刑用枪决的方式执行。"

1997 年修订《刑法》没有规定死刑的执行方式，但 1996 年修订的《刑事诉讼法》第 212 条第 2 款规定："死刑采用枪决或注射等方法执行。"自修改增加注射执行死刑方式后，我国开始采用该方式执行死刑。云南昆明市中级人民法院在 1997 年 11 月 4 日首次在国内采用药物注射方法执行死刑。

中国是继美国之后的世界上第二个正式采用药物注射死刑的国家。采用注射方式执行死刑，充分体现了我国执行死刑方式在严厉打击刑事犯罪的同时，尊重人权、倡导文明执法的精神。此后，注射执行死刑方式开始在我国实施、推广并逐渐普及。

我国《刑事诉讼法》规定的执行死刑方法，除枪决、注射外，并没有排除采用第三种方法。但到目前为止，司法实践中还没有出现使用枪决和注射以外的方法执行死刑的案例。

1. 枪决执行死刑。枪决是指利用枪械抵近射击罪犯致其死亡，它是依法剥夺死刑罪犯生命的执行死刑方法，也是我国长期使用的一种执行死刑方法。

因为枪决要设立专门的刑场，行刑过程中必须将死刑犯从看守所中提出，到法院宣判后押赴刑场执行，在途时间长，途经地点多，出于安全的考虑，往往兴师动众，浪费了大量的人力物力。再者，行刑过程较为血腥，给罪犯和参与行刑的人心理上都造成极大的压力。但因为成本低廉，技术要求不高，一直为我国各个法院惯常采用。

2. 注射执行死刑。注射执行死刑是指通过致命药物对静脉实施注射，依法剥夺死刑罪犯生命的执行死刑方法。它是一种更为人道、先进、文明的执行死刑方法。

目前，我国注射死刑执行的两种方式：

（1）车载方式：如图 1。

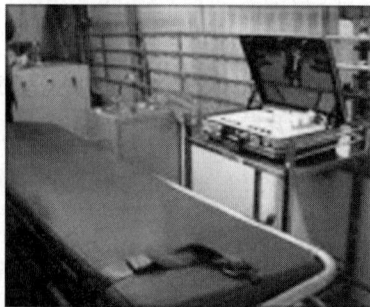

图 1　死刑执行车及内部情况

（2）固定刑场方式：如图2。

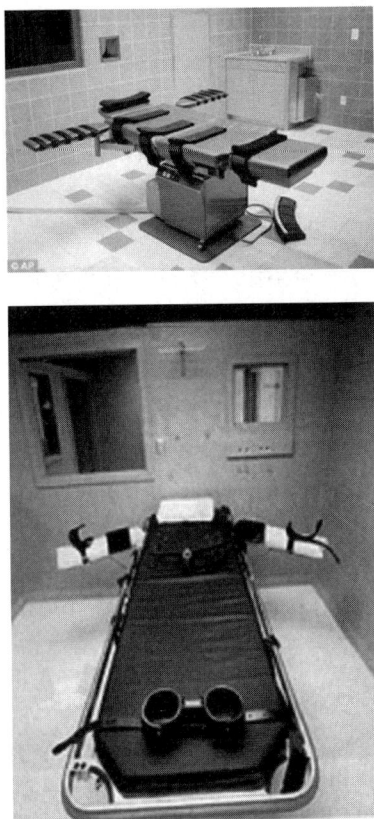

图2　固定刑场室内情况

注射死刑执行方式的特点：①简易：在执行过程中操作简便。②安全：注射死刑的安全性主要体现为药品的安全。③快捷：体现在注射过程的速度，执行一名死刑犯最多需要1分半钟。④无污染：尸体的处理不会污染环境。⑤无压力：以往执行枪决时，被执行者家属会有很大的心理压力，因为枪决往往要击中被执行人的头部或胸部，使其尸体无法完整，这会给死刑犯及家属带来较大的心理压力，注射死刑则可避免此问题，也能使死刑犯减轻痛苦和压力。

3. 其他方式。除枪决、注射执行死刑外，依据《刑事诉讼法》的规定，还可以采用其他方式执行死刑。随着科技的进步，执行死刑的方式必将更趋文明，有待进一步研究、探索。根据法律规定，采用其他方式执行死刑时，必须报最高人民法院批准。

三、执行死刑的组织实施

（一）执行死刑的准备工作

应知应会

1. 枪决执行死刑的准备。

（1）成立执行死刑任务的领导小组。执行死刑任务前，应成立由各部门主要负责人参加的领导小组，明确各部门的工作职责。领导小组应设立执行总指挥 1 名，副总指挥若干名。总指挥一般由执行法院分管刑事审判工作的院领导担任，主要负责指挥和督促有关部门开展工作，副总指挥由各部门负责同志担任，负责指挥、督促、检查本部门的工作情况。

（2）制定执行死刑方案。执行死刑的领导小组应根据被执行死刑罪犯的人数、执行地点和环境、罪犯表现、行车路线、执行方式、天气变化等实际情况，制定出详细的执行方案。执行方案应包括执行死刑各阶段的时间安排、对意外事故的处置方法、对可能发生的突发事件的防范措施等内容，确保执行死刑工作有章可循、万无一失。

（3）确定执行人员，进行明确分工。在执行死刑任务时，应对参与执行死刑任务的人员进行分工，明确各自的职责，适时对参加执行任务的人员进行教育，确保执行死刑工作的顺利实施。

（4）认真查看场地。这里所说的场地是指执行死刑过程中各实施阶段的场地，包括验明正身场地、公开宣判场地、刑场。对场地的总体要求是：易于控制罪犯、易于警戒、易于处置紧急情况。具体实施时须做到：

第一，查看验明正身场地。验明正身是法律规定的对罪犯执行死刑时的必经程序，也是死刑罪犯情绪波动最大的时刻，极易发生自杀、自残或者伤害司法人员的意外事故。因此，对验明正身场地内的可移动物品，如桌子、椅子等，以及墙面凸出物等可能造成危险的物品，必须严格处置，以防万一。

第二，查看宣判活动场地。主要：①查看罪犯临时羁押室是否有一定的防范措施，是否与无关人员隔离；②查看公开宣判地罪犯站立地点是否便于操作，上、下通道是否畅通、方便；③在发生意外情况时是否便于紧急撤离。

第三，查看执行场地。查看枪决执行场地的内容主要有：①射击条件是否良好；②行刑地点是否平坦；③是否有利于警戒；④是否便于执行任务的车辆进出；等等。

（5）选择最佳的行车路线。确保行车路线的安全，是保障执行死刑任务安全的重要方面之一，必须认真对待。选择行车路线应注意：掌握押解路线的自然情况，包括桥梁数量、岔路口数量、路面宽狭度、人员车辆流动量及可能塞堵执行车辆通过的地段情况；了解押解路线的治安状况；实地确定最佳行车路线和应急行车路线；注意跟沿线公安交通管理部门取得联系，获取他们的配合与支持。

（6）做好执行死刑的勤务保障。提供良好的物质保障，是执行死刑任务顺利实施的重要保证。执行死刑任务的物质保障主要做到：

第一，枪支、弹药。采用枪决方式执行死刑时，应配备正、副射击手，射击手应提前检验枪支，确认枪支性能良好并进行擦拭保养。枪支、弹药依据执行死刑罪犯的人数及实施警戒的实际需要进行配备，并配备适当的备用枪支、弹药。

第二，警用戒具。执行人员要提前准备好警用戒具，包括手铐、脚镣、警绳、电警棍及其他需要配备的物品。

第三，车辆。车辆分为囚车、工作车、指挥车等。原则上，一辆囚车押解一名死刑犯，事先定人、定位、定车，并配置适量的预备用车。事先要检查车辆性能，排除可能发生的事故隐患。

第四，搞好通信联络，确保指挥畅通。

（7）掌握死刑罪犯的相关情况。①罪犯的姓名、性别、特长；②罪犯的籍贯或居住地，以便掌握和控制罪犯家属及亲朋好友的动态，以防止可能发生的各种情况，并做好相应的防范措施；③案由及羁押地点的情况，以便在执行中，有针对性地做好罪犯情绪稳定工作。

2. 注射执行死刑的准备。注射执行死刑的准备工作除了按照枪决执行死刑做好准备工作以外，还要做好以下准备工作：

（1）领取注射器和注射药物。同时，检查注射器和注射药物是否性能良好、有效。

（2）确定并查看注射场所。注射执行死刑应在专用执行场所（执行室）内进行。查看注射执行场地的内容主要有：行刑床及其固定设备是否良好；注射器材是否准备妥当；注射用药量能否达到致死量；行刑场地是否安全、安静、可靠。

（3）确定注射人员。注射人员由司法警察担任，视情况也可由法医担任。注射人员应经过专门训练，须达到操作熟练、注射准确无误的要求。

⊕ 特别提醒

目前，最高人民法院对注射药品的领取要求"逐人逐对"。中级人民法院要将注射死刑的罪犯人数报省高院审批，省高院批准后再报请最高人民法院，最高人民法院根据报请人数发放药品。注射药品规定专人押送。目前，该药品价格约300元人民币。这些费用均由国家承担，被执行的死刑犯无需承担任何费用。

（二）执行死刑勤务的实施方法

应知应会

1. 验明正身的实施方法。

（1）验明正身是指查验核对即将交付执行死刑的罪犯是否就是死刑判决确定并宣

告判处死刑的罪犯。《刑事诉讼法》第252条第4款规定："指挥执行的审判人员，对罪犯应当验明正身……"

（2）验明正身一般在羁押地点进行。羁押场所看管人员将死刑罪犯提出，交由司法警察对死刑罪犯实施捆绑，一般由3名司法警察捆绑1名死刑罪犯。捆绑完毕，由审判人员和检察人员验明正身，宣读执行死刑命令。

（3）验明正身是死刑执行程序中防止错杀的一个重要环节，必须认真对待。验明正身时，司法警察要时刻注意死刑罪犯的动态，抓住其手臂，防止自杀、自残、报复等行为的发生。

2. 死刑罪犯押解的实施方法。

（1）验明正身完毕后，要迅速将死刑罪犯押解上囚车。

（2）押解途中，押解车辆要编队行进，一般按指挥车、执行人员车、囚车、审判人员车的顺序行进。

（3）押解过程中，要严格按照押解的有关规定，高度警惕，严密注意死刑罪犯的动态，防止发生意外情况。

3. 宣判场所的实施方法。

（1）将死刑罪犯押解到指定地点后，要按照看管的规定严密看守。对死刑罪犯应实施面对面看管，同时要增加看管警力。

（2）羁押地点外围要实施警戒，严禁无关人员与死刑罪犯接触。

（3）做好宣判的准备工作，熟悉宣判场所的位置及出入口，按宣判的出场顺序将死刑罪犯押解好。

（4）当审判长宣布押死刑罪犯到庭的指令后，押解人员要集中精力，动作敏捷，按押解规范的要求，将死刑罪犯押进宣判会场的指定位置，面向审判台前群众，听候宣判。

（5）宣判结束后，根据审判长的指令将死刑罪犯押赴刑场。

4. 刑场执行死刑的实施方法。

（1）刑场指挥人员、执刑人员先行进入刑场，执刑人员按指挥人员的口令装填子弹或者准备注射器具，在指定地点站立待命。

（2）死刑罪犯押至刑场后，刑场指挥人员立即指挥将死刑罪犯按顺序押解至执行位置。使用枪决方式执行时，让罪犯跪立；使用注射方式执行时，令罪犯仰卧在执行床上，固定固牢，并将注射药物连通静脉。为执刑人员创造良好的执刑条件。

（3）执行总指挥下达执行命令后，刑场指挥员随即命令执刑人员迅速进入射击或注射位置。

（4）刑场指挥员检查完毕后，迅速下达"射击"或"注射"的口令，执刑人员立即实施射击或注射。

（5）射击或注射后，经法医检查，如果罪犯没有毙命，执刑人员按指挥员口令及时补射或再行注射，直至死亡。

拓展阅读

注射死刑的实施步骤

步骤一：由于执行床系液压装置，可以升降和翻转，配合的犯人可以自己躺下，大部分被执行的犯人可能不会配合，或者动弹不了，执行床可以升降与翻转至犯人的背部，法警非常容易将安全带系在犯人身上，使犯人动弹不了。

步骤二："打通道"。将犯人固定在执行床上后，有医疗资格的法警会在犯人的胳膊上"打通道"，即在犯人的静脉上插上针头皮管。"打通道"的人被称为"专业通道人员"。此步骤是整个执行中唯一采用人工操作的步骤。

步骤三：注射药物。死亡注射针剂由三部分组成，首先是让意识丧失的硫喷妥酸；其次是通过放松肌肉达到麻痹心脏和中止肺部活动的溴化双哌雄双酯；最后是导致心脏停止跳动的氯化钾。

完成"打通道"后，随着监控舱执行官的一声令下，主要执行法警会轻轻按下注射泵启动开关，注射泵内的化学药剂会很快推进到犯人的血液中，在推进过程中，犯人随着体内化学药剂的增加，渐渐停止呼吸与心跳。与此同时，电脑显示屏上的脑电波从有规律的波动变成几条平行的直线。当仪器里发出连续不断的电子声，打印机开始工作，脑电波的前后变化被清晰地印在纸上。脑死亡将作为死刑报告的主要内容。

步骤四：死亡确认。由法医根据心跳、呼吸、脑电波、体温等多项指标确认罪犯死亡，并且签字确认，最终，犯人尸体被抬下执行车并送至殡葬车。

通常用注射方法执行一名犯人死刑，从犯人上车到被执行，不会超过5分钟，如果从"打通道"算起，执行犯人注射死亡的全部时间应该在100秒左右。

（三）执行死刑勤务结束后的工作

应知应会

1. 遗书、信札及其尸体的处理。执行死刑后，对死刑罪犯的遗书、信札应当及时进行审查处理，罪犯尸体由人民法院按照有关规定处理。

依照《刑事诉讼法》第252条第5款的规定，将罪犯执行死刑后，交付执行的人民法院应当通知罪犯家属，可以在限期内领取罪犯尸体或骨灰；不领的，由人民法院通知有关单位处理。对于死刑罪犯的尸体或骨灰的处理情况，应记录存卷。

对于死刑罪犯身边的遗物、遗款，应由羁押罪犯的看守所或监狱清点后，交其家属领收，将收条移送交付执行的人民法院存卷。如果死刑罪犯尚有在诉讼中确定应交付的款项，按照人民法院的通知，由看守所或监狱协助预先从遗款中扣除。

2. 解除警戒与撤离。刑场指挥员组织射击手验枪，决定解除刑场警戒，组织执勤人员撤离刑场。

3. 注射器具的销毁。注射执行死刑后，负责执行的司法警察，要在有关领导的严格监督下，将使用过的注射器销毁。

四、执行死刑任务中的情况处置

执行死刑任务是一项非常严肃而又复杂的工作，实施过程中难免会发生这样或者那样的问题。因此，参与执行任务的人员在执行死刑过程中，要严格按照法律法规的规定及执行方案的要求，快速、准确、有序地处置遇到的各种情况，确保执行死刑的安全。

应知应会

（一）执行死刑任务中一般情况的处置

1. 对因患有传染病或者肢体残疾而不能站立的死刑罪犯的处置。对患有传染病的死刑犯，首先要让参与执行死刑任务的人员采取防范措施，如戴口罩、手套等；其次，在确保安全的情况下，尽量不要给死刑犯戴戒具，可用警绳捆绑；最后，执行完毕后，参与执行的人员要进行必要的消毒。

对肢体残疾而不能站立的死刑犯，在宣判时应架着，执行时可将其放置于有利于执行的位置，或尽可能采用注射方式执行死刑。

2. 对女性死刑罪犯的执行。对女性死刑犯的执行，在验明正身、押解途中，应当配备女法警，在宣判、执行时可由男法警完成。

3. 遇车辆发生故障时的处置。车辆发生故障或者不能继续行驶时，应及时向指挥人员联系并看管好死刑罪犯，要以最快的速度将死刑罪犯转移到备用囚车上继续前行。

4. 对昏迷不醒的死刑罪犯的执行。对昏迷不醒的死刑犯，可由押解人员将其架扶刑场，采取卧式执行，或者采用注射方式执行。

（二）执行死刑任务中特殊情况的处置

1. 对"情绪激动"的死刑罪犯的处置。一些一审被判处死刑的犯罪分子，思想上对上诉能够改判抱有很大的期望。一旦知道没有改判，情绪上表现异常，喊叫、哭闹、谩骂，情绪激动，一时无法控制。对待这些死刑犯，要稳定其情绪，尽量做好说服工作，可采取一些方法转移死刑犯的注意力，逐步稳定其情绪。

2. 对"闹会"的死刑罪犯的处置。"闹会"是指死刑罪犯在宣判大会上不顾警绳等警械的警告，大叫大喊，或者大骂审判人员。对"闹会"的死刑犯要果断及时采取措施，让其不要继续出声喊叫，做法是勒紧警绳，使其不能出声，但要防止勒死，并迅速示意审判长给予指示。

3. 对围堵囚车的处置。遇有死刑犯家属或其他群众围堵囚车时，应做到严密控制死刑罪犯，防止劫持或脱逃，同时应及时向上级负责同志汇报，按照命令迅速进行处置。

4. 注射执行死刑时，如发生罪犯情绪不稳、挣扎反抗的处置。注射执行死刑时，如发生罪犯情绪不稳、挣扎反抗的，应根据指挥员的指令，稳定罪犯的情绪；如仍无效则可采取强制措施，迅速进行强行注射。

⊕ 特别提醒

执行死刑过程中可能发生各种各样的情况，如情绪激动、闹会等，负责指挥、押解、警戒等参与执行死刑的人员必须高度警惕，建立各种预案制度，如突发意外情况应能及时、有效地处置。

项目三　刑事财产刑的执行

财产刑是以剥夺罪犯财产利益为内容的刑罚方法，包括罚金刑和没收财产刑。财产刑的执行就是将生效刑事判决中财产刑部分的犯罪分子应交纳的罚金、被没收的财产和非法所得予以追缴、上交国库的司法活动。

📝 案例 4 - 4

2013 年 7 月 23 日，江西省鹰潭市中级人民法院对该市建市来最大的一起贩卖、运输毒品案进行一审宣判：被告人吴家南犯贩卖毒品罪，判处死刑，剥夺政治权利终身，并处没收个人全部财产；被告人顾江涛犯运输毒品罪，判处死刑，缓期二年执行，剥夺政治权利终身，并处没收个人全部财产；被告人徐战太犯贩卖毒品罪，判处有期徒刑 15 年，剥夺政治权利 3 年，并处没收财产人民币 4 万元；被告人赵雪飞犯运输毒品罪判处有期徒刑 8 年，并处罚金人民币 2 万元；被告人蔡如龙犯贩卖毒品罪，判处有期徒刑 8 年，并处罚金人民币 2 万元。

【问题思考】

1. 财产刑的种类有哪些？
2. 如何完成财产刑的执行？

📖 应知应会

一、罚金刑的执行

（一）罚金刑的含义

罚金是人民法院判处犯罪人向国家缴纳一定数量金钱的刑罚方法。罚金是一种古老的刑罚方法，罚金刑的执行以犯罪人拥有一定金钱为前提，罚金的惩罚作用依赖于对金钱的价值观念。我国《刑法》共有 150 个条文规定了罚金，刑法分则对罚金的规定方式有四种情况：一是选处罚金；二是单处罚金；三是并处罚金；四是并处或者单处罚金。

《刑法》第52条规定："判处罚金,应当根据犯罪情节决定罚金数额。"我国《刑法》规定罚金的数额确定有三种方式:无限额罚金制、限额罚金制、倍比罚金制,但从实践状况看,罚金刑在一定条件下应当考虑犯罪分子的经济状况。如果法官在自由裁量罚金数额时,完全不考虑犯罪人的经济状况,可能会导致两种不利后果:①由于罚金数额过多,超过了犯罪人的经济能力,罪犯没有能力交纳而使罚金刑不能执行,或者因罚金过重造成犯罪人生活陷入困境,丧失生活的信心,可能重新走上犯罪的道路。②罚金的数额过少,会使犯罪分子感受不到经济惩罚的痛苦,发挥不了罚金刑的作用。所以,适当考虑犯罪人的履行能力再确定罚金数额,既有利于执行,又有利于惩罚和改造罪犯。

(二)罚金刑的缴纳方式

罚金的缴纳方式是罚金刑的重要环节和组成部分。根据《刑法》的相关规定,缴纳方式有:

1. 自动缴纳。它是指在人民法院指定的期限内犯罪能够按时、自觉、主动地缴纳全部罚金。自动缴纳是实现罚金的最主要方式,能够反映出犯罪的悔罪态度和程度。

根据《最高人民法院关于适用财产刑若干问题的规定》第5条的规定,"判决指定的期限"应为从判决发生法律效力第2日起最长不超过3个月。

2. 强制缴纳。它是指人民法院规定的缴纳期限届满,有缴纳能力的犯罪不缴纳或不足额缴纳罚金,人民法院采取相应的强制措施,强制罪犯缴纳。强制缴纳措施有查封、变卖财产、冻结存款、扣留收入等。

3. 随时缴纳。它是指对于不能主动缴纳罚金的犯罪,人民法院在任何时候发现其有可以执行的财产,应当随时追缴。对于犯罪分子转移、隐瞒财产的,法院在任何时候发现有可供执行的财产,应当随时追缴。对于犯罪分子确实没有财产可供执行的,应裁定中止执行,待其刑满释放后再恢复执行。

(三)罚金刑的减免

对于被判处罚金的犯罪分子,由于遭遇不能抗拒的灾祸,缴纳确实有困难的,可以裁定减少或者免除。根据司法解释,《刑法》第53条第2款规定的"由于遭遇不能抗拒的灾祸等原因缴纳确实有困难的",主要是指因遭受火灾、水灾、地震等灾祸而丧失财产;罪犯因重病、伤残等而丧失劳动能力,或者需要罪犯抚养的近亲属患有重病,需支付巨额医药费等,确实没有财产可供执行的情形,可以酌情减少或者免除罚金。

对于具有上述事由的,由罪犯本人、亲属或者犯罪单位向负责执行的法院提出书面申请,并提供相应的证明材料。人民法院查证属实后,可以裁定对原判决确定的罚金数额予以减少或者免除。如被执行人不具备上述条件,但又暂无能力缴纳或不可能继续缴纳的,应依法中止或终结执行,而不适用裁定减免。

（四）罚金刑的适用程序

1. 程序启动。罚金执行程序的启动与一般民事执行案件不同，一般民事案件的执行由权利一方的当事人提出申请，而人民法院代表国家行使审判权判处犯罪人罚金刑，且所罚的款项归国家所有，因而，不必提出申请执行，由人民法院直接执行即可。但是，这并不是说罚金执行程序无需以一定的方式启动。

《最高人民法院关于刑事裁判涉财产部分执行的若干规定》第 7 条第 1 款规定："由人民法院执行机构负责执行的刑事裁判涉财产部分，刑事审判部门应当及时移送立案部门审查立案。"从实践来看，当罚金刑判决生效后，由刑事审判庭将制作的移送执行通知单连同有关罚金的判决书副本，移送执行机关即可执行。

2. 采取强制执行措施。需要强制缴纳时，先由执行机关根据刑事判决书和执行通知书，制作强制缴纳决定书，于确定缴纳期限届满 3 日内送达被执行人，执行机关在决定书所通知的时间内依法采取必要的强制执行措施。

罚金的执行类似于金钱给付的执行，金钱给付的执行方法和措施适用于罚金的强制执行。此外，如果被执行人的金钱给付不足以支付罚金，则可对其本人的合法财产采取查封、扣押、冻结等强制执行措施，通过拍卖、变卖等手段折抵罚金。

3. 执行完毕。执行完毕后，由执行机关制作执行终结通知书，由被执行人和执行人分别签名盖章，并将执行终结通知书归入刑事卷宗。

二、没收财产刑的执行

（一）没收财产刑的概述

没收财产是将犯罪人所有财产的一部分或者全部强制无偿地收归国有的刑罚方法。没收财产事实上是没收犯罪人合法所有并且没有用于犯罪的财产，与没收犯罪物品具有性质上的区别。

在一般情况下，犯罪人不会自动将其被没收的财产交付给人民法院，若被判处有期徒刑，因人身被羁押，则不可能自动交付，因而，没收财产的刑罚通常都需要进入执行程序强制执行。

（二）没收财产的范围

我国《刑法》第59条规定："没收财产是没收犯罪分子个人所有财产的一部或者全部。没收全部财产的，应当对犯罪分子个人及其抚养的家属保留必需的生活费用。在判处没收财产刑的时候，不得没收属于犯罪分子家属所有或者应有的财产。"根据这条规定，执行中，没收财产的范围受三个方面的限制：

1. 没收的财产限于犯罪人个人所有的一部分或者全部财产。根据罪责自负原则，对犯罪人判处没收财产刑罚，应当只限于犯罪人个人的财产，不得没收他人财产；包括属于犯罪人家属所有或应有的财产。

2. 保留犯罪人及其扶养家属的必需生活费用。保留犯罪人及其扶养家属的必需生活费用是在判决没收犯罪人全部财产的情况下考虑的。

3. 不得没收属于犯罪人家属所有或者应有的财产。犯罪人家属所有的财产，主要是指家属本人的所有财产，如生活用品等，这部分财产不属于没收犯罪人财产的范围。

执行没收财产刑时，案外人对被执行财产提出权属异议的，人民法院应当审查并参照《民事诉讼法》的有关规定处理。

（三）以没收财产偿还债务问题

《刑法》第60条规定："没收财产以前犯罪分子所负的正当债务，需要以没收的财产偿还的，经债权人请求，应当偿还。"这里的"没收财产以前犯罪分子所负的正当债务"，是指犯罪分子在判决生效前所负他人的合法债务。

判处没收财产之前被执行人所负的正当债务，应当偿还的，经债权人请求，先行予以偿还。被判处没收财产，同时又承担刑事附带民事诉讼赔偿责任的被执行人，应当先履行对被害人的民事赔偿责任。

（四）没收财产的执行措施

第一审人民法院应当在本院作出的刑事判决、裁定生效后，或者收到上级人民法院生效的刑事判决、裁定后，对没收财产刑的执行，人民法院应当立即执行。

人民法院应当依法对被执行人的财产状况进行调查，发现有可供执行的财产，需要查封、扣押、冻结的，应当及时采取查封、扣押、冻结等强制执行措施。

根据《最高人民法院关于刑事裁判涉财产部分执行的若干规定》第2条的规定，财产刑执行的管辖如下：刑事裁判涉财产部分，由第一审人民法院执行。若被执行的财产在异地的，第一审人民法院可以委托财产所在地的同级人民法院执行。

◆ 特别提醒

财产刑执行需要采取的很多执行措施和执行手段，以及财产刑执行中遇到的家庭财产分割等问题，都类似于民事判决、裁定以及刑事判决、裁定中财产部分的执行，因此，《最高人民法院关于刑事裁判涉财产部分执行的若干规定》明确规定了财产刑执行可适用的法律依据，规定人民法院办理财产刑执行案件，可以参照适用民事执行的有关规定。并规定在执行财产刑时，案外人对被执行财产提出权属异议的，人民法院应当审查并参照《民事诉讼法》的有关规定处理。

✍ 单元思考题

1. 我国死刑的执行方式包括什么？注射死刑的实施步骤是什么？

2. 死刑的执行如何组织和实施？执行前应该做好哪些准备？

3. 没收财产与正当债务出现冲突时，应该如何处理？

下编

法院执行实务

单元五

对动产的执行

📝 **知识目标**

1. 明确对被执行人的动产的调查途径和方法；
2. 理解对被执行人的动产适用的执行措施；
3. 掌握对被执行人的动产适用的执行程序。

能力目标

1. 能对被执行人的动产进行调查；
2. 能对被执行人的动产适用的执行程序进行适用；
3. 能对被执行人的动产适用的执行措施在实践中运用。

对金钱债权的执行，其目的是支付给债权人一定数额的金钱，因此，除了有时能够从被执行人处直接获得现金转交给权利人外，一般都需两个基本步骤：①对财产采取查封、扣押等控制性措施；②将财产以拍卖、变卖等基本方式变价为金钱，清偿债务。

对金钱债权的执行措施，根据执行标的物的种类不同，可以分为三大部分：一是对被执行人现金、银行存款、收入和其他动产的执行；二是对不动产的执行；三是对其他财产性权利的执行。对不同标的物采取控制性措施和变价措施的操作手续不尽相同。

任务一 对存款和劳动收入的执行

📝 **案例 5-1**

申请执行人：某投资发展公司。

被执行人：某设备租赁公司、某企业发展公司。

某投资发展公司诉某设备租赁公司、某企业发展公司买卖合同纠纷一案，民事判

决书已发生法律效力，判决书判令两被执行人向申请执行人支付货款人民币
8 168 451.95元及逾期付款违约金。两被执行人未履行前述判决确定的义务，申请执行
人某投资发展公司于2007年6月26日向深圳市中级人民法院申请强制执行。

法院受理此案后，于2007年6月29日依法向被执行人送达了执行令、限期申报财
产裁定书等相关法律文书，但两被执行人未按期向法院申报财产，亦未履行生效法律
文书确定的清偿义务。

2007年7月12日10时30分，法院根据申请执行人提供的财产线索，派出工作人
员携带民事裁定书和协助查询通知书、协助冻结存款通知书等依法到该市某银行红荔
支行办理查询、冻结被执行人某企业发展公司在该行开设的所有账户及存款事宜。该
银行红荔支行未按规定向法院提供被执行人某企业发展公司在该支行所有开设账户及
存款情况，仅于当日上午10时33分向法院提供了A账号，法院依法对该账户上存款
人民币11 063.38元予以冻结。10时49分，该支行又向法院提供了被执行人某企业发
展公司的B账户，该账户打印出来的当日交易明细账单显示：10时21分，往来入账人
民币100万元；10时47分，划款人民币90万元；10时52分，划款人民币29 137.91
元。由于该支行未及时协助法院查询被执行人的所有账户，导致该账户人民币
1 106 128.75元未被及时冻结，其中款项人民币929 137.91元被划走。在法院要求该支
行对前述情况作出解释的情况下，该支行于第二天又向法院提供了被执行人某企业发
展公司在该行开设的另外38个银行账户，其中两个是银行保证金账户，但该支行拒不
协助法院予以冻结。在法院指出其错误行为之后，该银行深圳市分行法律部负责人及
其红荔支行行长到法院致歉，承认错误，并表示会主动追回被划走的款项提供给法院
冻结。被执行人某企业发展公司亦主动找到法院要求清偿债务，并于7月20日清偿了
本案全部债务。

【问题思考】

1. 冻结、划拨的程序是什么？哪些款项不得冻结、划拨？

2. 协助执行义务人拒不履行协助义务的，应该如何处罚？

应知应会

一、对存款的执行

（一）调查方法和途径

1. 当事人报告，包括申请人提供和被执行人申报。在执行程序中，应明确申请执
行人和被执行人为执行中财产举证义务的法定主体。

申请执行人应提交其所了解的被执行人的财产状况和线索。申请人在与被执行人
的交往过程中，可能通过汇款账户或者债务人主动向申请人提供的账户信息等渠道掌

据被执行人的开户行、账号情况。对申请人提供的这些线索，执行人员要记入执行笔录并及时查证。

被执行人应如实向法院申报自己的财产。执行法院责令被执行人申报财产的，应当向被执行人发出申报财产令，并由被执行人在送达回证上签字。对于被执行人申报的存款情况及账户信息，执行人员应及时查证。

2. 法院依职权查询。执行法院依职权到金融机构查询是掌握被执行人存款情况的最主要途径。根据被执行人的身份信息，执行法院向开户银行、信用社等金融机构发出协助查询通知书，金融机构收到协助查询通知书后应马上进行查询，并在查询回执上写明查询结果。

近些年来，随着执行联动机制和执行工作网络化、信息化建设的推进，部分地区（如深圳、上海等）实现了网络查询被执行人存款。具体操作为：

（1）执行法院通过网络执行查控系统查询被执行人银行账户、银行卡、存款及其他金融资产信息的，应当向金融机构发送被执行人的基本信息数据（包括被执行人姓名或名称、证件类型、证件号码或统一社会信用代码、组织机构代码）。

（2）与金融机构联网的人民法院应当制作电子协助执行通知书，并附电子查询清单（包括案号、执行法院名称、被执行人基本信息），实时向金融机构发送。执行法院要求金融机构协助查询被执行人账户交易流水明细、交易对手姓名或名称、账号、开户银行等账户交易信息的，应当列明具体查询时间、区间等信息。

（3）金融机构协助人民法院采取网络查询措施的，应当根据所提供的被执行人的基本信息数据，在本单位生产数据库或实时备份库中查询，并通过网络执行查控系统实时反馈查询结果。

（4）被执行人有开立账户记录的，金融机构应反馈开户时间、开户行名称、户名、账号、账户性质、账户状态（含已注销的账户）、余额、联系电话、被有权机关冻结的情况等信息；被执行人有存款以外的其他金融资产的，金融机构应反馈关联资金账户、资产管理人等信息。被执行人未开立账户的，金融机构应反馈查无开户信息。

这种调查被执行人存款的方法看似繁琐，但实际上，上述程序实现网络化之后，执行过程相当便捷，且能够实现查询被执行人全部存款的目的。

3. 搜查被执行人的人身、住所、财务室或其他办公场所，获取被执行人的存折、银行卡，然后到银行查询。

（二）对存款的执行措施和执行程序

1. 对存款的执行措施。《执行规定》第32条规定："查询、冻结、划拨被执行人在银行（含其分理处、营业所和储蓄所）、非银行金融机构、其他有储蓄业务的单位（以下简称金融机构）的存款，依照中国人民银行、最高人民法院、最高人民检察院、公安部《关于查询、冻结、扣划企业事业单位、机关、团体银行存款的通知》的规定办理。"根据该规定，对被执行人存款的执行措施主要有：冻结和划拨。

（1）冻结，是指人民法院封存被执行人在金融机构的账户，禁止其提取或者转移一定数额款项的执行措施。冻结的目的是防止被执行人提取或转移其账户内的存款，并促使其自动履行义务。

（2）划拨，是指执行机关通过金融机构把被执行人账户上的存款以转账的方式划入执行申请人或人民法院执行款专户的执行措施。划拨可以直接将款项支付给申请执行人，但司法实践中，基于执行权监督的考虑，更多的是将存款首先划拨入人民法院的执行款专户，然后再扣除相关费用（执行费、评估费等）后，将款项支付申请执行人。划拨可以在冻结的基础上进行，也可以直接进行。

2. 对存款冻结、划拨的程序。

（1）作出裁定。法院决定冻结、划拨存款时，应当作出裁定，裁定书送达被执行人。

（2）金融机构协助执行。执行人员应制作协助执行通知书，连同裁定书副本、法律文书副本一并送达被执行人开户的银行、信用合作社或其他有储蓄业务的单位，并出示证件，金融机构负责人确认后签字，必须立即协助执行单位办理冻结或划拨事项。

金融机构在接到人民法院的协助执行通知书后，向当事人通风报信，致使当事人转移存款的，法院有权责令该金融机构限期追回。对不协助执行冻结、划拨存款的金融机构负责人、直接责任人，可以予以罚款、拘留或追究刑事责任。

（3）冻结、划拨被执行人的存款，数额不得明显超出被执行人应当履行义务的范围。应当将被执行人应承担的诉讼费、执行费、迟延履行金或迟延履行债务利息及其他法定费用一并计算在内。如果被执行人账户上当日存款数额不够冻结划拨的，有关金融机构可以对随后进入该账户的款项予以冻结、划拨，直到达到通知书的冻结、划拨数额为止。

（4）冻结存款的期限不超过6个月。有特殊原因需要延长的，人民法院应当在冻结期满前办理继续冻结手续。续行期限不得超过3个月。逾期不办理继续冻结手续的，视为自动撤销冻结。

（5）对冻结的款项解除冻结时，执行机关应当作出解除冻结裁定，并送达申请执行人、被执行人或案外人，并向金融机构发出协助执行通知书。没有民事执行机关的通知，金融机构擅自解冻被人民法院冻结的款项，致使冻结款项被转移的，人民法院有权责令其限期追回。在限期内未能追回的，应当裁定该金融机构在转移的款项范围内以自己的财产向申请执行人承担责任。

（6）冻结、划拨存款，执行人员应当制作笔录，载明下列内容：执行措施开始及完成的时间；存款所在的金融机构及其数额；冻结的实施人员；其他应当记明的事项。执行人员和工作人员应当在笔录上签名。

特别提醒

不得冻结、划拨的特殊款项：

1. 被执行人为金融机构的，对其交存在人民银行的存款准备金和备付金不得冻结和扣划，但对其在本机构、其他金融机构的存款，及其在人民银行的其他存款可以冻结、划拨。

2. 军队、武装部队一类保密单位开设的特种预算存款、特种其他存款和连队账户的存款，原则上不采取冻结或扣划等诉讼保全措施，但军队、武警部队的其余存款可以冻结和扣划。

3. 国家规定实行封闭管理的粮棉油收购专项资金和国有企业解困资金、股民的保证金、职工养老金、医疗保险金、失业救济金、住房公积金等各项影响社会稳定的资金，不得冻结、划拨。

二、对被执行人劳动收入的执行

（一）对劳动收入的调查方法和途径

对劳动收入的执行，是针对被执行人为自然人且拒不履行生效法律文书确定的义务的情形。对被执行人劳动收入的调查方法同样包括申请执行人提供线索、被执行人申报、人民法院主动调查等。一般而言，主要是人民法院通过向被执行人所在单位、劳动收入所在开户银行、信用合作社和其他有储蓄业务的单位发出协助查询通知书来实现的。

（二）对劳动收入的执行措施和执行程序

1. 对劳动收入的执行措施。《中华人民共和国民事诉讼法》第243条规定："被执行人未按执行通知履行法律文书确定的义务，人民法院有权扣留、提取被执行人应当履行义务部分的收入。但应当保留被执行人及其所扶养家属的生活必需费用。人民法院扣留、提取收入时，应当作出裁定，并发出协助执行通知书，被执行人所在单位、银行、信用合作社和其他有储蓄业务的单位必须办理。"根据上述规定，人民法院对被执行人收入的执行措施有：扣留和提取被执行人的收入。

（1）扣留被执行人的收入，是指人民法院在民事强制执行程序中依法委托被执行人所在单位、银行、信用合作社和其他有储蓄业务的单位保存并不准许被执行人领取其收入的一种执行措施。扣留与冻结相似，都是控制性执行措施，目的都是限制被执行人动用或处分相关款项。

（2）提取被执行人的收入，是指人民法院依法将本应支付给被执行人的收入从其单位支取，并交给申请执行人的一种执行措施。提取与扣划相似，都是处分性执行措施。被执行人的收入，是指被执行人依法所得的劳动收入和其他收入。劳动收入就是劳动所得，如工资、奖金、稿酬、其他劳动报酬以及农副业收入等；其他收入就是其他所得，如房租、银行利息、投资收入等。

2. 对劳动收入扣留、提取的程序。扣留、提取被执行人的收入，这一执行措施主要用于追索赡养费、抚养费、抚育费案件的执行，有时也适用于损害赔偿、债务等案件的执行。采取这种措施，往往需要被执行人所在单位的协助执行。

具体实施这种措施的做法是：

（1）扣留、提取被执行人的收入时，人民法院应当作出裁定，并向有关单位发出协助执行的通知书。有关单位必须按照通知书的要求扣留、提取被执行人的收入，并交给申请执行人或通过执行机关转交，拒不协助执行的，可以按妨害执行的行为予以处理。此外，有关单位擅自向被执行人及其他人员支付被执行人的收入的，人民法院可以责令该单位限期追回；逾期未追回的，应当裁定其在支付的数额内向申请执行人承担责任。

（2）扣留、提取被执行人的收入，必须以被执行人应当履行的义务范围为限。

（3）扣留、提取被执行人的收入时，应当保留被执行人及其所扶养的家属的生活必需费用。被执行人及其所扶养的家属的必需的生活费用，一般应以当地人们维持最基本的生活所需费用为参照标准，只有这样才能真正体现保护权利人的利益与兼顾被执行人的合法权益相结合的原则。

（4）扣留、提取被执行人的收入，执行人员应当制作笔录，载明下列内容：执行措施开始及完成的时间；被执行人的收入数额及支付情况；被扣留、提取的数额以及其他应记明的事项。执行人员及其相关单位工作人员应当在笔录上签名。

拓展阅读

最高人民法院推进网络执行查控

2014 年 10 月 24 日，最高人民法院、中国银行业监督管理委员会联合发布《关于人民法院与银行业金融机构开展网络执行查控和联合信用惩戒工作的意见》，其中第 5 条规定：

"中国银行业监督管理委员会鼓励和支持银行业金融机构与人民法院以全国法院执行案件信息系统为基础，建立全国网络执行查控机制。

全国网络执行查控机制建设主要采取两种模式。一是"总对总"联网，即最高人民法院通过中国银行业监督管理委员会金融专网通道与各银行业金融机构总行网络对接。各级人民法院通过最高人民法院网络执行查控系统实施查控。二是"点对点"联网，即高级人民法院通过当地银监局金融专网通道与各银行业金融机构省级分行网络对接。本地人民法院通过高级人民法院执行查控系统实施本地查控，外地法院通过最高人民法院网络中转接入当地高级人民法院执行查控系统实施查控。……"

任务二 对机动车的执行

随着我国社会经济的发展，机动车辆逐渐成为多数人的代步工具。因机动车辆价值相对较高，便于发现，且易于从相关登记部门查证其明确权属，在一些机动车主因为各种纠纷而成为生效法律裁决确定的义务人时，亟待实现权益的申请执行人多将其作为重要的执行线索之一提供给执行法院，执行法院也往往将其作为执行案件的一个便捷途径而展开执行，对该类被执行人所有的机动车辆采取诸如查封、扣押、拍卖、变卖等执行措施，以尽快实现当事人生效法律文书确定的权益。

案例 5-2

申请执行人：王某。

被执行人：广州某汽车公司。

广州某汽车公司因与王某发生合同纠纷，被法院于 2013 年 1 月判决赔偿王某经济损失 200 000 元，但该公司一直未履行义务。2014 年 10 月，广州某法院执行局突然接到申请人王某的电话，称在广州市某停车场发现了被执行人广州某汽车公司的车辆，请求法院立即派人过去。

【问题思考】

1. 对于执行申请人提供的信息，执行人员应该如何处理？

2. 执行人员到达停车场后，发现了一辆车门上印有广州某汽车公司字样的货车，车门锁着，驾驶员不知去向。此时，执行人员应如何处理？

应知应会

一、调查方法和途径

对机动车的调查，包括对机动车产权情况的调查和对机动车实物去向的调查。

（一）对被执行人的机动车产权的调查途径与方法

1. 到车辆管理所查询。在我国，机动车辆实行登记制度，登记机构为机动车所有人住所地的公安局车辆管理所，因此，执行人员可以在掌握被执行人身份信息的情况下到被执行人住所地的车辆管理所进行查询，必要的时候可以连同家庭成员的身份信息一起进行查询，以便在被执行人个人名下财产不足清偿时执行共同财产。被执行人及其家庭成员的身份信息主要是姓名和身份证号码，可以从生效法律文书上得知，也可以到被执行人住所地或经常居住地的公安机关查询。执行人员去车辆管理所查询时，应出示工作证、执行公务证、送达执行通知书。被执行人或者其家庭成员名下有机动车登记的，应立即办理查封登记，并可以复印相关登记资料。

2. 申请人向人民法院提供。申请人如果向人民法院提供被执行人的车辆线索，执行人员可以根据其提供的情况迅速到车辆所在地实地查证，可以通过车辆的行驶证、登记证核实其是否为被执行人或其家庭成员所有，如登记为被执行人或其家庭成员所有，则可以采取查封措施。

3. 被执行人申报。执行人员向被执行人发出申报财产令，要求其如实申报财产情况。

4. 城镇居民为被执行人时，可以到被执行人住所地或经常居住地的物业管理公司进行调查。大多数物业管理公司会对本小区内的进出、常驻车辆进行登记，实行通行证管理制度，因此，物业公司可能向执行人员提供车辆的有关情况。

5. 被执行人是有会计制度的法人或其他组织的，可以从会计资料的资产栏目中查找。

（二）对机动车实物去向的调查途径与方法

很多时候，执行人员掌握了被执行人的机动车所有权情况，却由于找不到机动车而不得不中止执行，因此，对机动车实物去向的调查也是执行工作的一个重要部分。

1. 搜查。对于怀疑隐匿被执行人机动车的场所进行搜查。搜查时，必须持有本院院长签发的搜查令，发现机动车后，必须与车辆登记资料上的记载情况进行核对，包括车牌号码、发动机编号、车辆行驶证以及车辆的外观情况等。如为被执行人所有或共有的，可以查封。

2. 讯问被执行人。执行人员对于登记在被执行人名下的机动车，可以讯问被执行人机动车的去处或者责令被执行人交出，拒不交代或交出的，可以对被执行人采取相应的强制措施。

3. 请公安交通部门协助调查。执行法院可以向公安机关交通管理部门发出协助执行通知，在办理年检、查办交通违章过程中予以协助，并及时通知执行人员。

4. 由申请人或其他人举报。申请人向人民法院提供被执行人机动车处所或其他人举报的，执行人员应及时赶赴现场进行查证，并采取相应的措施。

二、执行程序与执行措施

对机动车的执行，首先到机动车辆登记机构查询被执行人名下的车辆，如果被执行人名下没有机动车，则不存在进一步采取执行措施的问题。对机动车的执行措施，查封登记仅起到限制被执行人处分的作用。对机动车的实物查封或者扣押，则对清偿债务起到关键性作用。因为实际控制被执行人名下的机动车是清偿债务的前提。所以说，实物查封或者扣押被执行人机动车是执行被执行人机动车的第二步。对被执行人机动车执行的第三步是拍卖。司法实践中，对机动车的处分性执行措施首选拍卖，变卖适用情况较少。

执行程序中，对机动车的执行措施主要有：查封、扣押、拍卖、变卖、以物抵债。查封和扣押为保全性执行措施；拍卖、变卖、以物抵债为处分性执行措施。

（一）查封

对机动车的查封可以分为查封登记和实物查封两种。

1. 查封登记。发现被执行人名下登记有机动车的，执行人员应立即到机动车登记处的车辆管理所办理查封登记手续，防止被执行人转移机动车所有权或者设定担保物权。进行查封登记，必须先作出查封裁定，送达申请人和被执行人。办理查封登记，执行人员应出示工作证和执行公务证，向车辆管理所送达协助执行通知书和查封裁定书，在登记资料上填写好相关内容，并复印机动车相关资料。

2. 实物查封。机动车的查封不能仅向车辆管理部门送达查封登记，原则上，法院应实际控制机动车，做好机动车查封的公示，防止被执行人在法律上或事实上处分已被查封的机动车。

实物查封是指人民法院以在车辆上张贴封条的形式对被执行人的处分权进行限制。实物查封需张贴封条，收缴机动车行驶证、车钥匙，制作查封清单，并邀请被执行人或者其成年家属到场；如果被执行人是法人或者其他组织的，应该通知其法定代表人或者主要负责人到场，拒不到场的，不影响执行。

对于查封的车辆，应做必要的检查，主要包括：

（1）查验车辆行驶证，以确认该车系被执行人所有的车辆。

（2）查验发动机号、车架号与行驶证是否一致，以防止该车系改装、套牌车辆。

（3）查验车况，记录车辆有无大的损伤和已行驶的公里数，以固定车辆被查封时的状况，避免以后发生争执。

对被查封、扣押的机动车辆，执行人员须造具清单一式三份，由在场人签名或者盖章后，交申请执行人和被执行人各一份。如当事人是未成年人的，须交他的法定代理人或监护人一份，一份存卷。条件许可的，应作出查封、扣押笔录一并存卷。机动车辆查封、扣押后，根据情况可以指定由被执行人负责保管，也可以由法院自行保管，或委托申请人或第三人保管，产生的费用由被执行人负担。

（二）扣押

对机动车的扣押，是指人民法院在执行过程中将被执行人的机动车运往异地或者就地扣留，暂不准许被执行人使用、处分的一种保全性执行措施。扣押与查封略有不同，扣押可以将机动车运往异地，也可以就地封存，扣押不需要张贴封条，但需要指定有关单位或者个人妥善保管。扣押的基本流程可参照查封，不再详述。

（三）拍卖

《最高人民法院关于人民法院民事执行中拍卖、变卖财产的规定》第 2 条规定："人民法院对查封、扣押、冻结的财产进行变价处理时，应当首先采取拍卖的方式，但法律、司法解释另有规定的除外。"可见，拍卖是对被执行人财产处分的首选方式。

对机动车的拍卖，是指在执行程序中，人民法院将被执行人的机动车委托拍卖机构以公开竞价的方式转让给最高应价者，以价款清偿债务的一种处分性执行措施。拍卖被执行人机动车的具体程序为：

1. 作出拍卖裁定，送达各方当事人。

2. 对机动车进行评估。对于车辆价值较低或者依照通常方法可以确定价值的，可以不进行评估。双方当事人及其他债权人要求不进行评估的，人民法院应当准许。对于需要对机动车进行评估的，双方当事人可以协商确定评估机构；协商不成的，人民法院应当通过摇珠选定有资质的评估机构。当事人双方申请通过公开招标方式确定评估机构的，人民法院应当准许。评估机构作出评估报告后，应当在 5 日内送达当事人及利害关系人，对评估报告有异议的，应当在 10 日内提出书面材料。当事人或者其他利害关系人有证据证明评估机构、评估人员不具备相应的评估资质或者评估程序严重违法而申请重新评估的，人民法院应当准许。

3. 对机动车进行拍卖。拍卖机构由当事人协商一致后经人民法院审查确定；协商不成的，从人民法院确定的拍卖机构名册中，采取随机的方式确定；当事人双方申请通过公开招标的方式确定拍卖机构的，人民法院应当准许。

人民法院应当与拍卖机构签订委托拍卖合同。在拍卖前 5 日以书面或者其他当事人能够知悉的方式通知当事人、担保物权人、优先购买权人于拍卖日到场。

拍卖应当确定保留价。拍卖保留价由人民法院参照评估价确定；未作评估的，参照市价确定，并应当征询有关当事人的意见。人民法院确定的保留价，第一次拍卖时，不得低于评估价或者市价的 80%；如果出现流拍，再行拍卖时，可以酌情降低保留价，但每次降低的数额不得超过前次保留价的 20%。

竞买人需向人民法院缴纳竞买保证金，金额不低于机动车评估价的 5%。申请执行人参加竞买的，可以不预交保证金。

拍卖机动车，应当在拍卖 7 日前进行公告。

4. 拍卖成交的处理。拍卖成交的，买受人需向拍卖机构支付佣金并将价款在指定期限内支付到人民法院账户。人民法院向买受人出具过户裁定，对机动车解除查封或者扣押，向车管所出具过户裁定和协助执行通知书，将车辆过户至买受人名下，相关税费由买受人承担。

对于第二次拍卖仍流拍的机动车辆，人民法院可以以物抵债。申请执行人或者其他执行债权人拒绝接受或者依法不能交付其抵债的，人民法院应当解除查封、扣押，并将该机动车辆退还被执行人。

（四）变卖

对机动车的变卖，是指人民法院将查封、扣押的机动车交有关单位出卖或者自行组织出卖，换取价款清偿被执行人债务的一种处分性执行措施。其程序如下：

1. 制作变卖裁定书并送达被执行人。

2. 确定变卖价。当事人双方及有关权利人对机动车的价格有约定的，按照其约定价格变卖；未约定价格但有市价的，变卖价格不得低于市价；无市价但价值较大、价格不易确定的（比如高档进口机动车、限量版汽车等），应当委托评估机构进行评估，并按照评估价格进行变卖。按照评估价格变卖不成的，可以降低价格变卖，但最低的变卖价不得低于评估价的1/2。

3. 变卖。交付变卖的，执行法院应与有关单位签订委托变卖合同，启封机动车，对照查封清单和执行笔录，交付给有关单位。自行变卖的，要公开进行，但执行法院和执行人员不得自行买受。

4. 变卖结果处理。变卖成交后，应收取价款，扣除执行费用和有关费用后清偿债务，到车管所办理解除查封手续，向买受人交付机动车和购车发票、保险凭证等相关票证。买受人持执行法院出具的协助执行通知书、变卖成交裁定书和身份证明到车管所办理转移登记手续。

变卖的机动车无人应买的，适用以物抵债的执行措施。

（五）以物抵债

对机动车的以物抵债，是指在执行过程中以被执行人所有的机动车折价交给申请执行人抵偿其债务的执行措施。

1. 以物抵债的适用条件。以物抵债适用于拍卖无人竞买或者最高应价低于保留价和变卖无人应买的两种情况。

（1）拍卖无人竞买或者最高应价低于保留价。拍卖机动车时无人竞买或者竞买人的最高应价低于保留价，到场的申请执行人或者其他执行债权人申请或者同意以该次拍卖所定的保留价接受所拍卖的机动车的，应当将机动车交其抵债。

有两个以上执行债权人申请以拍卖机动车抵债的，由法定受偿顺位在先的债权人优先承受；受偿顺位相同的，以抽签方式决定承受人。承受人应受清偿的债权额低于抵债机动车的价额的，人民法院应当责令其在指定的期间内补交差额。

（2）变卖无人应买。变卖的机动车无人应买的，可以适用以物抵债，将该财产交申请执行人或者其他执行债权人抵债；申请执行人或者其他执行债权人拒绝接受或者依法不能交付其抵债的，人民法院应当解除查封、扣押，并将机动车退还被执行人。

2. 以物抵债的程序。

（1）征得申请执行人同意。不仅是以物抵债这种方式，抵债价款等具体问题也要用书面方式征得申请执行人同意才可进行。

（2）作出以物抵债裁定，并送达被执行人和接受机动车的申请人。

（3）交付抵债物。执行法院到车管所办理解除查封手续，向接受机动车的申请人交付抵债的机动车和购车发票、保险凭证等相关票证。申请人持执行法院出具的协助执行通知书、以物抵债裁定书和身份证明到车管所办理转移登记手续。

⊕ 特别提醒

车辆查扣时会涉及一定的安全问题，必须要确保安全才可实施。如果有驾驶员在车上的，执行人员要分散保卫车辆，转移驾驶员注意力，拔掉车钥匙，控制车辆。如果遇到被执行人拒不配合、人多势众、不利于局面控制的情形，可先进行耐心的说服教育工作，确实无法控制的，可先撤回或请求支援。

任务三　技能训练：对机动车的查封、扣押

一、训练项目

农福、农春秀与黄天林因借款纠纷一案，田阳县人民法院作出了（2010）阳民初字第757号、第758号民事判决书，判决内容为：由黄天林偿还原告农福4万元、偿还原告农春秀10万元。该判决书生效后，因被告黄天林没有履行偿还借款义务，原告农福、农春秀遂向田阳县人民法院申请执行。法院受理后立即向被执行人送达执行通知书，限其收到执行通知书后7日内履行，逾期将依法强制执行。但被执行人黄天林仍未履行偿还借款义务。在执行过程中，申请人农福、农春秀以被执行人黄天林以其儿子黄威名义购买皮卡车一辆，车牌为158号，申请法院强制执行，田阳法院于2011年10月22日作出（2011）阳法执字民事裁定书，对158号牌皮卡车一辆进行查封并进行评估拍卖，评估价为98 000元。之后，依法委托拍卖公司公开拍卖，第一次拍卖以77 000元的保留价流拍。第二次拍卖由于无人应价，以52 000元的保留价流拍。

二、训练目的

通过对机动车执行的实训，使得参训学生重点掌握对机动车执行的财产调查方法、执行措施和相关的法律程序，提高学生对被执行人动产的分析识别、调查能力和对执行措施适用的动手操作能力。

三、训练内容要点

对机动车执行，其调查方法包括对机动车产权情况的调查和对机动车实物去向的调查。对机动车的执行措施主要有：查封、扣押、拍卖、变卖、以物抵债。故通过本次实训，学生应掌握：①对机动车的调查方法；②对机动车的执行措施；③处理车辆查扣时的突发事件；④制作查封、扣押、拍卖、变卖、以物抵债的裁定书、扣押物品清单、协助执行通知书及其相关文书。

本实训旨在考核学生对执行机动车等动产的全面把握，故对本次实训内容中所列项目要切实予以体现并重点考查。另外，可根据实训中的具体情况和需要，适时地安排一些有针对性的突发事件，例如查扣机动车的过程中对车辆的安全控制等，以考查学生的应变能力。重点考查法律手续是否完备，法律文书是否规范，是否能够对机动车实施查封、扣押、拍卖、变卖，能否与其他强制措施结合运用，以及是否具备处置突发事件的能力。

四、实训条件设计

1. 实训时间为 3 学时，实训场地：学生课室。

2. 参加实训的学生分成若干小组，各小组都必须制作相关的法律文书材料，法律文书应严格遵循制作规范。各小组中扮演被查扣机动车的同学要熟悉材料，完成有关被查扣过程中的感受的报告。

3. 实训必须在教师的指导下进行，学生以小组为单位进入实训现场，学生必须明确各自担当的角色。

4. 实训结束后，由指导老师根据学生在实训中的表现和其制作的相关法律文书材料的质量，逐个进行讲评并按百分制打分。

5. 器材准备：警用器械（手铐、仿真手枪）以及用作本次搜查收集的目标如机动车、汽车登记证、身份证数张等仿真品。

五、训练方法步骤

1. 实训的准备。

（1）根据指导教师设计的案情，模拟布置现场。

（2）安排参加实训的学生分组、分工，明确各自的职责任务和工作内容。

（3）联系扮演被查扣机动车的学生，做好案情交代和保密教育。

2. 实训的展开。向各小组通报案情，各小组分别赶赴实训现场进行搜查、扣押，制作法律文书，处理突发事件。

3. 实训的总结评析。各小组实训结束后，完成相关文书、报告后交给指导老师，指导教师批改后，就实训情况进行总结评析。

六、考核方法及其标准

1. 考核方式：由教师按学生在训练中的表现考核。

2. 完成时间：130 分钟。

3. 考核标准：训练考核四级分制，即优秀、良好、及格、不及格。

（1）优秀等级：准备充分，操作熟练，注意事项清晰，报告规范。

（2）良好等级：准备充分，操作熟练，注意事项基本清晰，报告基本规范。

（3）及格等级：准备基本充分，操作到位，注意事项基本清晰，报告基本规范。

（4）不及格等级：无法完成任何一项训练内容。

七、相关法律文书格式规范与实例

1. 查封、扣押、冻结裁定书格式。

××××人民法院

执 行 裁 定 书

（××××）××执×字第××号

申请执行人……（写明姓名或名称及有效证件和号码等基本情况。）

被执行人……（写明姓名或名称及有效证件和号码等基本情况。）

本院依据已经发生法律效力的……（写明生效法律文书的制作机关、日期、文书字号和名称）于××××年××月××日向被执行人×××发出执行通知书，责令被执行人×××（写明指定履行的义务和期限），但被执行人×××至今未履行（或未全部履行）生效法律文书确定的义务。

本院查明……（写明需查封财产的名称、数量、所在地点等情况）。依照《中华人民共和国民事诉讼法》第220条、《最高人民法院关于人民法院执行工作若干问题的规定（试行）》第38条、第42条（属扣押财产的引用第43条）以及《最高人民法院关于人民法院民事执行中查封、扣押、冻结财产的规定》第28条第1款、第29条的规定，裁定如下：

一、查封、扣押、冻结被执行人×××所有的……（财产名称、数量、所在地点等。）

二、被执行人×××负责保管被查封的财产。在查封期间，被执行人×××可以使用被查封财产，但因被执行人×××的过错造成被查封财产损失的，应由自己承担责任。在查封期间，被执行人不得转移被查封的财产，不得对被查封财产设定权利负担，不得有妨碍执行的其他行为。

［或写被执行人（保管人）×××负责保管被查封（被扣押）的财产。在查封（扣押）期间不得使用被查封（被扣押）的财产。在查封期间，被执行人不得转移被查封的财产，不得对被查封财产设定权利负担，不得有妨碍执行的其他行为。］

［冻结财产不需要保管的，不列本项。］

三、查封（扣押、冻结）期限为×年（月）。

需要续行查封（扣押、冻结）的，应当在查封（扣押、冻结）期限届满前××日内向本院提出续行查封（扣押、冻结）的书面申请，履行义务后可以申请解除查封（扣押、冻结）。

本裁定送达后即发生法律效力。

[轮候查封（扣押、冻结）的，本裁定自在先查封（扣押、冻结）解除（或失效）之日起自动发生法律效力。]

（代理）审判员×××

×××年××月××日

（院印）

本件与原本核对无异

书 记 员

山东省平度市人民法院
执 行 裁 定 书

（2012）平执字第 153 号

申请执行人于星明，男，1945 年 11 月 15 日生，汉族，住平度市城关街道办事处代家上观村。

被执行人金杰男，1987 年 2 月 28 日生，汉族，农民，住平度市麻兰镇金家河岔村。

申请执行人于星明、张桂兰、于修娥、于佳、郭田园与被执行人金杰道路交通事故人身及财产损害赔偿纠纷一案，平度市人民法院于 2011 年 5 月 10 日审结。该案（2011）平少民一初字第 18 号民事判决书已立案执行。为保证该案的执行，根据《中华人民共和国民事诉讼法》第 220 条之规定，裁定如下：

查封被执行人金杰所有的鲁 BWA550 号雪佛兰轿车一辆及鲁 BNY230 长安面包车一辆，查封期限为 2012 年 4 月 19 日至 2013 年 4 月 18 日。查封期间不准过户，不准车辆更新，不准办理所有权、营运权转移手续，不准在车辆上设定其他权利义务。申请人应当在查封期间届满前 5 日内向本院书面提出继续查封的申请，逾期不申请的，法律后果由申请人承担。

本裁定送达后立即生效。

审 判 长 王 德 军
审 判 员 张 明 林
审 判 员 黄 永 亭
二〇一二年四月十八日

书 记 员 吴 林 贤

2. 协助执行文书格式。

××市人民法院

协助执行通知书

（××××）×执字第××号

×××（协助义务人姓名或者名称）：

关于申请执行人×××与被执行人×××纠纷一案，本院（××××）×执字第××号执行裁定书已经发生法律效力。依照《最高人民法院关于人民法院民事执行中查封、扣押、冻结财产的规定》第 1 条、第 9 条(轮候查冻的还需适用第 28 条，解除查冻的适用第 31 条，过户的则适用《中华人民共和国民事诉讼法》第 251 条) 的规定，请协助执行以下事项：

……（写明事项的具体内容。）

附：（ ）执字第×号民事裁定书×份。

联系人：×××

联系电话：×××

传真：×××

××年××月××日

单元思考题

1. 对被执行人的存款、劳动收入和机动车的调查途径与方法是什么？

2. 冻结、划拨的程序是什么？哪些特殊款项不可以冻结、划拨？

3. 查封、扣押、拍卖、变卖等执行措施的实施程序是什么？

4. 以物抵债的适用条件是什么？

单元六

对不动产的执行

知识目标

1. 明确不动产信息的查询途径及办法；
2. 理解执行不动产的方法和措施；
3. 掌握执行不动产的程序。

能力目标

1. 能对强制交付不动产方法和措施进行分析并适用；
2. 能对强制交付不动产的程序进行操作。

在我国，不动产是指土地、附着于土地的建筑物及其他定着物、建筑物的固定附属设备，在生活中主要是指房屋和土地。对不动产的执行，是指人民法院为了实现债权人的金钱债权，以债务人所有的不动产作为执行标的而进行的实现执行根据内容的强制措施。

对于不动产的执行和对于动产的执行进行区分，关键在于不动产权利成立的公示方法与动产不同，不动产在现代社会往往采取登记制度，不动产作为执行标的时，还往往涉及在不动产之上成立的抵押权等权利人，直接关系到其他权利人的权益，所以，不动产的执行较之动产的执行更为繁琐、复杂。

任务一 对房屋的执行

案例 6-1

原告丁某与王某因合同纠纷一案，法院判决王某赔付丁某各项经济损失 100 000 元。判决生效后，王某未按期履行义务，丁某向法院申请执行。

执行过程中，法院于 2015 年 7 月查封了王某的商品房一套。但案外人提出异议：该房产已被 A 县法院先行查封，且王某已经将房产转让给刘某，并提供了二人签订的房产转让协议，要求法院解除对该房产的查封。

经执行查明：刘某与王某因民间借贷纠纷于 2012 年 12 月诉至 A 县法院，A 县法院在审理期间查封了上述房屋，并制作了调解书。调解书要求王某于 2013 年 4 月底前给付刘某欠款 70 000 元，逾期不还，以查封的房产做抵押，作价处理后归还刘某。调解书生效后，刘某没有申请法院执行，A 县法院也一直未对该房产作出处理，该房产也一直没有办理产权过户手续。

另查明，该房产现在由被执行人王某对外出租，仍由王某对房产行使收益、处分的权利。

【问题思考】

1. 法律对法院房地产查封的期限及程序是如何规定的？

2. 房地产被抵押或查封后，能否续查封？

一、调查的方法与途径

应知应会

被执行人房屋调查的方法与途径有：

1. 申请人和被执行人提供。申请执行人应当向法院提供其所了解的被执行人的房屋状况或线索。被执行人必须如实向法院报告其房屋状况。对于申请人和被执行人提供的信息，执行人员应及时到土管局或房管局核实并办理查封登记手续，以限制被执行人的处分。

2. 法院查询。因为房屋实行不动产登记制度，执行人员可以到被执行人住所地或居所地的房屋登记部门及土管登记部门查询，一旦查获即应办理登记查封手续。

3. 法院调查询问。法院在执行中有权向被执行人、有关机关、社会团体、企业事业单位或公民个人，调查了解被执行人的房屋状况，对调查所需的材料可以进行复制、抄录或拍照，但应当依法保密。被执行人拒绝按法院的要求提供其有关房屋状况的证据材料的，法院可以按照规定进行搜查。为查明被执行人的房屋状况和履行义务的能力，也可以传唤被执行人或被执行人的法定代表人或负责人到法院接受询问。

特别提醒

确定一项不动产是否属于被执行人所有，一般根据《物权法》第 16 条的规定，"不动产登记簿是物权归属和内容的根据"，以不动产登记簿记载的内容为准。

根据《物权法》第 28 条的规定，如果人民法院、仲裁委员会的生效法律文书确定某项不动产归属被执行人的，虽然权属尚未登记但可发生直接的物权效果，因此，对该项不动产应纳入被执行人可供执行的财产范围。根据《物权法》第 29、30 条的规定，因继承、受遗赠所得的不动产，自继承、受遗赠开始时取得物权；合法建造的房屋，自建造完成时取得物权。因此，对上述不动产，虽然权属登记尚未完成，但也纳入可供执行的财产范围。

二、执行措施和执行流程

（一）房屋的查封

1. 查封的方法。不动产不能移动，价值较高，所以，对不动产的查封一般有较为严格的要求，查封的方法也较为复杂。

我国对查封不动产的方法，主要有三种：①由有关管理机关协助不予办理转移过户手续；②收存产权证照；③加贴封条或张贴公告。为了预防和减少纠纷，必须严格遵循不动产登记制度，而查封公示制度有利于保护善意第三人的合法权益，所以，对于不动产的查封方法，应实行查封登记和查封公示并重，既要进行查封登记，也要加贴封条或张贴公告。此外，收存产权证照能使债务人无法办理产权转移登记，能有效地防止债务人处分其不动产。但是，该方法并不能完全杜绝债务人的任意处分，且不易使他人知悉不动产已被查封的事实。所以，收存产权证照可以作为一种查封的辅助措施，但不宜作为一种独立的查封方法使用。

查封不动产一般不影响债务人或实际占有人的正常使用和收益。《执行规定》第42条规定："被查封的财产，可以指令由被执行人负责保管。如继续使用被查封的财产对其价值无重大影响，可以允许被执行人继续使用。因被执行人保管或使用的过错造成的损失，由被执行人承担。"所以，在司法实践中，对房屋等不动产的查封，除非执行目的必要，一般不得随意使用加贴封条封门的方法，因为封门的方法剥夺了债务人对该不动产的使用权。

2. 查封时的注意事项。

（1）查封家庭住房时，应办理房地产查封登记。执行人员首先向房管局发出协助执行通知书，要求房管局工作人员查阅所涉房产权属登记档案，核实被查封房屋是否进行过权属登记，如已进行登记的，其所有权人姓名、房屋坐落等是否相符，是否有其他法院查封在先。人民法院查封时，土地、房屋权属的确认以国土资源、房地产管理部门的登记或者出具的权属证明为准。权属证明与权属登记不一致的，以权属登记为准。如果协助执行通知书记载的房产状况与权属登记不一致而无法查封时，应重新补发协助执行通知书进行查封。

（2）对登记在案外人名下的土地使用权、房屋，登记名义人（案外人）书面认可该土地、房屋实际属于被执行人时，执行法院可以采取查封措施。如果登记名义人否认该土地、房屋属于被执行人，而执行法院、申请执行人认为登记为虚假时，须经当事人另行提起诉讼或者通过其他程序，撤销该登记并重新登记在被执行人名下之后，才可以采取查封措施。对被执行人因继承、判决或者强制执行取得，但尚未办理过户登记的土地使用权、房屋的查封，执行法院应当向国土资源、房地产管理部门提交被执行人取得财产所依据的继承证明、生效判决书或者执行裁定书及协助执行通知书，由国土资源、房地产管理部门办理过户登记手续后，办理查封登记。对国土资源、房地产管理部门已经受理被执行人转让土地使用权、房屋的过户登记申请，尚未核准登记的，人民法院可以进行查封；已核准登记的，不得进行查封。人民法院对可以分割处分的房屋，应当在执行标的额的范围内分割查封，不可分割的房屋可以整体查封。分割查封的，应当在协助执行通知书中明确查封房屋的具体部位。

人民法院对土地使用权、房屋的查封期限不得超过 2 年。期限届满可以续查封 1 次，续查封时应当重新制作查封裁定书和协助执行通知书，续查封的期限不得超过 1 年。确有特殊情况需要再续查封的，应当经过所属高级人民法院批准，且每次再续查封的期限不得超过 1 年。查封期限届满，人民法院未办理继续查封手续的，查封的效力消灭。因此，执行人员办理查封时，应同时注明查封时限。到期案件仍未执结的，应及时办理续查封手续。

（3）办理家庭住房实物查封时，应将房屋所属的电梯、中央空调、自配房等附属设施在协助执行通知书中列明，或附查封清单，一并查封。在查封清单和笔录中，应注意列明与该房屋有关的争议部位。

无人居住的房屋，应制作查封裁定书和协助执行通知书，到当地房地产交易中心办理登记手续；同时，通知该房屋所在地的居委会、村委会等基层组织或小区物业公司在场见证，必要时还可以请当地派出所的社区民警到场。执行人员应在房屋上张贴封条，并以公告形式告知被执行人被限制的权利和应承担的义务。同时，请基层组织或小区物业协助监管，发现异常情况后及时与法院联系。对于需要限制使用的，还应与水电煤气等公用事业单位取得联系，采取相应的措施以确保安全；需要查控屋内财产的，应开具搜查令，进屋清查，查封、扣押相关物品，必要时请当地公安户籍管理部门协助冻结户口。查封的过程应记明笔录并经在场见证人签名确认，有条件的，可将全过程录像后作为证据保存。

（4）对于参建、联建房屋的查封，应先到开发商处了解被执行人所有的房屋部位或份额，再向其发出协助执行通知书；对部门明确的，可直接查封被执行人名下的部位；部位不明确的，应查封被执行人应得的份额；无论上述房屋是否已办产权证，均应到房地产管理部门办理查封登记或预备登记备案手续。

（5）对于共有产权的房地产，如夫妻共有、继承人共有等，法院查封后应通知其他共有人，共有人提出异议的，法院应及时受理、审查，审查期间不予解除查封，待审查后再行处理。

（6）人民法院也可以对下列未进行房屋所有权登记的房屋进行预查封：作为被执行人的房地产开发企业，已办理了商品房预售许可证且尚未出售的房屋；被执行人购买的已由房地产开发企业办理了房屋权属初始登记的房屋；被执行人购买的办理了商品房预售合同登记备案手续或者商品房预告登记的房屋。

国土资源、房地产管理部门应当依据人民法院的协助执行通知书和所附的裁定书办理预查封登记。土地、房屋权属在预查封期间登记在被执行人名下的，预查封登记自动转为查封登记，预查封转为正式查封后，查封期限从预查封之日起开始计算。预查封的期限为2年。期限届满可以续封1次，续封时应当重新制作预查封裁定书和协助执行通知书，预查封的续封期限为1年。确有特殊情况需要再续封的，应当经过所属高级人民法院批准，且每次再续封的期限不得超过1年。预查封的效力等同于正式查封。预查封期限届满之日，人民法院未办理预查封续封手续的，预查封的效力消灭。[1]

（7）对于已经缴纳全部土地出让金但尚未办理登记的土地使用权，可以到国土资源、房地产管理部门对该土地使用权进行预查封。查封时，应在协助执行通知书中注明该土地的坐落及地号，对已知的相关土地批文或合同编号也应一并注明。对于只缴纳部分土地出让金且未办理登记的土地使用权，如果该地块可分割，则可按已缴纳的出让金比例确认土地使用权并办理查封登记，查封时，应在查封执行通知书中注明该土地的坐落及地号、已知的相关土地批文或合同编号。对于未缴足出让金而被政府收回土地使用权的，收回后退回的土地出让金应交法院处理。

（二）房屋的拍卖、变卖

对于查封的房屋，可于查封后敦促被执行人于限期内履行，到期仍未履行的，可将查封的房屋拍卖、变卖，直接执行所得款项。

1. 具体实施流程。

（1）变现原则：能拍卖的，尽可能拍卖；不能拍卖或流拍的，通过变卖等方式处理。被执行人及有关权利人同意变卖的，可直接变卖。

（2）价格评估：原则上都应该价格评估，当事人双方及其他债权人申请不评估的，可以不评估。

（3）确定评估、拍卖机构：评估拍卖机构由当事人协商一致，经法院审查确定。协商不成的，在确定的评估机构、拍卖机构中选定。当事人申请公开招标的，应允许。

（4）公告拍卖。拍卖应当先期公告。拍卖不动产的，应当在拍卖15日前公告。

（5）实施拍卖或变卖。

2. 拍卖、变卖查封的房地产时的注意事项。

（1）拍卖、变卖查封的房地产时，必须保留被执行人必需的住房。具体确定被执行人生活必需的住房时，应参考的因素包括：①住房面积：被执行人及其抚养的家属人数，当地政府当年公布的人均最低住房标准，当地政府对离退休、独生子女、伤残

---

〔1〕《最高人民法院、国土资源部、建设部关于依法规范人民法院执行和国土资源房地产管理部门协助执行若干问题的通知》（法发〔2004〕5号）第16~18条。

军人等特殊人群最低住房标准所作的特殊规定；被执行人所抚养的家属自身有无生活必需的住房等。②住房的价值：住房的地段、价位等。

（2）被执行人将可供执行的房屋出租的，如出租行为发生在房屋设定抵押或查封之前，则保护承租人的利益，处分房屋时应尊重承租人的优先购买权和继续承租权；如租赁行为发生于查封之后，则租赁行为不影响法院的执行。

（3）对当地政府限制转让的商品房，如经济适用房等住房，拍卖时应征得当地房管部门同意后实施，不同意的，可强制出租。

（4）对商品房项目附属车库，根据《物权法》的相关规定，拍卖时仅供商品房小区购房户竞买。

（5）对房地产查封，如该房地产上已经存在抵押权负担的，可以核实抵押的数额，如房地产价格明显高于抵押的数额，则可以查封，拍卖后，以抵押的先后顺序清偿债务。抵押权先于查封存在，拍卖时即使抵押权人不撤销抵押，不影响拍卖的实施。

（6）根据《物权法》的规定，法院有关房屋产权的判决或裁定一经送达当事人即生效，房地产管理部门应据此文书办理过户手续。房地产管理部门拒不办理时，可向其发出协助执行通知书。

任务二　对退出土地的执行

案例6-2

2013年4月26日上午，呼和浩特市玉泉区小黑河镇南二环与云中路交汇处大型机械轰鸣、尘土飞扬，玉泉区人民法院出动干警40余人，在中院法警支队20名法警的协助下，依法强制执行刘某等十人退出土地案件。强制执行过程中，还邀请了玉泉区人大、玉泉区政法委、玉泉区检察院、呼市公证处等有关单位工作人员到场进行监督、见证。

2010年初，为积极推进呼和浩特市南二环路商贸物流集散带的形成和壮大，拟引进"庞大汽车贸易园"商业项目，想借引进项目的契机改善农民的生活方式，加快城中村的改造和经济适用住房建设的进程，玉泉区政府与呼市玉泉区小黑河镇南营子村、西瓦窑村签订了征地协议书，后村委会领取土地补偿费和安置费，政府的征地行为合法。但被执行人刘某等10人以征地不合法为由，不领取土地补偿费、青苗补偿费，拒不交出土地，呼和浩特市玉泉区人民政府将呼市玉泉区小黑河镇南营子村委会、西瓦窑村委会、刘某等10人诉至法院。玉泉区人民法院判决被告继续履行双方签订的征地协议并立即腾出被征用的共计24.74亩土地。判决后，10名被告不服，上诉至呼和浩特市中级人民法院。

2012年12月，呼和浩特市中级人民法院维持了原判，认定刘某等10人应按征地协议的约定全面履行自己的义务。呼和浩特市玉泉区人民政府于 2013 年 1 月 30 日向法院申请强制执行，法院于同年 2 月 2 日向被执行人送达了执行通知书，限其在 2013 年 2 月 6 日前自行交出土地，逾期则强制执行。同年 3 月 25 日，法院又张贴腾出土地公告，但被执行人拒不履行义务。此次强制执行前，法院执行人员深入被执行人家中做好被执行人的思想工作，告知其法院执行的合法性、强制性、不可逆转性。公民具有协助法院执行的义务，任何阻碍法院执行的行为，不论是被执行人还是案外人都要承担相应的法律后果等。后被告仍未腾出土地，玉泉区人民法院依法强制执行，由于措施得当、准备充分，整个执行过程井然有序，执行任务得以圆满完成。

【问题思考】

法院强制退出土地的执行措施和执行程序是什么？

应知应会

所谓强制退出土地，是指执行机构强制被执行人取走土地上的财物，并将该土地交付权利人的执行程序。强制被申请执行人退出土地属于交付不动产的执行。这一执行不但要将执行标的物占有转移给债权人，还要将土地上的不属于执行标的之动产除去，让被申请执行人或者居住的人迁出或者退出土地。这类执行方法是将土地的支配权转移给债权人。强制被执行人退出土地，主要适用于宅基地纠纷、土地使用权纠纷等案件的执行。

一、调查的方法与途径

被执行人土地调查的方法与途径：

1. 申请执行人应当向法院提供其所了解的被执行人的土地状况或线索。

2. 被执行人必须如实向法院报告其土地状况。

3. 法院在执行中有权向被执行人、有关机关、社会团体、企业事业单位或公民个人调查了解被执行人的土地状况，对调查所需的材料可以进行复制、抄录或拍照，但应当依法保密。例如，通过姓名及身份证号码可以在当地土地管理局核查被执行人名下的不动产。

4. 为查明被执行人的土地状况和履行义务的能力，可以传唤被执行人或被执行人的法定代表人或负责人到法院接受询问。

5. 被执行人拒绝按法院的要求提供其有关土地状况的证据材料的，法院可以按照规定进行搜查。

二、执行措施

1. 人民法院在接到执行申请后，应向被执行人做思想工作，尽量让其自动履行。首先要调查了解被执行人家庭成员情况；其次，要调查了解该土地是否还有其他人主张权利，如承包等；最后，到其所在的社区、居民委员会做工作，通报该土地的执行流程，争取他们的配合和协助，请他们做好相应的宣传工作，以免在强制迁让时因居民不明真相而造成误解，影响执行的社会效果。

2. 若被执行人拒不迁、退的，由人民法院院长签发公告，限定期间，责令土地占有人按期退出土地，被执行人逾期不迁、退的，应当强制执行。

三、执行程序

1. 由院长签发限期退出土地的公告。公告前，首先应当对被申请执行人进行必要的法制教育，动员他自动退出土地。拒不迁、退的，签发强制退出土地公告。公告由院长署名，加盖人民法院印章，公开张贴在被申请执行人及附近群众可以看到的地方。公告期间届满，被申请执行人如果已履行了义务，即结束执行程序；如果仍不履行的，应强制执行。

2. 通知有关人员到场。在实施强制退出土地时，被申请执行人是公民的，人民法院应通知被申请执行人的工作单位和土地所在地的基层组织，接到通知的单位应当派人参加。同时，人民法院还应通知被申请执行人或其成年家属到场；被申请执行人是法人或其他组织的，应当通知其法定代表人或者主要负责人到场。没有通知的，不得实施强制退出土地的行为；通知后拒绝到场的，不影响执行。

3. 制作执行笔录。执行笔录要由执行人员、有关组织的协助执行人员、当事人及其他在场人签名或者盖章。

4、迁出财物的保管。对强制退出的财物，应当逐件编号、登记，造具清单，由在场人签名或盖章。然后将财物由人民法院派人运至指定处所，交给被申请执行人或者其成年家属。如果被申请执行人或者其成年家属拒绝接受的，由此造成的损失，由被申请执行人承担。

5. 强制执行完毕，执行人员应将退出的土地及时交付申请执行人，结束执行程序。

✦ 特别提醒

在强制退出土地的执行中，因被执行人仅负有退出土地的义务，故该土地上的从物不能一并交付给申请执行人。若当事人双方同意，可以将该土地上的从物作价交付申请执行人。如果该土地上有树木、庄稼等一时不能该与土地分离的，可待其收获后交付土地或作价后交付土地。

任务三　技能训练：参与执行中暴力抗法事件的处置

一、训练项目

2006年4月5日，启东法院法警队协助执行局在吕四镇执行一起房屋拆迁案，这是一起严重的群体暴力抗法事件，法警队从接到任务开始就充分准备，制定预案，成功地协助执行干警制服了暴力抗法人员，避免了重大伤亡事故的发生，案件执行也达到了预期的效果。

在该案执行前，法警队抱着负责的态度对该案的情况进行了彻底的了解：2005年7月13日，启东市建设局根据吕四港镇规划建设的需要，作出了启建拆裁（2005）第34号房屋拆迁补偿安置决定书，要求被拆迁人胡某腾空其位于吕四港镇复兴街复兴巷4号的住房。收到裁决后，胡某在法定期限内既不申请复议、提起行政诉讼，也不履行义务。启东市建设局于2006年2月21日向启东法院申请强制执行，启东法院进行审查后，依法裁定准予强制执行，并向胡某送达了相关法律文书。3月1日，启东法院发出了限期腾房公告，责令被执行人胡某于3月8日前腾空房屋。与该案相同的拆迁对象还有多人。他们公开表示，将以暴力手段对抗法院执行。为寻求案件的妥善解决，启东法院院长石汉慈亲赴被执行人处，与胡某及其他群众进行沟通，希望群众能配合法院工作，不要制造过激事件。但是，胡某等人未能听从劝解。

经了解，该案很可能是一起暴力性抗法案，法警队多次召开会议，制定完备的突发事件预警机制，并要求每一位法警保持高度的警惕和责任心，以应对可能发生的各种突发事件。3月17日上午8点多，法警队全体协助执行干警来到执行现场，在公安部门的配合下，开始清理执行现场。经过反复的法制宣传，数百名围观群众撤到了警戒线以外。但是，仍有少数不法人员站在被拆迁房屋的门外，用尼龙绳捆在一起，手持汽油瓶抗拒执行，房屋二楼还有人趁乱向下泼洒汽油。就在执行干警上前劝说时，其中一人点燃了汽油瓶，火苗瞬间腾起1米多高。法警眼疾手快，面对险境，奋不顾身，立刻将纵火者扑倒在地，夺走了汽油瓶。消防干警迅速赶到，用灭火器将火扑灭。随即，法警队进入屋内，控制住了滞留屋内的20余名群众，并把他们带离至安全地带。在屋内进行清理时发现，楼上楼下还有3瓶汽油、1罐液化气，一旦被人引燃，后果不堪设想。为保证执行工作的顺利进行，启东法院决定对7名抗拒执行的不法人员依法实施拘留。整个执行过程中，法警队有3名干警的制服和纽扣被扯坏，2名干警的脸部和手部被抓伤。最后，经过全体干警的共同努力和公安、消防、卫生等部门的大力配合，下午2点，胡某的房屋被依法拆除。

二、训练目的

通过实训，使得参训学生重点掌握对法警参与执行中暴力抗法事件的处置。

三、训练内容要点

在法院执行过程中，暴力抗法事件时有发生，使依法执行受阻。司法警察参与执行的主要任务之一是及时、有效地处置执行中出现的突发事件。由于暴力抗法事件突发性强、参与人数多、事态发展快，解决起来较为复杂，所以，司法警察在处置暴力抗法事件中要注意：

1. 正确把握处置原则，确保处置行动的合法性。

2. 准确把握处置时机，灵活运用处置方法。应该根据事态的性质、规模及其发展的不同阶段，采取相应的处置方法和手段。前期的防范性战术手段：①教育疏导，缓解矛盾；②拦截阻隔，重点布防。事件中期的处置战术：①驱散闹事人群；②抓捕首要分子。事件后期的处置战术：①协同有关部门处置事件参与人；②利用新闻媒体公开事件真相，消除影响。

故通过本次实训，学生应掌握：①暴力抗法预案的制定；②暴力抗法事件处置的方法；③相关法律文书的制作。

四、实训条件设计

1. 实训时间为 3 学时。实训场地：学生课室。

2. 参加实训的学生分成若干小组，各小组都必须制作相关的法律文书材料，法律文书应严格遵循制作规范。各小组中扮演暴力抗法人员的同学要熟悉材料，完成有关暴力抗法过程中的感受的报告。

3. 实训必须在教师的指导下进行，学生以小组为单位进入实训现场，参加暴力抗法事件的学生必须明确各自担当的角色。

4. 实训结束后，由指导老师根据学生在暴力抗法事件实训中的表现和其制作的法律文书材料的质量，逐个进行讲评并按百分制打分。

5. 器材准备：纸、笔、手铐、仿真手枪、刀具、警戒带等。

五、训练方法步骤

1. 实训的准备。

（1）根据指导教师设计的案情，模拟布置现场。

（2）安排参加实训的学生分组、分工，明确各自的职责任务和工作内容。

（3）联系扮演暴力抗法事件的学生，做好案情交代和保密教育。

2. 实训的展开。向各小组通报案情，各小组分别赶赴实训现场进行暴力抗法事件处置，制作相关法律文书。

3. 实训的总结评析。各小组暴力抗法事件处置结束后，完成相关文书、报告后交给指导老师，指导教师批改后，就实训情况进行总结评析。

六、考核方法及其标准

1. 考核方式：由教师按学生在训练中的表现考核。

2. 完成时间：130 分钟。

3. 考核标准：训练考核四级分制，即优秀、良好、及格、不及格。

（1）优秀等级：准备充分，处置突发事件能力强，法律手续完备，法律文书制作规范。

（2）良好等级：准备充分，处置突发事件能力较强，法律手续完备，法律文书制作相对规范。

（3）及格等级：准备相对充分，处置突发事件能力较强，法律手续基本完备，法律文书制作相对规范。

（4）不及格等级：无法完成任何一项训练内容。

七、相关法律文书格式规范与实例

××人民法院处置突发事件应急预案

×字（2011）15 号

为依法妥善、有效地处置突发事件，制止和惩治妨碍审判活动的违法犯罪行为，维护审判秩序，保障审判活动顺利进行，根据最高人民法院《人民法院司法警察预防和处置突发事件暂行规则》及其他规定，制定此方案。

一、人民法院突发事件的概念

人民法院的突发事件是指突然发生，造成或可能造成重大人员伤亡、财产损失，严重损害司法权威，妨碍审判和执行活动，危及法院安全，需要采取应急处置措施予以应对的紧急情况。人民法院预防和处置的突发事件包括：刑事、民事和行政审判工作中的突发事件；执行死刑工作中的突发事件；民事、行政案件执行工作中的突发事件；涉诉信访工作中的突发事件；其他突发事件。建立预测预警制度。各业务庭（局）对即将开庭或执行的案件应进行事故苗头分析，发现问题后提前向主管副院长汇报；由指挥中心根据不同的情况制定保障方案，预防可能发生的各类突发事件。

二、应对突发事件的组织机构及警力编成

1. 成立突发事件应急领导小组，院长任组长，2 名副院长为副组长，办公室主任、法警队长、执行工作局局长为成员。领导小组下设应急指挥中心，由值周副院长任总指挥，各部门负责人为成员。指挥中心负责指挥、调度本院的人力物力，参与处置突发事件。

2. 司法警察大队在处置突发事件中的任务

（1）听从指挥中心的命令，直接完成突发事件的处置任务。

（2）根据指挥中心的指令，迅速编制突发性事件处置的指挥、调警及协调预案。

3. 警力编成。法院院机关的所有干警编成 3 个梯队：

（1）司法警察大队现在岗的司法警察为第一梯队。

（2）执行工作局的干警组成第二梯队。

（3）立案庭、刑事审判庭、民事审判庭干警组成第三梯队。

4. 应急使用车辆。发生突发事件需使用车辆时，原则上使用执行工作局的 1 辆和法警队的 2 辆警用车辆。如需使用其他车辆时，由指挥中心临时调度。

三、突发事件的处置

（一）审判工作中突发事件的处置

1. 民事、行政案件开庭审判过程中遇下列突发情况时，审判人员应及时向值周领导报告，司法警察应根据指令依法采取措施：对违反法庭纪律、扰乱法庭秩序的，经警告、制止无效后，可强行带离法庭或采取其他强制措施。对情绪激动、行为失控、谩骂或侮辱审判人员、诉讼参与人的，经警告无效后，可采取强制措施。遇双方当事人厮打的情形，应迅速采取措施制止，经警告和制止无效后，可采取强制措施。遇一方当事人行凶、挟持人质等情形，应保护人质安全，并迅速采取措施将其制服，收缴其凶器和其他危险物品。遇当事人或旁听人员因情绪激动突发疾病的情形，应及时送医救治，或协助病人家属做好救助工作。

2. 刑事案件法庭审判过程中遇下列突发情况时，司法警察应根据指令依法采取措施：遇旁听人员违反法庭纪律、扰乱法庭秩序以及旁听席出现哄闹、骚乱等情形时，值庭司法警察应迅速制止，制止无效的，可强行带离法庭或采取其他强制措施；押解司法警察应严密监控刑事被告人，防止其借机脱逃，并禁止无关人员接近刑事被告人。对行凶、脱逃或实施其他违法犯罪行为的刑事被告人，要迅速采取措施将其制服，收缴其凶器和其他危险物品，同时，加强对其他刑事被告人的看管；在采取其他措施不能制止脱逃行为的情况下，可鸣枪警告，仍不能制止的，可依法使用武器；对已经脱逃的刑事被告人，应立即向公安机关报警，并采取有效的追击手段，协助公安机关将其缉捕归案。对实施自杀、自伤等行为的刑事被告人，要及时制止其自杀、自伤行为，收缴其持有的凶器或其他危险物品；对已经发生伤害后果的，应首先控制刑事被告人，然后对其进行救治。对突发疾病的刑事被告人，应根据刑事被告人发病的情况及其症状，请医护人员积极进行检查和救治，必要时，在请示院领导同意后，将刑事被告人送往医院诊治；在送往医院途中和检查、救治过程中，司法警察要加强看管及对现场的警戒，防止意外事件发生。

3. 提押与还押、看管。

（1）禁止使用没有安全防范设施的羁押室看管刑事被告人，禁止使用带故障的囚车执行押解任务；提押与还押、看管均应按规定比例配备司法警察。

（2）提押与还押、看管过程中遇下列突发情况时，司法警察应依法采取措施：遇刑事被告人行凶、脱逃或实施其他违法犯罪行为时，处置措施参照第2项"刑事案件法庭审判过程中对行凶、脱逃或实施其他违法犯罪行为的刑事被告人"的情形实施。遇刑事被告人在囚车或羁押室内自杀、自伤或伤害其他刑事被告人时，应及时采取措施将其制服，收缴其持有的凶器或其他危险物品，并将其单独关押；对已经发生伤害后果的，应首先控制刑事被告人，然后向法警队领导报告，根据指令对其进行救治。遇刑事被告人实施串供行为时，司法警察应及时制止，提出警告，并将其分别押解或看管，必要时，应对其身体进行检查，收缴可能用于串供的物品。

（3）提押与还押过程中遇下列突发情况时，司法警察应依法采取措施：遇囚车发生交通事故或出现故障时，司法警察应严密注视刑事被告人动向，迅速组织警戒，并及时与交通警察联系；如车辆故障、交通事故难以在短时间内处理的，应及时向法警队领导报告，请求派车接应，紧急情况下可临时征用社会车辆，将刑事被告人及时带离事故现场。在转移刑事被告人的过程中，要加强对刑事被告人的看管及现场的警戒，防止刑事被告人脱逃及其他意外事件发生。遇刑事被告人家属或其他人员哄闹、拦阻囚车时，司法警察一方面应尽快将刑事被告人与其他人员相隔离，防止其他人员借机劫夺刑事被告人或刑事被告人伺机脱逃，另一方面，应对相关人员提出警告，警告无效后可将带头闹事者强制带离现场或采取其他强制措施。遇犯罪分子使用暴力、抢夺枪支或武装劫持刑事被告人时，经警告无效后，可依法使用武器，迅速控制事态，抓获犯罪分子。对押解途中刑事被告人突发疾病的，应及时向法警队领导报告，根据病情的严重程度，送当地公安医院或就近医院进行治疗。在检查、救治的过程中，司法警察要加强看管及警戒。

（4）看管过程中遇下列突发情况时，司法警察应依法采取措施：遇刑事被告人哄闹或谩骂看管人员、其他刑事被告人时，经警告无效后，可采取强制措施并将其单独关押，并严密监控刑事被告人的行为。看管过程中刑事被告人突发疾病的，应根据刑事被告人发病的情况及其症状，请医护人员积极进行检查和救治，必要时，在请示院领导同意后，将刑事被告人用囚车送往医院诊治；在检查、救治过程中，司法警察要加强看管及对现场的警戒。

4. 送达。

（1）送达人员应根据法律文书所涉案件的内容，提前分析、研究送达任务的复杂程度，合理派出警力。

（2）在送达工作中遇以下突发情况时，送达人员应依法采取措施：遇被送达人拒绝接收法律文书的情形，应做好解释工作，并告知被送达人拒绝签收法律文书可能承担的法律后果；经说服教育仍然拒收的，应按照法律程序进行留置送达。遇被送达人及其家属谩骂送达人员或哄闹时，应说服教育并对其进行劝告，必要时，应与被送达人及其家属所在单位取得联系，争取他们协助送达；对不听劝阻、妨碍公务的人员，应采取处置措施并移交公安机关处理。遇被送达人对送达人员实施暴力行为时，应迅速采取措施制止其行为，收缴其凶器或其他危险物品，同时向值周领导报告，根据指令执行。遇送达人员被围困、自由受限制的情形，应积极做好说服教育工作，并指出此行为应负的法律责任，劝说无效的，应迅速向值周领导报告，请求派警力支援。

（二）执行死刑工作中的突发事件

执行死刑工作中的突发事件处置方法，应遵照中级人民法院法警支队的指令执行。

（三）民事、行政案件执行活动中的突发事件

1. 遇有下列突发情况时，执行人员应依法采取措施：遇被执行人对执行有抵触情绪，不予配合时，应主动做好说服教育工作。遇被执行人拒不履行义务时，应依据有效法律文书采取强制执行措施，并密切监视被执行人的动态，防止发生意外事件。遇被执行人暴力抗法时，应迅速采取有效措施对被执行人进行控制和束缚，收缴其持有的凶器及其他危险物品，并及时向公安部门报警。遇群体哄闹、冲击执行现场时，经劝阻、警告无效后，应对带头哄闹、冲击者依法采取强制措施。

2. 当执行现场不具备强制执行条件时，为避免行凶、爆炸等行为发生而造成不必要的伤亡，应先予撤离；如撤离受阻，应迅速向院领导报告并向公安机关报警，请求援助。

（四）涉诉信访工作中的突发事件

1. 应将接访区域与办公区域分离，接访区应设立安全检查设备，凡进入人员应一律接受安全检查。

2. 司法警察应依法处置在立案办公区域内发生的各类突发事件：遇上访人员寻衅滋事、打砸、破坏公共财产或侮辱、威胁、殴打信访工作人员时，司法警察应对其依法采取强制措施，造成严重后果的，应移交公安机关处理。发现上访人员携带危险物品时，司法警察应立即控制来访人员，责令其交出危险物品；抗拒交出的，应采取强制措施予以收缴，并协助接访人员对其进行劝导，经劝导无效的，应对其予以警告、训诫，仍不接受的，移送公安机关处理；发现上访人员携带爆炸、放射性等自身无法处置的危险物品时，司法警察应立即控制上访人，并迅速报警，交由公安机关处置。遇上访人员企图自杀、自伤时，司法警察应果断制止其行为，收缴其用于自杀、自伤的凶器或其他危险物品，并协助接访人员做好说服教育工作；对已经造成伤害后果的，司法警察应协同相关部门人员将上访人员紧急送往医院救治，并注意做好善后劝导工作；对出现死亡情况的，应及时报告公安机关，并注意保护好现场，固定、保存证据，做好善后工作。

3. 遇不明身份的人或上访群众在法院门前围攻法院人员、拦截法院车辆或冲击法院大门等情形时，司法警察应立即向法警队领导报告，应急分队应迅速前往现场，劝解和制止不法行为，并迅速查明闹事者的身份和意图。对于确有正当要求的，应及时

联系有关部门认真接待，慎重处理；对无合理要求且不听劝阻者，报院领导批准后，可对其采取强制措施。

（五）其他突发事件

1. 法院的重要区域、重点部门应安装监控系统，实行全天候的监控；应实行 24 小时值班制和执勤制，发现问题应及时报告、及时解决。

2. 发生卷宗材料、涉密文件、载体丢失或被盗事件时，案发部门应保护好现场并立即向应急领导小组报告，同时向公安机关报案，协助公安机关展开调查。

3. 发生枪支弹药被盗事件时，案发部门应保护好现场并立即向应急领导小组报告，应急领导小组应迅速指挥司法警察布置警戒线，同时向公安机关报案，全力配合公安机关追查。

4. 办公区域发生火灾、爆炸时，应迅速向消防部门报警；应急分队应迅速赶到现场，撤离易燃易爆物品，及时疏散人员，组织人员灭火，抢救枪支、弹药、档案、重要文件等。发生水灾、地震等其他自然灾害时，应急分队应立即警戒重点目标，迅速疏散人员，救护伤员，抢救重要物资，最大限度地降低人员损伤和财产损失。

四、协同要求

当院机关发生突发事件时，由办公室或司法警察大队打铃示警，各梯队警力应听从指挥，快速反应，控制局面，止于初发。贯彻"边处置边请示报告"的原则，争取时间，等待上级和其他外援警力的支援。在指挥中心的统一指挥下，及时予以果断、妥善的处置。

当各派出法庭发生突发事件时，指挥中心将根据事件的规模和性质，确定调警的单位及数量，并迅速调集警力赶赴事发地，根据具体情况及时进行处置。

（1）警铃类别：①一般性突发事件：间断短促铃声若干次；②重特大突发事件：不间断长铃声若干次。

（2）集中地点：院机关审判大楼大厅。

（3）责任追究：对打铃示警后 10 分钟内未到指定地点集中报到的人员实行倒查，进行问责。

五、各种保障

车辆、手铐、警棍、头盔、盾牌、防弹背心、枪支、弹药、通信工具等各项保障，按照事件发生的规模、性质、大小、严重程度进行配备。

六、基本要求

1. 预有准备，快速反应。

2. 集中警力，保障重点。

3. 统一指挥，密切协同。

4. 区分性质，依法处置。

5. 充分发挥政治优势，最低限度使用武力。

单元思考题

1. 对房屋的查封方法有哪些？注意事项是什么？
2. 对房屋的拍卖变卖流程是什么？
3. 强制退出土地的执行措施和程序是什么？

单元七

对其他财产权利的执行

✏ 知识目标

1. 了解对其他财产权利执行的含义；
2. 理解执行知识产权和到期债权的措施；
3. 掌握执行知识产权和到期债权的程序。

■ 能力目标

1. 能对执行知识产权和到期债权的程序进行分析；
2. 能对执行知识产权和到期债权的措施进行实际适用；
3. 能处理执行到期债权中第三人的异议。

根据债务清偿的一般原理，债务人必须以其全部财产作为履行债务的总担保。如果被执行人没有现金、动产、不动产等有形财产可供执行的，或者上述财产不足以完全清偿其债务的，应当就被执行人的其他财产权利进行执行。其他财产权利包括知识产权、对第三人到期债权、股权、投资权益等。

任务一　对知识产权的执行

📖 案例 7－1

甲申请执行乙借款合同纠纷一案，执行中，法院经查发现乙生活困难，常年租房居住，靠写作获取生活来源。后又查明，乙和某家出版社刚签订了某小说出版合同，约定稿酬 10 万元。对此，法院只能执行乙根据出版合同所获得的稿酬。根据被执行人的生活状况和该案债权的标的额，法院依法向某出版社发出协助执行通知书，要求其协助将应支付给乙的 10 万元稿酬支付给法院 8 万元，剩下 2 万元，法院考虑作为乙的生活必需费用。

【问题思考】

法院在对知识产权的执行中，一般可以采取哪些强制措施？

知识产权作为一种权利，兼具人身权和财产权的双重属性。知识产权中的人身权不可分离，且无财产内容，故不能成为金钱给付的执行对象。知识产权中的财产权是因利用这些知识产品而使知识产品的所有者依法获得一定财产利益的权利，如稿酬、专利转让费或使用费、商标转让费或使用费、因发现或发明而获得的报酬及奖金，这些财产属知识产品所有者所有，如果该知识产品所有者成为被执行人，人民法院就可以执行这些财产，这些财产权便成为执行对象。

应知应会

一、对知识产权的执行措施

《最高人民法院关于人民法院执行工作若干问题的规定（试行）》第50条规定："被执行人不履行生效法律文书确定的义务，人民法院有权裁定禁止被执行人转让其专利权、注册商标专用权、著作权（财产权部分）等知识产权。上述权利有登记主管部门的，应当同时向有关部门发出协助执行通知书，要求其不得办理财产权转移手续，必要时可以责令被执行人将产权或使用权证照交人民法院保存。对前款财产权，可以采取拍卖、变卖等执行措施。"这条规定是执行知识产权中财产权的依据。根据这条规定，对知识产权中财产权的执行措施和方法有：

（一）裁定禁止转让

被执行人不履行生效法律文书确定的金钱给付义务，执行法院发现其有知识产权中的财产权的，可以作出裁定，禁止其转让、提取。一般适用裁定冻结或裁定扣留的方式，限制其转让或处分。专利权和注册商标专用权都是在主管机关登记的，著作权一般不需要登记取得。被执行的知识产权有登记主管部门的，应当向登记主管部门发出协助执行通知书，要求其不得办理财产权转移手续。如未要求登记主管部门协助执行，该登记主管部门就给被执行人办理转让或提取手续，且不负任何法律责任，这就容易使禁止措施流于形式。

（二）留置证照

如果没有登记主管部门或者裁定禁止转让难以限制的，为防止被执行人擅自转让权利，可以责令被执行人将产权或使用权证照交执行法院保存，使之不能转让。如果拒不交出，人民法院则可以依法采取搜查措施，搜取证照予以留置保存。同时，如若有第三债务人，应禁止第三债务人向被执行人清偿、交付或转移财产权。若无第三债务人存在，则只禁止权利人处分即可。

（三）裁定拍卖、变卖

被执行人的知识产权中的财产权被禁止转让后，履行金钱给付义务的，应解除禁止措施；仍不履行的，凡可适用拍卖、变卖措施的，都可以采取拍卖、变卖等强制执行措施，出卖其财产权，换取价款清偿债务。与有形财产的执行中的以物抵债一样，以知识财产权本身抵债也是一种特殊的变价方式。具体变价应根据财产权的种类、性质，采取适当的方法进行。

（四）裁定扣留、提取

有些知识产权中的财产权不适用拍卖、变卖强制执行措施，如稿费、发明报酬等劳动收入，应当采取扣留、提取措施，向有关单位送达扣留、提取裁定书和协助执行通知书，提取稿费或报酬，用以清偿债务。

二、对知识产权执行的程序

执行知识产权的财产权，具体操作程序为：

1. 向有关知识产权主管部门查询，确认知识产权权利人。判定方法以国家专利、商标、著作权主管部门登记、公告内容为准。

2. 制作裁定，禁止被执行人转让其专利权、商标权、著作权中的财产权部分，并向有关权利登记主管部门发出协助执行通知书，要求其不得办理财产权转移手续，必要时可以责令被执行人将专利证书、注册商标证等权利或使用权证照交人民法院保存。

3. 采取强制措施。权利冻结后，被执行人仍不履行义务的，执行机关可以采取拍卖、变卖、强制管理等执行措施。但在拍卖、变卖前，应委托具有知识产权评估资格的知识产权资产评估机构对该项知识产权的财产权利的经济价值进行准确估值。

4. 执行协助。知识产权被强制转让后，执行机关应当向受让人发出权利移转证书，受让人应当凭权利移转证书在 3 个月内向有关知识产权行政管理部门办理知识产权变更手续。

✚特别提醒

对知识产权的强制执行，应以对该权利的冻结为必要的前置程序[1]，包括限制权利人许可他人使用知识产权。这可以防止被执行人财产的流失，也可以促使被执行人尽力履行债务。但经限期仍拒绝履行的，应及时采取强制执行措施。知识产权的冻结期限为 2 年，期限届满需要续冻的，续冻期限最长不超过 1 年。

---

〔1〕 张晓秦、刘玉民主编：《民事执行要点与技巧》，中国民主法制出版社 2009 年版，第 240 页。

任务二 对第三人到期债权的执行

到期债权是被执行人对第三人享有的已届履行期限的债权，是被执行人的一种财产权利，因此其可以成为执行标的。对第三人到期债权的执行是在被执行人不能履行到期债务，但对第三人享有到期债权的，法院可根据申请人的申请对被执行人的债务人发出履行债务的通知，由收到通知的债务人直接向申请人履行债务或者将执行标的交执行法院提存的执行方法或手段。

案例 7-2

申请执行人：某工程公司。

被执行人：某经贸公司。

某工程公司与某经贸公司签订房屋租赁合同，经贸公司承租工程公司的产权楼并支付房租、装修、水电等费用，租期 15 年。合同履行期间，由于经贸公司拖欠费用，双方终止房屋承租合同，约定经贸公司还清房租、水电等费用 133 万元。届期经贸公司未支付工程公司 133 万元，工程公司诉至法院。法院审理后判决经贸公司支付工程公司 133 万元。法院判决生效后，经贸公司既未上诉也未履行判决所确定的义务，工程公司向法院申请执行。

法院在执行过程中查明，被执行人现有财产不足以清偿工程公司的欠款。被执行人告知其在某电脑公司有 189 万元的到期债权。法院根据被执行人的申请，依法向某电脑公司发出履行通知，电脑公司在指定期限内未提出异议，分两次给付欠款共计 133 万元，使本案顺利执结。

【问题思考】

对第三人到期债权的执行程序是什么？如果第三人提出异议应如何处理？

应知应会

对被执行人到期债权的执行涉及被执行人、第三人及其他相对人各方的权益，不可避免地会有影响交易安全等副作用，必须严格掌握其必备的条件，按照规范的程序进行操作。

一、对到期债权执行的条件

《执行规定》第 61 条规定："被执行人不能清偿债务，但对本案以外的第三人享有到期债权的，人民法院可以依申请执行人或被执行人的申请，向第三人发出履行到期债务的通知……"根据该条规定，对到期债权执行的前提条件是：

1. 被执行人不能清偿债务。"不能清偿债务"包括两种情况：①部分不能清偿，被执行人现有直接管领的财产如现金、存款等动产和其不动产都不足以清偿债务，对余下部分不能履行；②完全不能清偿，被执行人根本无财产可供履行。

2．必须是被执行人对第三人享有到期债权。被执行人对第三人享有的债权必须是合法有效的、财产性的债权，如金钱、有价证券等可执行债权。对于没有成立的合同之债和自然债权，人身性的、非财产性的债权以及专属于被执行人自身的债权，不能执行。如果被执行人对第三人没有债权或虽有权利但未到期，就不能对第三人进行执行。

二、对到期债权的调查途径

1．对被执行人为公民的到期债权的调查，可以通过以下途径：

（1）由被执行人主动向人民法院报告。对于被执行人与第三人之间的债权债务关系，被执行人最清楚，提出的证据也较全面准确，执行的可行性最大。

（2）申请人向人民法院提供。申请人可能掌握一些被执行人对第三人享有债权的线索，但这种线索往往不太具体，其真实性也难以保证，所以，需要执行人员通过对被执行人的讯问或对第三人的调查以进一步查证是否属实。

（3）通过其他人的举报得知。

2．对被执行人为法人或其他组织的到期债权的调查，可以通过以下途径：

（1）由被执行法人或其他组织的法定代表人或主要负责人主动向人民法院报告。

（2）人民法院从被执行法人或其他组织的财物资料中得知。建立会计制度的法人或其他组织的财物资料对债权有明确记载，执行人员可以从资产负债表的资产栏应收账款和其他应收款科目查找被执行人的到期债务人和债权数额。

（3）根据申请人提供的线索查证或经其他人的举报得知。

三、对到期债权的执行程序

对到期债权的执行是对债务人债权的执行，第三人与申请人之间并无法律上的利害关系，因此，对到期债权的执行程序与执行被执行人的其他财产有所不同。

1．申请执行人或者被执行人向人民法院提出申请。对被执行人到期债权的执行，应当由申请人提出申请，执行法院不能依职权决定执行。实践中，由于被执行人对第三人债权关系最清楚，而由被执行人提出申请的居多。

申请一般应采用书面形式，要说明被执行人与第三人之间债权债务关系的事实、债权种类与数额，口头提出的，执行人员应记入笔录，并由申请人签名或盖章。

2．发出履行通知。执行法院应向第三人发出履行通知。履行通知必须直接送达第三人。

履行通知应当包含以下内容：①第三人对履行债务没有异议的，应在收到履行通知后15日内直接向执行债权人履行其对执行债务人所负的债务，不得向执行债务人清偿；②第三人对履行债务有异议的，应当在收到履行通知后 15 日内向执行法院提出；③第三人违背上述义务的法律后果。第三人在收到法院的履行通知书或协助执行通知书后擅自向被执行人支付的，人民法院有权责令其追回，不能追回的，除在已履行的财产范围内与被执行人承担连带清偿责任外，还可以追究其妨害执行的责任。

3. 第三人异议及其处理。第三人对其与被执行人之间的债权债务在 15 日内书面提出实质性异议的，包括：全部或部分否认债权债务的存在；债权尚未到期；已经清偿债务；存在其他对抗债务人请求的事由。

对第三人提出的异议，执行法院应进行形式审查，经审查异议成立的，履行通知就自然失效，对第三人财产不得执行。对第三人到期债权的执行程序就意味着终结。

4. 作出执行裁定，强制执行第三人。第三人在履行通知指定的期限内没有提出异议，又不向申请执行人履行的，执行法院有权裁定对其强制执行。此裁定书同时送达第三人和被执行人。

执行法院作出执行裁定后，第三人不主动履行的，执行法院就可以对第三人的财产采取强制执行措施。对第三人强制执行的措施与直接对被执行人的执行措施相同，可对第三人的金钱和财物采取冻结、划拨和查封、扣押、拍卖、变卖等强制执行措施，如果第三人妨碍执行活动，人民法院还可依法对其采取强制措施。

对第三人执行后债权仍有未受清偿的部分的，不得再追加第三人的到期债权人。

5. 由执行法院出具有关证明。第三人已被人民法院强制执行的财产，执行法院应当出具履行证明，证实第三人和被执行人之间的债权债务关系消灭。

特别提醒

对于被执行人的未到期债权，可以向被执行人的债务人发出协助执行通知书和民事裁定书，要求其协助法院执行，停止支付该笔债务给被执行人，待债务到期后再向债务人发出限期履行通知书，要求按时履行。

任务三　技能训练：对执行竞合的执行

一、训练项目

2007 年 9 月，青岛×××有限公司（以下简称×公司）与青岛×银行签订《借款合同》，约定借款金额为人民币 300 万元，用途为购原材料，借款期限自 2007 年 9 月 29 日到 2009 年 9 月 28 日，按月结息。

同时，×公司以其所有的一处有集体土地使用证、建筑面积为 5941.41 ㎡ 的厂房抵押给×银行，作为该贷款的抵押担保，并办理了相应的抵押登记手续（他项权证号：青房地权城他字第×××号），担保范围包括主合同项下的债务本金、利息、逾期利息、复利、罚息、违约金、损害赔偿金以及诉讼费、律师代理费、抵押物处置费、过户费等债权人实现债权的一切费用。

贷款到期后，经×银行催收，×公司无力还款。

2009年，×公司因买卖合同纠纷案涉诉，被Y公司诉至A法院，主张偿还货款300余万元。同时，A法院对已办理抵押登记的厂房采取查封的保全方式，A法院判决生效后，案件由B法院负责执行。

在Y公司申请B法院执行阶段，×银行因×公司贷款到期无力偿还，遂以其享有抵押权（即担保权）为由，向B法院提出了直接参与执行分配的申请（主张优先受偿权）。

在参与分配的过程中（尚未实际分配），2011年9月，×银行对×公司因借款合同纠纷向A法院提起诉讼，请求判令×公司偿还贷款本金、利息及律师代理费等共计380余万元，要求其支付自2011年9月24日起至还清之日的利息，判令×银行就抵押物享有优先受偿权，并要求×公司承担本案的诉讼费用。

二、训练目的

因为"多头债务"的存在，在对被执行人财产执行的过程中，经常存在执行竞合。通过执行竞合实训，使学生掌握执行竞合的条件、解决办法和相关的法律程序，提高学生对执行竞合的分析、识别能力和对参与分配制度的动手操作能力。

三、训练内容要点

对于执行竞合，法院可通过物权优先、先行优先、参与分配来解决。故通过本次实训，学生应掌握：①执行竞合的识别与解决方法；②参与分配方案的制定与参与分配程序；③如何制作参与分配申请书、参与分配方案及其相关文书。

本实训旨在考核学生对执行竞合的全面把握，故对本次实训内容中所列项目要切实予以体现并重点考查。考查法律手续是否完备，法律文书是否规范、是否能够对执行竞合进行处置，财产参与分配的方案与程序能否与其他强制措施结合运用，以及对参与分配后债权债务的处置能力。

四、实训条件设计

1. 实训时间为3学时；实训场地：学生课室。

2. 参加实训的学生分成若干小组，各小组都必须制作一份参与分配方案及相关的法律文书材料，法律文书应严格遵循制作规范。

3. 实训必须在教师的指导下进行，学生以小组为单位进入实训现场，参加学生必须明确各自担当的角色。

4. 实训结束后，由指导老师根据学生在实训中的表现和其制作的法律文书材料的质量，逐个进行讲评并按百分制打分。

5. 器材准备：警用器械有手铐、仿真手枪等，用作本次执行竞合的财产有：现金、汽车登记证、房产登记证、抵押权证、存折、数张身份证等仿真品。

五、训练方法步骤

1. 实训的准备。

（1）根据指导教师设计的案情，模拟布置现场。

（2）安排参加实训的学生分组、分工，明确各自的职责任务和工作内容。

（3）做好案情交代和保密教育。

2. 实训的展开。向各小组通报案情，各小组分别赶赴实训现场参与分配，制作法律文书，处理突发事件。

3. 实训的总结评析。各小组实训结束后，将完成的相关文书、报告交给指导老师，指导教师批改后，就实训情况进行总结评析。

六、考核方法及其标准

1. 考核方式。由教师按学生在训练中的表现考核。

2. 完成时间：130 分钟。

3. 考核标准：训练考核四级分制，即优秀、良好、及格、不及格。

（1）优秀等级：准备充分，操作熟练，处置突发事件能力强，法律手续完备，搜查笔录及相关法律文书制作规范。

（2）良好等级：准备充分，操作熟练，处置突发事件能力较强，法律手续完备，搜查笔录及相关法律文书制作相对规范。

（3）及格等级：准备相对充分，操作比较熟练，处置突发事件能力较强，法律手续基本完备，搜查笔录及相关法律文书制作相对规范。

（4）不及格等级：无法完成任何一项训练内容。

七、相关法律文书格式规范与实例

_____人民法院

关于对被执行人_____执行案件的参与分配方案

（　）　执字第　号

一、案件的由来及执行情况

申请执行人____因与被执行人_____一案，于_____年_____月_____日向本院申请执行。

本院于_____年_____月_____日受理后，_____年_____月_____日申请执行人_____以_____为被执行人申请参与分配，_____。本院依法组成合议庭，由执行员_____担任审判长、执行员_____、执行员_____参加评议。本案现已进入制作参与分配方案阶段。

二、当事人和其他参与分配（参加）人的基本情况_____。

三、被执行人财产状况

1. _____。

2. _____。

3. _____。

四、其他需说明的问题

五、参与分配的顺序和方案

1. 参与分配顺序。首先，优先支付诉讼费用，包括被执行人未交纳的案件受理费、申请执行费、其他申请费、执行中实际支出的费用、其他诉讼费用等"五费"（附表三）；其次，清偿享有优先权的参加分配人的债权；最后，被执行人财产按下列顺序清偿：①被执行人所欠职工工资和劳动保险费用；②被执行人所欠税款；③被执行人一般债权。被执行人财产不足以清偿同一顺序的清偿要求的，按照比例分配。

2. 参与分配方案。

（1）参与分配方案（附表四）。

（2）制作方案的理由。

第一，确定被执行人可分配财产＝（被执行人财产总价值－诉讼费用）－优先权数额－所欠工资、劳动保险费用－税款（一般统一截止到决定适用参与分配程序时）。

第二，确定参与分配债权＝总债务－优先权债务－工资、劳动保险－税款。

第三，确定分配比例＝被执行人可分配财产÷参与分配债权

第四，确定债权人参与分配应得数额＝（债权数额＋迟延履行期间债务利息）×分配比例。

附一 参与（参加）分配债权表。

附二 被执行人财产状况表。

附三 被执行人应优先支付的诉讼费用表。

附四 参与分配表。

承办人_____

_____年_____月_____日

附一：参与（参加）分配债权表

截至　年 月 日

编号	被执行人姓名或名称	案号	案由	债权额			加倍债务利息	备注
				本金	利息	违约金		
合计								

制表人：
制表时间：　年 月 日

附二：被执行人财产状况表

财产分类	财产名称	数量	所在地址	价值（已评估）	可分配财产价值	备注
固定资产	房屋					
	土地使用权					
	车辆					
	设备					
	产品					
	原材料					
	家具					
	其他固定资产					

续表

财产分类	财产名称	数量	所在地址	价值（已评估）	可分配财产价值	备注
流动资金	现金					
	存款					
	有价证券					
	其他流动资金					
其他财产	经营权					
	知识产权					
	债权（包括应收款）					
	其他对外投资					
	其他					
合计						

制表人：　　　　　　　　　　　　　　　　　　制表时间：　年　月　日

附三：被执行人应优先支付的诉讼费用表

编号	案号	案由	债权人姓名或名称	被执行人应付执行费用						备注
				受理费	申请执行费	其他申请费	执行中实际支出费用	其他费用	小计	

制表人：　　　　　　　　　　　　　　　　　　制表时间：　年　月　日

附四：参与分配表

被执行人： 权利截止日期： 年 月 日 单位：元

编号	案号	案由	债权人姓名或名称	债权额	加倍债务利息	分配利润	分得债权额	分得加倍债务利息	应退诉讼费用	合计	备注

制表人： 制表时间： 年 月 日

单元思考题

1. 对知识产权的执行程序和执行措施是什么？

2. 对第三人到期债权执行的条件是什么？

3. 对第三人到期债权执行，第三人的执行异议应如何处理？

单元八

对物之交付请求权的执行

✎ 知识目标

1. 了解物之交付请求权的含义；
2. 理解交付动产及不动产的方法；
3. 掌握交付动产及不动产的程序。

能力目标

1. 能对强制交付动产及不动产的方法进行分析；
2. 能对强制交付动产及不动产的程序进行适用。

强制执行，根据给付内容的不同，可以分为对金钱债权和非金钱债权的执行。对非金钱债权的执行，包括实现物之交付请求权的执行和行为请求权的执行。其中，关于交付物的执行，又可分为动产的交付和不动产的交付。

对于交付动产的执行，我国《民事诉讼法》第249条规定："法律文书指定交付的财物或者票证，由执行员传唤双方当事人当面交付，或者由执行员转交，并由被交付人签收。有关单位持有该项财物或者票证的，应当根据人民法院的协助执行通知书转交，并由被交付人签收。有关公民持有该项财物或者票证的，人民法院通知其交出。拒不交出的，强制执行。"其中的财物指的就是普通动产，可以是特定物，也可以是特定化的种类物。而票证则指有价证券，如票据、股票、国库券、债券、提单等。因此对于交付动产的执行，主要是指对交付财物和权证的执行。

对于交付不动产的执行，我国《民事诉讼法》第250条第1款规定："强制迁出房屋或者强制退出土地，由院长签发公告，责令被执行人在指定期间履行。被执行人逾期不履行的，由执行员强制执行。"对于不动产，一般在我国现实生活中主要指房产和土地。对于交付不动产的执行，主要指对强制迁出房屋和退出土地的执行。由于不动产往往进行了登记，不动产的交付一般包括两个方面：转移该不动产的占有与进行相应的变更登记。

任务一 对强制交付财物或权证的执行

一、交付财物或权证执行的概念

案例 8-1

申请执行人：某有限责任公司。

被申请执行人：某有限责任公司前任董事长。

2011 年 3 月，某有限责任公司依法召开董事会，改选了董事长。原董事长彭某依法定程序被免职后，认为是某些人故意与他过不去，出于报复，拒不交出公司印章，导致公司无法进行正常的经营活动，某有限责任公司经多方努力仍未果，于是向法院起诉。法院裁决生效后，彭某仍不交出公司印章。

【问题思考】

1. 该案可否申请强制执行？执行标的是什么？

2. 该案如何执行？

应知应会

交付财物或权证的执行，是指执行法院为了实现申请执行人交付财物或权证的请求权，采取一定措施，实现相应的财产转移的执行措施。

我国《民事诉讼法》第 249 条的规定："法律文书指定交付的财物或者票证，由执行员传唤双方当事人当面交付，或者由执行员转交，并由被交付人签收。有关单位持有该项财物或者票证的，应当根据人民法院的协助执行通知书转交，并由被交付人签收。有关公民持有该项财物或票证的，人民法院通知其交出。拒不交出的，强制执行。"

特别提醒

根据有关司法解释的规定，生效法律文书确定的债务人应当履行的义务是交付财物或票证的，债务人必须交付原物，所以，对于动产的交付，应以交付原物为原则，通常不得以替代物或者同类物为交付。

但如果原物确已变质、损坏或灭失的，应当折价赔偿或按标的物的价值强制执行债务人的其他财产。所以，对交付动产的执行，例外情况下，可以金钱或其他财物替代交付。

二、交付财物或权证的方法

交付财物或权证有当面交付和人民法院转交两种方法。

1. 当面交付。当面交付，就是执行人员传唤双方当事人到庭或到指定场所，由被执行人将法律文书指定的财物或权证交付给申请执行人的一种方法。

2. 人民法院转交。人民法院转交就是被执行人不愿意当面交付的，可以将应交付的财物或权证交给人民法院的执行人员并由其转交给申请执行人的一种方法。注意：转交时，被交付人要签收。

三、交付财物或权证的程序

1. 执行人员应该先了解案件情况，在做好被执行人思想工作的基础上，传唤双方当事人到庭或到指定场所，由被执行人将法律文书指定交付的财物或权证直接交付申请执行人签收。被执行人不愿当面交付的，也可以将应交付的财物或权证交给执行人员，由执行人员转交。

2. 对被执行人拒不交出有关的财物或权证的，根据该财物或权证现为何人持有区别对待：

（1）对于财物或权证为被执行人持有的，法院可直接申请搜查令，至被执行人住所或办公室搜查，查获后制作搜查清单和笔录，让被执行人签字确认，再将查获的财物或权证转交申请人。

（2）对当事人以外的第三人持有该项财物或权证的，人民法院应向第三人发出协助通知书，要求该第三人将该项财物或权证转交给申请执行人或人民法院。当事人以外的第三人持有法律文书指定交付的财物或者权证，因其过失被毁损或灭失的，人民法院可责令持有人赔偿。拒不赔偿的，人民法院可按被申请执行财物或者权证的价值强制执行。

（3）有关单位持有该项财物或权证的，人民法院应向其发出协助执行通知书，由有关单位转交。有关单位持有法律文书指定交付的财物或者权证，因其过失被毁损或者灭失的，人民法院可责令持有人赔偿。拒不赔偿的，人民法院可按被申请执行财物的实际价值或者权证的实有价值裁定强制执行。

（4）对于将财物或者权证藏匿，经说服教育仍拒不交出，或者故意毁损该财物或者权证的，可按被执行的财物或者权证的价值强制执行。对于权证，拒不交出而经搜查没有收获，除可以对被执行人或有关第三人给予处罚外，还可以裁定宣布该财产凭证作废，申请执行人依该裁定重新办理有关财产凭证的费用，由被执行人或有关第三人承担。

（5）有关单位或公民持有法律文书指定交付的财物或票证，在接到人民法院协助执行通知书后，协同被执行人转移财物或票证的，人民法院有权责令其限期追回；逾期未追回的，应当裁定其承担赔偿责任。

3. 强制交付的财物或票证，依法需要办理产权证照转移手续或者进行变更登记的，执行机构应当通知有关部门办理产权证照的变更手续或者进行变更登记。接到通知的单位应当根据通知的规定依法办理。

任务二　对强制迁出房屋的执行

案例 8-2

在市中级人民法院的牵头指挥和东阳市法院、东阳市公安局等的协助配合下，永康法院对一拒不腾空的已拍卖房屋进行强制搬迁。被执行人为红太阳建设工程有限公司。因牵涉一起买卖合同纠纷案，申请人于 2008 年 10 月 13 日向永康法院申请执行，要求红太阳公司按照生效判决支付货款 42.7 万元并赔偿利息损失。在执行过程中，双方当事人自行达成执行和解协议，由红太阳公司法定代表人吴禄仙自愿对案件执行提供担保。

然而，红太阳公司及案件担保人吴禄仙到期后并没有按约履行，法院遂查封了吴禄仙位于东阳市吴宁街道佐店新村的一套房屋，并于 2009 年 8 月 5 日裁定拍卖该房产，责令吴禄仙于同年 8 月 20 日前腾空房屋。2010 年 6 月 22 日，该房屋被依法拍卖过户，法院随后多次书面通知吴禄仙腾空房屋，但吴禄仙表示决不搬迁，并多方阻挠法院执行工作，社会影响恶劣。

永康法院对此高度重视，决定采取强制搬迁行动，经汇报和沟通后，得到了市中级人民法院与东阳法院的全力支持。永康法院院长张永伟亲自部署，执行人员先后多次到现场勘察，走访当地党委、政府，制定了周密的强制搬迁实施方案。4 月 8 日上午，强制搬迁行动开始，三家法院会同当地公安机关、街道干部等共八十余人参与，调派了 6 辆卡车，对房内所有物品进行登记造册，拍照摄像固定。为确保搬迁行动的公正、公开，5 名人大代表和政协委员受邀现场全程监督，并有东阳市公证处到场公证。经过 4 个多小时的紧张工作，房屋顺利腾空交付买受人，所有物品搬迁至红太阳公司内。

据了解，红太阳公司在永康法院另有 9 个案件未履行，吴禄仙曾两次被永康法院司法拘留。从已查明的情况看，红太阳公司规避执行的行为已涉嫌拒不执行法院判决、裁定罪，永康法院于 3 月 18 日将该案移送公安机关侦查。公安机关已立案，并对吴禄仙及公司主要负责人吕栋梁实行网上追逃。

【问题思考】

1. 强制迁出房屋的执行流程是什么？

2. 在此强制过程中应注意哪些事项？

应知应会

一、强制迁出房屋的概念

强制被执行人迁出房屋是人民法院将被执行人房屋内的财物强制搬出，而将腾空的房屋交给申请执行人的执行措施。

生效法律文书确定房屋占有人迁出房屋，房屋占有人必须履行，如不履行将给对方当事人的合法权益或者社会公共利益造成损害，为此，《民事诉讼法》规定了强制迁出房屋、强制退出土地的执行措施。强制被执行人迁出房屋的执行措施，主要适用于拆迁、买卖、租赁房屋的案件的执行。

二、强制迁出房屋的程序和执行措施

由于这一措施对被执行人的生活影响较大，法律规定了严格的程序，人民法院采取这两种执行措施，需由法院院长签发公告，限定期限，责令被执行人在指定期间履行，逾期仍不履行的，由执行员强制执行。

（一）强制执行前的准备工作

1. 发出执行公告。公告前，执行人员应当对被执行人进行必要的法制教育，动员其自动迁出房屋。拒不履行义务的，再由人民法院院长签发强制迁出房屋的公告。公告要写明强制债务人迁出房屋或退出土地的原因，并再次指定债务人履行义务的期限，说明逾期不履行义务的法律后果。公告应有人民法院院长署名，并加盖人民法院印章。公告应张贴在债务人应当迁出的房屋附近。公告期间，债务人履行了法律文书确定的义务，执行程序即可结束，否则，人民法院应当实施进一步的执行措施。公告起到告知周边群众，获取群众理解与支持的作用。

2. 执行前应掌握被执行人及其占有房屋的必要信息。包括：①迁出前户籍、被执行人及其家属人员数量及身体健康状况，物品存放大致种类及数量；②居住人有无其他迁入地，居住人、周边居民及基层组织对迁离的态度，可能阻碍强制迁离的人员数量；③迁出地至拟迁入地所需时间及行车路线；④拟迁入地面积大小，现居住人与需迁入人之间的关系情况；⑤迁出地周边环境，包括周边道路交通状况、是否有适宜停放车辆的地点、距现场最近的医院的位置及前往路线、所需时间等；⑥迁出地相关基层组织的办公地点、联系人员及联系方式。

3. 制作执行预案。预案内容因案情可简可详，一般包括：执行时间、地点、简要案情介绍、难点、前期准备工作；参与现场执行的单位、人员及其职责分工；具体执行措施的实施步骤；对可能发生的突发事件的应对措施及相关增援方案；善后工作，明确善后的责任部门及人员分工。执行预案要综合考虑到各方面的因素以及各种可能发生的情况，必要时，应有多套方案。

（二）强制迁出房屋的实施

1. 通知有关人员到场。强制执行时，债务人是公民的，应通知本人或其成年家属到场，并邀请债务人所在单位以及有关房屋所在地的基层组织派人参加，以便协助执行；债务人是法人或其他组织的，应当通知其法定代表人或主要负责人到场。拒绝到场的，不影响执行。

2. 依法强制执行。强制被执行人迁出房屋的执行工作，由执行员、书记员和司法警察共同进行。强制执行过程中，执行员负责执行组织、指挥工作，而搬运、清理工作由人民法院委托有关单位或个人进行。

（1）控制现场。①要及时疏散无关人员，确保进出通道的畅通，一般可采取设置警戒线的方式做适当隔离，强制实施前，要将有对抗情绪及年老体弱的当事人或其他周边居住人员先劝离或强制带离现场。②一般要先向被执行人进行法制教育，再一次动员其自动迁出房屋，并向被执行人工作单位或者房屋所在地基层组织的代表介绍案情，告知相关注意事项。③有效控制水电煤气开关，注意危险物品位置和窗户、阳台、屋顶平台等危险区域。

（2）组织实施。①要保持精力集中、观察敏锐，及时发现可能导致突发事件的征兆、苗头，要合理判断行为人的行为目的及事态后果，结合现场执行力量强弱，把握进退时机，避免因盲目冒进而导致事态进一步恶化。要关注被执行人或其家属等在场人员的动向，对其过激的言行应及时加以阻止。若被执行人或家属阻拦执行，谩骂、侮辱执行人员时，要冷静克制、言行得当，避免慌乱冲动而导致事态恶化。遇到被执行人或其家属以暴力抗拒强制迁离时，应对其采取强制带离现场、拘留等措施，防止意外事件发生；遇到被执行人或其家属以自残等方式抗拒执行的，要及时制止，无法制止的，为避免不必要的伤害，应当撤离，暂缓执行。②对未经许可在执行现场进行摄影摄像的人员，要及时劝阻，必要时，可责令其交出相关影像资料。③限制涉案或必须在场人员随意走动或搬运物品；搬运迁出物品途中要有专人随车看管。

3. 制作物品清单，交付被搬出财物。强制迁出房屋被搬出的财物，可以由人民法院雇请人员和车辆运到指定处所，交由被执行人或其成年家属接收，搬迁财物的运费及拒绝接收财物后的损失，一律由被执行人承担。为避免被执行人的合法利益受到损害，或者因此可能产生的纠纷，在整个执行过程中，对强制搬出的财物应当逐件编号、登记，造具清单，并由在场人签名或者盖章。

4. 制作执行笔录。书记员要把执行的全过程如实记入执行笔录，笔录由在场的执行员、被执行人或者其成年家属以及其他在场人员签名或者盖章后存卷。

5. 交付房屋。强制执行完毕，执行人员应将迁出的房屋及时交付申请执行人，以防出现别的意外或出现新的纠纷，如原房占有人又重新搬回或有其他人抢占房屋等，从而结束执行程序。

此外，如果需要办理变更登记的，执行法院还应当通知相关登记机构，要求登记机构协助办理变更登记或者产权证照转移手续。

特别提醒

被执行人再占有不动产的处理

实践中还有被执行人在交付不动产后，又再次非法占有该不动产的情况发生。各国强制执行法一般规定，对这种重复侵权的行为，债权人可以申请继续执行。我国民事诉讼法对此没有专门的规定。但是，债权人可以根据《最高人民法院关于适用〈中华人民共和国民事诉讼法〉的解释》第521条获得保护，该条规定："在执行终结6个月内，被执行人或者其他人对已执行的标的有妨害行为的，人民法院可以依申请排除妨碍，并可以依民事诉讼法第111条规定进行处罚。因妨害行为给执行债权人或者其他人造成损失的，受害人可以另行起诉"。

任务三　技能训练：对强制迁出房屋的执行

一、训练项目

申请执行人王某与被执行人某技术开发公司房屋租赁合同纠纷一案，某仲裁委员会作出的仲裁裁决书已经生效。根据该裁决书内容的第二项，某技术开发公司应向申请执行人返还所租赁的裕华大厦的铺位。由于被执行人没有履行生效法律文书确定的内容，申请执行人于2015年5月30日向法院申请强制执行。法院受理后，告知被执行人应在指定期间搬离，并于2015年6月15日到涉案房产处张贴迁出公告，但被执行人一直拒不配合迁出涉案房屋。最后法院决定对被执行人某技术开发公司租赁的房屋实施强制迁出。

二、训练目的

通过实训，使得参训学生重点掌握对强制迁出房屋案件的执行。

三、训练内容要点

非法占有房屋和土地，必将严重影响群众生活、国家建设、社会安定和人民团结，因此，当事人不按法律文书迁出房屋和退出土地时，人民法院有权采取强制迁出、强制退出的措施。由于这一措施对被执行人的生活影响较大，法律规定了严格的程序，人民法院采取这两种执行措施，由法院院长签发公告，限定期限，责令被执行人在指定的期间履行，逾期仍不履行的，由执行员强制执行。故通过本次实训，学生应掌握：①执行预案的制作；②执行中的突发事件的处理；③执行公告、执行笔录等相关文书的制作。

四、实训条件设计

1. 实训时间为3学时；实训场地：学生课室。
2. 参加实训的学生分成若干小组，各小组都必须制作相关的法律文书材料，法律文书应严格遵循制作规范。各小组中扮演执行对象的同学要熟悉材料，完成有关被执行过程中的感受的报告。

3. 实训必须在教师的指导下进行，学生以小组为单位进入实训现场，参加执行的学生必须明确各自担当的角色。

4. 实训结束后，由指导老师根据学生在执行实训中的表现和其制作的搜查笔录及相关法律文书的质量，逐个进行讲评并按百分制打分。

5. 器材准备：警用器械有手铐、仿真手枪、刀具等，以及用作本次执行的目标——房屋。

五、训练方法步骤

1. 实训的准备。

（1）根据指导教师设计的案情，模拟布置现场。

（2）安排参加实训的学生分组、分工，明确各自的职责任务和工作内容。

（3）联系扮演被执行对象的学生，做好案情交代和保密教育。

2. 实训的展开。向各小组通报案情，各小组分别赶赴实训现场进行执行，制作法律文书，处理突发事件。

3. 实训的总结评析。各小组执行结束后，把完成的相关文书、报告交给指导老师，指导教师批改后，就实训情况进行总结评析。

六、考核方法及其标准

1. 考核方式。由教师按学生在训练中的表现考核。

2. 完成时间：130 分钟。

3. 考核标准：训练考核四级分制，即优秀、良好、及格、不及格。

（1）优秀等级：准备充分，搜查方法操作熟练，处置突发事件能力强，法律手续完备，搜查笔录及相关法律文书制作规范。

（2）良好等级：准备充分，搜查方法操作熟练，处置突发事件能力较强，法律手续完备，搜查笔录及相关法律文书制作相对规范。

（3）及格等级：准备相对充分，搜查方法操作比较熟练，处置突发事件能力较强，法律手续基本完备，搜查笔录及相关法律文书制作相对规范。

（4）不及格等级：无法完成任何一项训练内容。

七、相关法律文书格式规范与实例

1. 强制迁出房屋公告范本。

_____人民法院公告

（ ）_____字第_____号

关于_____一案，_____已经发生法律效力。当事人_____应当_____，但仍拒不履行。依照《中华人民共和国民事诉讼法》第250条第1款的规定，本院责令被执行人＿＿＿＿＿＿在＿＿＿＿＿＿年＿＿＿＿＿＿月＿＿＿＿＿＿日前腾出房屋。到期仍不履行的，依法强制执行。

特此公告。

院　　长：＿＿＿＿＿＿
年　月　日
签 发 人：＿＿＿＿＿＿
经 办 人：＿＿＿＿＿＿

2. 执行笔录。

强制拆除执行笔录

时间：　年 月 日　　时　　分至　　时　　分
地点：
被执行单位（人）：
法定代表人：　　　　　　　　职务：
代理人：　　　　　　　　　　职务：
执行人：

见证人（签名或盖章）：

记录人：

3. 执行预案的制作范本。

关于某技术开发公司诉王某房屋拆迁合同纠纷一案实施执行的方案

执行时间：年 月 日
执行地点：××市××区××镇××村×组×号。
现场指挥：××，××市××区人民法院副院长，电话：×××。
现场副指挥：××，××市××区人民法院执行局局长，电话：×××。

一、执行内容
将王某住房内的物品搬出并运至过渡房，把腾空的房屋交付某技术开发公司。

二、被执行人王某家庭人员状况
户主：王某，男，1960年10月27日出生，住××市××区××镇××村×组×号。

成员：郑某（王某之妻），1962年12月26日出生，住址同上。

王×（王某之子），1987年12月9日出生，住址同上。

三、各工作组人员组成及职责：

组名	组长	组员	职责
教育疏导组	1. 本院：×××，133×××6799； 2. 基层组织确定人员。	本院：×××，138×××4963； 基层组织2人。	1. 向被执行人说明实施执行的理由和法律依据。 2. 劝导被执行人配合法院执行。
实施组	1. 本院：×××，139×××7615；陈建福，139×××0056； 2. 公安确定人员； 3. 执法局确定人员； 4. 基层组织确定人员。	本院法警6人； 本院执行员8人； 公安8人； 执法局10人； 基层组织6人。	1. 清理现场，责令无关人员离开现场，检查有无危险物品。 2. 看护被执行人及其家属。 3. 防止被执行人及其家属擅自行动，实施过激行为。 4. 如有妨碍执行的行为，采取相应的强制措施。 5. 指挥搬迁人员将被执行人的物品腾退。 6. 在确保安全的情况下，指挥公证、评估进场，进行现场丈量。
	记录小组	本院×××，136×××0950； ×××，133×××1359。	1. 对王某及其家属做好笔录。 2. 检查搬运物品，粘贴胶带，列写清单。 3. 协助清理现场，责令无关人员离开现场，检查有无危险物品。
	搬运小组	开锁工1人； 水电工2人； 拆除空调及其他家用电器人员2人； 4辆搬运车辆相应的搬运人员。	1. 准备纸箱、胶带、工具、4辆搬运车。 2. 对现场物品进行打包、封箱。 3. 负责施工安全，组织人员开锁、拆除空调等。 4. 在执行人员的指挥下，将物品装运上车。 5. 运送物品到指定场所。

实施组	押运小组		1. 本院：×××，139××××5972；郑伟，135××××1532； 2. 公安2人； 3. 基层组织2人。	1. 保障腾退物品安全运送，运送途中发生情况应立即向现场指挥报告。 2. 将腾退物品交被执行人接收。
机动组		1. 本院：×××，136××××1920； 2. 公安确定人员； 3. 执法局确定人员； 4. 卫生局确定人员。	本院法警2人； 公安10人； 基层组织2人； 执法局5人； 医务人员4人。	1. 协助清理执行现场，进入现场后立即控制、切断煤气、水、电等危险物品，防止意外事件发生。 2. 密切注意被执行人及其家属的相关危险行为。 3. 处理突发事件。 4. 协助实施组看护被执行人及其家属。 5. 准备120救护车1辆，负责对伤病人员救护。 6. 维护现场秩序，保障施工、公证评估工作顺利进行。
公证、评估组		1. 公证处确定人员； 2. 评估事务所确定人员。	公证员2人； 评估人员6人。	1. 清点腾退物品，对腾退物品的数量和行为进行公证。 2. 对其他执行情况进行证明。 3. 对王某的房屋及附属物进行评估。
外围组		1. 本院：×××，136××××0801； 2. 公安确定人员； 3. 执法局确定人员。	本院法警2人； 公安15人； 执法局5人。	1. 在执行现场四周设立警戒线。 2. 协助执行人员对现场四周进行清场。 3. 维护执行现场秩序，禁止无关人员进入现场。 4. 处理执行中的突发事件。

后勤、宣传组	1. 本院：×××，139×××9541； 2. 基层组织确定的人员。	本院：×××，138×××3021； ×××，135×××0165； 基层组织4人。	1. 安排执行参与人员的用餐、用水。 2. 对执行现场进行全过程录像。 3. 负责宣传报道。

四、方法步骤

1. ×年×月×日下午×时×分本院参与执行人员召开预备会议。

2. ×年×月×日上午8：00，本院参加执行人员在院里统一集中出发，到××与其他部门会合。

3. 到达现场后，由外围组在四周设立警戒线，禁止其他人员进入现场，教育疏导组进场劝导。

4. 由实施组清理现场，看护被执行人及其家属，检查现场是否存在危险物品。在实施组的指挥下腾退物品，公证人员做好公证记录工作。

5. 搬运物品前，由实施组对所搬物品进行检查、粘贴胶带。

6. 搬家公司搬运物品，记录组人员记好笔录，列写清单。

7. 全部腾空后，在实施组的指挥下，评估人员进场丈量，公证处进行公证，记录小组对被执行人做好笔录，告知其到指定地点领取腾退物品，因拒绝接受物品造成的损失，后果自负。

8. 将房屋交付给某技术开发公司。

9. 在现场指挥的指挥下，离开执行现场。

五、注意事项

1. 参与执行人员统一着装，其他工作人员配发现场出入证，凭证出入。

2. 参与执行人员在执行过程中做到文明执行，有理有节，服从指挥。

3. 坚守岗位，互相配合，注意形象，密切注意突发和意外事件的发生。

六、附件

1. 参加部门及人数。

（1）本院执行局12人；

（2）本院法警12人；

（3）公安35人；

（4）医疗卫生人员4人；

（5）基层组织16人；

（6）执法局20人（其中女同志4人）；

（7）公证员2人、评估人员6人；

（8）搬家公司 4 辆搬运车的相应人员。

2. 实施组成员看护被执行人及其家属的分工安排。

（1）×××：×××、×××、×××、基层 1 人、执法局 2 人。

（2）×××：×××、×××、×××、基层 1 人、执法局 2 人（女同志 2 人）。

（3）×××：×××、×××、×××、基层 1 人、执法局 2 人。

单元思考题

1. 交付财物或权证的方法有哪些？

2. 强制迁出房屋的程序是什么？

3. 强制迁出房屋组织实施过程中应注意哪些事项？

─── 单元九 ───

对行为请求权的执行

✏️ 知识目标

1. 了解对妨碍执行行为请求权的含义；
2. 理解执行探视权、赔礼道歉的措施；
3. 掌握执行探视权、赔礼道歉的程序。

■ 能力目标

1. 能对强制执行探视权、赔礼道歉的程序进行分析；
2. 能对强制执行探视权、赔礼道歉措施在实践中予以适用。

对行为请求权的强制执行，是指申请执行人享有请求被执行人为一定行为或不为一定行为的权利，执行机构采取强制执行措施使上述权利得以实现。由于行为请求权的内容是单纯的行为，包括作为和不作为，故行为请求权的强制执行分为作为请求权强制执行和不作为请求权强制执行两种。例如，申请执行恢复原状、修缮房屋、赔礼道歉等，就是作为请求权的强制执行；申请执行停止侵害等就属于不作为请求权的强制执行。

在强制执行程序中，行为请求权的执行与金钱债权、特定物的交付存在较大的不同，所采用的强制措施也各不相同。后者比较常见的有拘留、罚款、扣划、查封等，行为请求权的执行措施法律没有明确规定，导致对部分案件的执行，各级法院使用强制执行措施时的差异较大。对行为请求权的执行主要有间接执行、替代执行、赔偿执行等措施。

任务一　对探视权的执行

《婚姻法》第 38 条第 1、2 款规定："离婚后，不直接抚养子女的父或母，有探望子女的权利，另一方有协助的义务。行使探望权利的方式、时间由当事人协议；协议不成时，由人民法院判决。"同时该法第48条明确规定："对拒不执行有关扶养费、抚养费、赡养费、财产分割、遗产继承、探望子女等判决或裁定的，由人民法院依法强制执行。有关个人应负协助执行的责任。"以上法条明确规定了与子女共同生活的父或母有义务协助权利人行使探视权，若探视权得不到履行，法院可以依法强制执行。

案例 9-1

申请执行人李某，女，35岁，胜利油田某单位职工。

被执行人张某，男，37岁，胜利油田某单位职工。

李某与张某原系夫妻关系，二人于2003年7月19日登记结婚。2007年7月10日生育一女。2008年8月21日，经法院调解离婚，婚生女跟随张某生活，李某每月支付抚养费1000元。离婚后，双方在探视孩子的问题上经多次协商未果。李某遂以张某不协助其行使探视权为由诉至法院，要求行使对女儿的探视权。

经审理，东营区人民法院认为：原、被告虽已离婚，但父母与子女之间的血缘关系以及由此带来的权利义务关系不因婚姻关系的解除而解除。作为不直接抚养孩子的一方，原告行使探视权符合法律规定，其主张应予支持。依照《中华人民共和国婚姻法》第36条第1、2款，第38条第1、2款之规定，判决原告李某于每月的第一、三个星期六上午8时至11时行使对女儿张琪的探视权，原告李某可将孩子接走，但要在第二天下午17时前送回，被告张某负协助义务。判决生效后，张某未履行判决书所确定的义务，李某遂依法向法院申请强制执行。

本案在执行过程中，在依法送达执行通知书后，经过执行人员大量细致的说服工作，申请执行人和被执行人双方最终达成执行和解协议：按照判决书确定的每月的第一、三个星期六上午8时由被执行人张某将张琪带至胜利油田某公园南大门，申请执行人李某探视张琪，张琪随李某一起生活；至第二天（星期天）的17时，申请执行人李某将张琪带至胜利油田某公园南大门，由张某接回。如有特殊情况，应在探视日7时30分之前通知对方，探视时间由双方再行约定。

【问题思考】

1. 对探视权执行应遵循的原则是什么？

2. 如何行使探视权？

应知应会

一、探视权的概念与特征

所谓探视权，也称探望权，是指夫妻离婚后，没有与未成年子女共同生活的父或母一方，基于亲权和血缘关系，享有在一定的时间、地点对未与其共同生活的未成年子女进行看望并与之保持直接联系和交往的权利。它是基于父母子女关系而享有的身份权的合法体现。

探视权执行案件是指以申请人要求原配偶容忍并协助其探视子女为内容的案件。主要具有如下特征：

1. 执行标的特殊。探视权纠纷案件的执行不同于其他民事案件的执行。其他民事案件的执行有明确的执行标的，要么是支付金钱、特定物，要么是完成一定的行为。而探视权的执行内容却是探视权利及其行使方式，具有抽象性。根据《婚姻法》第38条的规定，义务的协助行为就成了探视权纠纷案件的执行标的。《最高人民法院关于适用〈中华人民共和国婚姻法〉若干问题的解释（一）》第32条规定："婚姻法第48条关于对拒不执行有关探望子女等判决和裁定的，由人民法院强制执行的规定，是指对拒不履行协助另一方行使探望权的有关个人和单位采取拘留、罚款等强制措施，不能对子女的人身、探望行为进行强制执行。"因此，我国探视权案件的执行标的只能是被执行人的行为，而不应当是未成年人的人身，不能直接采取强制措施将未成年子女交付给探视权人。

2. 执行时间持久。其他民事案件的执行，除定期支付抚养费的离婚案件外，往往是一次执行完毕，当事人之间的权利义务即归于消灭，具有明确的履行期限。而探视权纠纷案件的执行期间具有长效性，一般而言，探视权案件的执行要持续到未成年人长大成人为止，这就决定了探视权纠纷案件的执行具有长期性和反复性的特点。

3. 执行目的在于排除妨碍。探视权纠纷案件执行发生的原因在于出现了与子女共同生活的一方阻碍未与子女共同生活的一方探视子女的情形。强制执行的目的在于使与子女共同生活的一方今后不再阻碍未与子女共同生活的一方探视子女，或要求其容忍原来的配偶探视子女。

二、探视权案件执行应遵循的原则

1. 要以说服、疏导等思想教育工作为主要手段，适当运用强制措施。探视权案件的执行，其目的是使权利人实现其依法享有的探视权。在此类案件中，据以执行的法律文书一般会对探视的方式、时间等作出合理安排，不存在无力执行的问题。其之所以需要执行，往往是因为与子女共同生活的一方当事人存在思想障碍，不愿意履行协助义务，甚至阻碍权利人行使探视权。其中既有情感的、非理性的因素，又有当事人不懂法或法制观念不强的原因。同时，此类案件还会涉及第三方（如未成年子女）的合法权益，执行人员采用的执行方法、手段妥善与否，对未成年子女的健康成长有着重大的影响。如简单地运用强制手段，则往往不利于事情的顺利解决，可能使被执行人产生更大的抵触情绪，也可能对未成年人造成心理压力，不利于其健康成长。

针对以上情况，执行人员在具体执行过程中，一方面要做好法制宣传工作，使被执行人认识到协助权利人实现探视权是其一项法定义务；另一方面，要从排除思想障碍入手，耐心细致地做好说服工作。此外，对权利人也应进行思想教育工作。要求其不要有刺激对方的言行；在探视子女时，不要对子女灌输有关对方对离婚负有责任或不利于对方抚育子女的观念等。但对经教育仍拒不履行义务的被执行人，为保护申请人的合法权益，执行时仍须辅之以相应的法律手段，如对被执行人采取罚款、拘留等强制措施，迫使其履行法定义务。

2. 有利于未成年子女身心健康的原则。法官在执行探视权案件时，应当考虑到未成年子女的身心健康。因此，在执行过程中，执行法官不仅要了解、调查探视权人的有关情况，如人品、健康、居住环境、习性等，以此作为判断其能否及如何行使探视权的依据；法院在执行探视权案件时，还应该考虑子女的意志，听取其意见。法院应根据子女的行为能力和鉴别能力，正确判断子女拒绝探视的理由和拒绝的原因，分析子女能否单独作出拒绝父母探视的意思表示。一般情况下，子女在 10 周岁以上的，以子女的意见为主要依据，但子女在 10 周岁以下时，必须分析鉴别拒绝探视是否是其内心真实意思的表示。

三、探视权案件的执行措施

探视权的执行，法院可以采取下列措施：

1. 调查了解探视人和被探视人及其监护人或者共同居住人的情况。
2. 书面通知被探视人的监护人及被探视人本人关于申请人的探视请求。
3. 征求被探视人的监护人和探视人本人关于探视时间、地点及探视方式的意见。
4. 营造最佳的探视氛围，防止矛盾激化。
5. 如果双方当事人就探视权的执行产生严重的分歧，法院可主持调解，采取由法院确定时间、地点及探视方式的变通方法来执行。

四、探视权案件的执行中止与恢复

案例 9-2

周某某与孟某于 1999 年 9 月经法院判决离婚，婚生女由孟抚养。后双方因探视权纠纷再次诉至法院，海淀区法院判决周某某每月最后一个周日探望女儿一次，时间为 2 小时，地点在被探望人居住地附近。因双方当事人在探望问题上不能达成一致意见，周某某每月探视权的实现基本都是通过法院执行实现的。2001 年以来，周某某先后 17 次向法院申请执行。每次 2 个小时的探望时间，法院执行法官在场时，孩子一个人自己玩耍，其父追逐着与孩子说几句话；一旦执行员离开，孩子随即上楼。今年以来，被探望人周某某（现年 10 周岁）一再表示不愿意接受其父的探望，并提出中止探视权的申请。监护人孟某亦认为，周某某每次探望之后，对其女的学习、生活都造成了影响，同时提出中止执行的申请。

【问题思考】

1. 中止探视权执行的理由是什么？

2. 对于孟某提出的申请，法院该如何处理？

应知应会

（一）探视权的中止

1. 探视权中止的条件。婚姻法将中止探视权行使的法定事由概括地规定为不利于子女身心健康，即探视给子女的身心造成损害。根据司法实践，其情形主要有：①探视权人是无行为能力人或者限制行为能力人；②探视权人患有严重疾病，可能危及子女健康的；③探视权人在行使探视权时对子女有侵权行为或者犯罪行为，损害子女利益的；④探视权人与子女感情严重恶化，子女坚决拒绝探望的；⑤其他不利于子女身心健康的情形。

2. 请求中止探视权的权利人。一般而言，下列人员有权请求法院依法中止其探视的权利：①未成年子女；②直接抚养子女的父或母；③其他对未成年子女承担抚养、教育义务的法定监护人。人民法院经审查认为事实存在，可中止探视权人的探视权。

（二）探望权的恢复

探视权中止后，只有当不利于未成年人健康成长的情形消失，探视权才能恢复。但探视权中止的事由消失后，探视权不会自动恢复，而是要由当事人向法院申请，经法院审查认为中止事由消失的，由法院通知双方恢复探视权，探视权才能恢复。

需要指出的是：探视权的中止不是对探视权进行实体处分，而是暂时停止其行使探视的权利，所以称为"中止"而不是"终止"。

特别提醒

探视权人自动放弃探视权，由此而对子女身心健康产生的影响，与子女共同生活的一方或子女都有提起损害赔偿的权利；探视权人滥用探视权造成子女身心健康的损害，与子女共同生活一方或子女都有提起损害赔偿的权利。

五、探视权的终结

我国法律并未对探视权案件执行的终结情形作出规定，从执行实践来看，导致探视权终结的原因应该包括：①权利人撤销执行申请的；②申请人或其探视的对象死亡的；③被探视人成年后表示不愿意接受探视的；④监护权变更，子女依法随申请人共同生活的。

任务二　对赔礼道歉的执行

案例9-3

申请执行人：刘某某。被执行人：王某某、夏某某。申请执行人刘某某与被执行人王某某、夏某某之间因买卖房屋产生纠纷，刘某某诉至海陵区人民法院。经审理，海陵区人民法院于2011年10月依法作出了（2011）泰海民初字第1426号民事判决书，判令王某某、夏某某在判决生效后30日内向刘某某等人支付购房款人民币300 000元。上述判决生效后，王某某、夏某某不服判决，先后多次到刘某某所在的工作单位，手持标语牌，引起部分人员围观，其标语内容不实（大致内容为"中行刘某某将假合同给买方，骗取血汗钱，到期不交房，诬告买方。目前刘某某人已躲藏。协议黑字变空文，稀奇官司悄判下。血汗本钱全骗尽，倾家荡产无家归"）。刘某某遂提出名誉权诉讼。

海陵区人民法院受理上述名誉权纠纷案件后，经审理，于2012年3月7日作出（2012）泰海民初字第141号民事判决书，判令王某某、夏某某于判决生效之日起20日内在泰州晚报上刊登道歉文章（其内容应经法院审核，刊登费用由被告王某某、夏某某负担），向刘某某赔礼道歉以消除影响；王某某、夏某某于判决生效之日起20日内赔偿原告刘某某精神损失费人民币600元，并负担案件诉讼费人民币200元。判决生效后，王某某、夏某某未履行生效法律文书确定的义务。刘某某于2012年10月12日向海陵区人民法院申请强制执行。

执行过程中，泰州市海陵区人民法院认为，赔礼道歉责任需要被执行人的主观悔过和客观道歉才能达到较好的法律效果与社会效果的统一。因此，法院首先于2012年10月19日向被执行人王某某、夏某某送达了《执行督促通知书》，告知其案件基本信息、履行生效法律文书的法定义务、限定履行期间以及逾期不履行的法律后果。被执行人王某某在上述《执行督促通知书》送达后，于2012年10月22日来院向执行法官倾诉其对申请执行人在买卖合同履行过程中的种种不满，及其暂未履行赔礼道歉义务的原因。通过执行谈话，执行法官了解到被执行人未履行赔礼道歉义务，主要是因为其主观上对于其在原房屋买卖合同中的遭遇不满以及对强制执行道歉的行为不理解。执行法官当即向被执行人释明法律的相关规定以及不履行生效法律文书的后果，努力促使被执行人转变主观认识中对案件审理、强制执行的不解和偏差。经过明理释法，被执行人当日主动草拟了《道歉声明》，内容为："本人王某某与妻子夏某某，因购买房屋与刘某某产生纠纷，于2011年12月多次到刘某某单位手持内容不实的标语牌，给刘某某的正常工作、生活造成了负面影响。现本人王某某与妻子夏某某充分认识到自己的不当行为侵犯了刘某某的名誉权，特此刊登道歉申明，就上述不当行为向刘某某道歉，以消除相应的负面影响。"海陵区人民法院对《道歉声明》审查后，当日约见申请执行人刘某某，申请执行人对被执行人《道歉声明》的内容无异议。后被执行人王某某、夏某某于2012年10月25日在《泰州晚报》B04版刊登上述《道歉声明》（费用由被执行人负担），并于当天给付申请执行人刘某某精神损失费、诉讼费共计人民币800元。至此，执行案件得以圆满解决。

【问题思考】

1. 该案的执行标的是什么？

2. 对赔礼道歉这种行为的执行措施是什么？

应知应会

一、赔礼道歉的概念

所谓赔礼道歉，从一般社会生活经验的角度理解，是指在社会交往过程中，一方因己方言行对他人利益造成损害后，认识到自己行为的不当，向对方表示歉意并请求对方原谅的一种情感表达行为。

在法律语境下，赔礼道歉作为一种被法官判令的具有强制性的责任承担方式得以运用。赔礼道歉是指加害人通过口头或书面方式向受害人进行道歉，以取得其谅解的一种民事责任方式。我国《民法通则》第120条、《侵权责任法》第15条、《最高人民法院关于确定民事侵权精神损害赔偿责任若干问题的解释》第8条明确将赔礼道歉作为民事侵权责任承担的方式之一，各地法院也有在民事侵权案件中判决侵权人承担赔礼道歉责任的案例，主要方式为：口头或书面道歉、公开道歉或刊载道歉声明等。

赔礼道歉被广泛应用于涉及人格权和知识产权等权利的案件中。与其他法律责任相比，赔礼道歉具有一定的人身性、道德性，是行为人通过对自己不当行为的反省，对受害人人格尊严进行抚慰或者对受害人商誉进行恢复。在侵权人拒不履行赔礼道歉义务的场合，权利人除了自愿放弃要求侵权人承担赔礼道歉义务外，更多的是选择申请强制执行。法律规定可以对赔礼道歉强制执行，既是对受害人的法律救济，也是对加害人行为的一种社会谴责，体现了法律的权威性。

⊕ 特别提醒

执行依据确认的赔礼道歉义务一般包括书面赔礼道歉或者当面赔礼道歉。

登报赔礼道歉属可替代执行的行为义务，当面赔礼道歉属不可替代执行的行为义务。

二、赔礼道歉义务的执行措施

《最高人民法院关于审理名誉权案件若干问题的解答》第11条规定："侵权人拒不

履行生效判决，不为对方恢复名誉、消除影响的，人民法院可采取公告、登报等方式，将判决的主要内容和有关情况公布于众，费用由被执行人承担，并可依照《民事诉讼法》第 102 条第 6 项的规定处理。"而《民事诉讼法》第 111 条第 1 款规定："诉讼参与人或者其他人有下列行为之一的，人民法院可以根据情节轻重予以罚款、拘留；构成犯罪的，依法追究刑事责任：……⑥拒不履行人民法院已经发生法律效力的判决、裁定的。"

在司法实践中，法院在强制执行过程中，执行赔礼道歉义务，可采取下列措施：

1. 书面通知被执行人履行赔礼道歉义务。

2. 被执行人拒不履行的，法院应尽量说服教育被执行人自动履行。

3. 生效法律文书确定在媒体上公开致歉的，如果被执行人下落不明或者拒不登报赔礼道歉的，在经申请人同意并由其预付登报费用的前提下，执行法院可将生效法律文书全文刊登在指定媒体上，以替代该项请求权的执行，因此产生的费用由被执行人负担。

4. 经多次教育无效的，法院可依法对被执行人予以罚款、拘留直至追究其刑事责任。

三、赔礼道歉内容的确认

道歉声明的内容应以消除影响、恢复名誉的必要为限。

当面赔礼道歉，以当面所述内容含有致歉之意为准。

执行依据中表述致歉内容的，按依据刊登；没有表述内容的，以当事人双方认可的内容刊登。

双方达不成一致意见的，在侵权人主动履行赔礼道歉义务的场合，应由侵权人主动草拟道歉内容，法院依职权对道歉内容是否符合判决认定的事实及道歉具体要求予以审核。因赔礼道歉责任对于履行方有一定的人身属性，法院可将道歉内容交由权利人查阅，并听取其合理建议。一般情况下，因刊载道歉声明的费用相对较高，从法律责任的适当性与法律经济性角度出发，法院应适当控制内容范围，以道歉内容足以让社会了解案件基本事实，履行法律文书确定的内容，足以消除影响、恢复名誉为限。

四、赔礼道歉义务的终结

实践中，致使赔礼道歉执行程序终结的情形有：①权利人撤销执行申请的；②义务人自动履行义务的；③双方当事人和解且已履行完毕的；④赔礼道歉权利人死亡的；⑤替代履行义务完毕；⑥应当终结执行的其他情形。

⊕ 特别提醒

对于赔礼道歉民事责任的执行，法院应首选敦促当事人主动履行赔礼道歉的义务，而不应首选强制刊载道歉声明。所谓赔礼道歉，是指在社会交往过程中，一方因己方言行对他人利益造成损害后，认识到自己行为的不当，向对方表示歉意且请求对方原谅的一种情感表达行为。这种情感来源于人道德上的内疚感。因此，从本质上来说，赔礼道歉是主体基于其内心确信而对外做出的悔过行为。任何外来的强制或者胁迫导致的道歉行为，均违背了主体的意思自由。执行过程中，法院可通过执行谈话等方式了解、明确侵权人拒不主动赔礼道歉的根源，做好法律层面的释明工作，通过释法明理，促使侵权人主动依照生效法律文书的要求履行道歉义务。

任务三 技能训练：对探视权的执行

一、训练项目

2015 年 7 月 20 日，北京石景山游乐园里，刚满 5 岁的李思（化名）来见他的妈妈，陪着李思一同来的还有孩子的父亲、爷爷、奶奶。他们到这里不是来游玩的，而是被迫的。在李思身边，陪伴着石景山法院执行庭的两位身着便衣的法官。

这是一起"强制执行"案，执行的标的是孩子，执行的内容是探视权。

5 岁的李思见到妈妈时，显得很生疏。执行法官招呼李思到妈妈跟前，李思则"抗拒执行"，大喊："不去、不去！"于是，法官像幼儿园的阿姨哄孩子一样，让李思选择他喜欢玩儿的游乐项目，天真无邪的李思立即高兴地表示：玩碰碰船！

法官问李思让爸爸陪着坐、还是妈妈陪着坐，李思毫不犹豫地说："爸爸！"

妈妈走到孩子跟前，拉着孩子的手说："宝贝儿，妈妈给你买了你最喜欢的《奥特曼》，你看看啊！"妈妈的手，被孩子用力地甩开了。从下午 3 时到 6 时的 3 个小时，李思没有和妈妈说一句话，妈妈每一次想和他亲近，都被他拒绝了，然后抽身跑到爷爷奶奶身边。

李思的妈妈刘苗芹眼看着自己的儿子却不能与他亲近，不停地流泪："离婚前，孩子是我一手带大的，现在让他们调教成这个样子，太让我伤心了！不过，终究是看到儿子了，没有法官的帮助，我连儿子的面都见不着。"

据两位法官说明，早就定好了 7 月 20 日在石景山游乐园让李思的妈妈来探视孩子，可是，到了这一天，李思哭闹着不愿意来。魏长鹏和另一位法官到了李思的爷爷奶奶家，劝两位老人做孩子的思想工作，李思终于肯出门了。

石景山法院执行庭的魏长鹏法官说："探视权的强制执行，太难了！比如说这个案子，刘苗芹是无抚养权的一方，她平时见不到孩子，去探视又屡遭拒绝，无奈申请法院强制执行，她的探视权是《婚姻法》明确规定的。而现实问题是，孩子刚满 5 岁，我们讲什么他根本不可能听进去。孩子实在哭闹得厉害，不愿意来见妈妈，我们不可能把孩子绑来，孩子的人身权利更要保护。"

刘苗芹和前夫李斌婚后的夫妻关系，因婆媳不和受到严重影响，2015年3月离婚。

石景山法院作出的《民事调解书》中，详细规定了刘苗芹对孩子的探视权：每周五孩子在幼儿园被刘苗芹接走，周日晚送回李斌住处；按中国传统习俗，大年三十和初一在李斌处，大年初二在刘苗芹处，其他节日的接送，由双方协商解决。在该调解书上，都有刘苗芹和李斌的亲笔签名。

对于《民事调解书》中规定的探视权，刘苗芹说："调解书中规定的探视权，我只在4月份的时候真正实现过两次。4月下旬，我去接孩子，老师告诉我李思下午3时就让爷爷奶奶接走了。再等一周，干脆孩子周五就不送幼儿园了。到了5月份，我再去接孩子，老师告诉我孩子已经转走，具体到了哪个幼儿园，老师也不知道。这时我才明白他们家人是不想让儿子和我见面，我不得已才向法院申请强制执行。"

当天下午，探视即将结束时，在法官的调解下，刘苗芹和李斌达成一致意见，每周日下午2时在希望公园探望李思。刘苗芹表示："但愿在没有法官的时候，他能够守信，真正让我在规定的时间看到儿子。"

二、训练目的

探视权是一种亲权。对探视权强制执行的目的在于排除妨碍，使与子女共同生活的一方今后不再阻碍未与子女共同生活的一方探视子女，或要求其容忍原来的配偶探视子女。通过实训，学生得以深刻理解对这种涉及亲情的探视权的执行原则，掌握其常规的执行措施、以思想教育工作为主要手段的执行方法和相关的法律程序，提高学生对执行行为请求权的实际操作能力，以及对执行过程中突发事件的处置能力。

三、训练内容要点

对于探视子女遭到拒绝的，法院可以采取下列措施：①调查了解探视人和被探视人及其监护人或者共同居住人的情况；②书面通知被探视人的监护人及被探视人本人关于申请人的探视请求；③征求被探视人的监护人和探视人本人关于探视时间、地点及探视方式的意见；④营造最佳的探视氛围，防止出现矛盾激化。⑤如果双方当事人就探视权的执行产生严重分歧，法院可主持调解，采取由法院确定时间、地点及探视方式的变通方法来执行。

故通过本次实训，学生应掌握：①探视时间、地点及探视方式的确定。②处理探视中的突发事件的方法。

本实训旨在考核学生对执行探视权的全面把握，故对本次实训内容中所列项目要切实予以体现并重点考查。另外，可根据实训中的具体情况和需要，适时地安排一些有针对性的突发事件，例如，一些探视的义务人（如祖父母）殴打探视人等，以考查学生的应变能力。重点考查探视权执行过程中被探视人的身心健康是否得到保护，是否能够通过思想工作缓解双方矛盾以保证探视的顺利进行，能否与其他强制措施结合运用，以及是否具备处置突发事件的能力。

四、实训条件设计

1. 实训时间为 3 学时；实训场地：学生课室。

2. 参加实训的学生分成若干小组，各小组都必须制作相关的法律文书材料，相关法律文书应严格遵循制作规范。

3. 实训必须在教师的指导下进行，学生以小组为单位进入实训现场，参加实训的学生必须明确各自担当的角色。

4. 实训结束后，由指导老师根据学生在实训中的表现和其制作的法律文书材料的质量，逐个进行讲评并按百分制打分。

5. 器材准备：警用器械如手铐、仿真手枪等。

五、训练方法步骤

1. 实训的准备。

（1）根据指导教师设计的案情，模拟布置现场。

（2）安排参加实训的学生分组、分工，明确各自的职责任务和工作内容。

（3）联系扮演探视对象的学生，做好案情交代和保密教育。

2. 实训的展开。向各小组通报案情，各小组分别赶赴实训现场进行执行，制作法律文书，处理突发事件。

3. 实训的总结评析。各小组执行结束后，完成相关文书、报告后交给指导老师，指导教师批改后，就实训情况进行总结评析。

六、考核方法及其标准

1. 考核方式。由教师按学生在训练中的表现考核。

2. 完成时间：130 分钟。

3. 考核标准：训练考核四级分制，即优秀、良好、及格、不及格。

（1）优秀等级：准备充分，执行方法操作熟练，处置突发事件能力强，法律手续完备，搜查笔录及相关法律文书制作规范。

（2）良好等级：准备充分，执行方法操作熟练，处置突发事件能力较强，法律手续完备，搜查笔录及相关法律文书制作相对规范。

（3）及格等级：准备相对充分，执行方法操作比较熟练，处置突发事件能力较强，法律手续基本完备，搜查笔录及相关法律文书制作相对规范。

（4）不及格等级：无法完成任何一项训练内容。

七、相关法律文书格式规范及实例

离婚案强制执行申请书

申请人：

被执行人：

请求事项

1. 依法对被执行人协助申请人行使子女探视权的义务予以强制执行。

2. 由被执行人承担本案申请执行费用。

事实与理由

申请人与被执行人离婚纠纷一案，贵院已经审理完毕，并作出（20××）初字第×号民事判决书（调解书），现判决书（调解书）已经发生效力，其中载明："原告李×每周可探望孩子一次，被告王×应给予协助"，但被执行人一直拒绝履行协助义务，百般阻挠，导致申请人无法行使探视权，严重影响了孩子的成长和身心健康。为维护申请人和子女的合法权益，特根据《中华人民共和国民事诉讼法》的规定申请贵院依法予以强制执行，望贵院予以支持。

此致

北京市×区人民法院

申请人：李×

20××年×月×日

📝 单元思考题

1. 对探视权执行应遵循的原则是什么？

2. 探视权中止与恢复的条件是什么？

3. 对赔礼道歉的执行措施是什么？

——— 单元十 ———

对妨碍执行强制措施的执行

✎ **知识目标**

1. 了解对妨碍执行强制措施执行的含义；
2. 理解执行搜查、拘传、罚款、拘留的方法；
3. 掌握执行搜查、拘传、罚款、拘留的程序。

■ **能力目标**

1. 能对强制执行搜查、拘传、罚款、拘留的方法进行分析；
2. 能对强制执行搜查、拘传、罚款、拘留的程序进行操作；
3. 能对妨碍执行强制措施执行过程中发生的突发事件进行处置。

在执行程序中，会经常出现当事人或案外人抗拒执行机关执行的行为，不仅妨害执行程序的顺利进行，也会对权利人的利益造成损害。执行机关为排除干扰，保证执行活动的顺利进行，对实施了妨害执行行为的人可以采取强制手段，即排除妨害执行的强制措施。它是一种强制措施，也是一种制裁措施。

排除妨害执行的强制措施不是执行的必要措施，但它是执行程序顺利进行以及司法裁判和其他生效文书全面实现的重要保证。根据相关法律规定，排除妨害执行的强制措施主要有搜查、拘传、罚款、拘留等。

任务一　对搜查的执行

📝 **案例 10 - 1**

2006 年 1 月起，河南许昌市某酒行（以下简称酒行）与四川省射洪县沱牌曲酒供销公司（以下简称供销公司）建立供销关系，经销沱牌系列酒。2006 年 1 月至 2007 年 3 月，该酒行共欠供销公司货款共计 20 余万元，一直未还。2008 年 6 月，供销公司将该酒行诉至射洪县人民法院，请求酒行偿还 20 余万元货款。射洪县人民法院审理后，判决蔡某及其妻子车某共同偿还该供销公司 20 余万元货款，但蔡某及其妻子拒不履行判决。供销公司遂向射洪县人民法院申请对蔡某夫妇强制执行。6 月 3 日，射洪县人民法院执行庭的负责人带领执行法官来到魏都区人民法院，请求予以协助。听完案情介绍后，魏都区人民法院执行局局长施许伟当即表示全力协助执行。

由于蔡某拒不接听电话，法官查询到蔡某的个人资料后蹲守在蔡家附近，直到凌晨也未见蔡某夫妇出现。6 月 4 日清晨 6 时，两家法院的 5 名法官再次来到蔡某家，多次敲门仍没有动静。当日中午，法院决定对蔡某家进行强制搜查。法官先后联系蔡某家所在地的派出所民警、街道办事处主任、社区主任、小区负责人、小区保安及在公安 110 备案的开锁匠。15 时，执行法官再次与蔡某联系无果后，向蔡某发出如不到场配合将对其家强行搜查的手机短信，但蔡某夫妇置之不理。在相关部门工作人员的见证下，执行法官宣布依法对蔡某家进行搜查。开锁匠打开大门后，法官及必要的见证人员进入蔡某家。

通过搜查，法官在蔡某家中搜出现金 1300 元和 11 本余额不多的存折。法官当场宣布将现金作为执行款。

【问题思考】

1. 人民法院进行搜查的前提条件是什么？

2. 搜查的程序是什么？

应知应会

人民法院在执行中，享有搜查权。《民事诉讼法》第 248 条第 1 款规定："被执行人不履行法律文书确定的义务，并隐匿财产的，人民法院有权发出搜查令，对被执行人及其住所或者财产隐匿地进行搜查。"《执行规定》第 30 条规定："被执行人拒绝按人民法院的要求提供其有关财产状况的证据材料的，人民法院可以按照民事诉讼法第 227 条的规定进行搜查。"因此，搜查既是一种法院执行财产调查的强制手段，又是一种排除执行中妨碍行为的强制措施。

一、搜查的概念和条件

搜查是指人民法院的执行人员在被申请执行人逾期不履行义务并有隐匿财产嫌疑的情况下，依照法定程序对被申请执行人的人身及其住所、财产隐匿地进行搜索、查找的一种强制性执行措施。执行中的搜查是强制被执行人履行义务的一种手段，目的是查明被执行人的财产状况和履行义务的能力，及时查获被执行人隐匿的财产。

人民法院进行搜查应符合以下条件：

1. 搜查必须在执行程序中进行。在其他程序中则不能使用，如调查取证时就不能搜查。

2. 生效法律文书确定的履行期限已经届满。如果法律文书确定的履行期限尚未届满,就不能采用搜查措施。

3. 被申请执行人不履行法律文书确定的义务并有隐匿财产的行为。如果被申请执行人员不履行法律确定的义务,但并无隐匿财产行为的,或者被申请执行人虽隐匿财产,但还有其他可供执行财产的,则不适用搜查,只能适用其他强制措施。对于被申请执行人是否隐匿财产的认定,应当有一定的事实依据,如申请执行人提供的事实经查证成立的,被申请执行人所在单位反映被申请执行人有隐匿财产行为的,或者执行人员根据掌握的材料足以认定被申请执行人隐匿财产的。

4. 搜查的范围仅限于被执行人的人身及其住所或者财产隐匿地。这个范围实际上是比较宽的,可以说,任何没有禁止性规定的场所都可以进行搜查,只要是被执行人的"财产可能隐匿地",人民法院都可以随时突击搜查。

5. 进行搜查必须由院长签发搜查令,并由执行人员执行。这是因为搜查涉及当事人的人身自由、名誉、居住等权利,影响较大,所以,采取搜查措施时应慎重。

🔄 **特别提醒**

被搜查的主体只能是被执行人。被执行人既可以是法律文书直接确定的义务人,也可以是该义务人死亡或者终止后依法被确定承担义务的其他人。除此之外,其他任何人都不能作为被搜查的主体。

协助被执行人隐匿财产的人不是被执行人,不能成为被搜查主体。如果将其住所提供给被执行人隐匿财产,该住所地成为财产隐匿地,则可以对其住所进行搜查,但不能认为这些人构成被搜查主体。界定此主体的范围,原因在于在法律责任的承担上,被执行人拒绝搜查时,可以以拒不执行追究其法律责任,而协助执行人承担的只是妨碍执行责任。

二、搜查的程序

搜查直接关系到公民的人身自由和住宅不受侵犯的权利。我国《宪法》明确规定,禁止非法搜查公民的身体和住宅。因此,搜查必须严格依照法律规定的程序进行。

(一)签发搜查令,制定搜查预案

执行员认为有必要搜查的,填写搜查审批表,写明案情、理由、标的、对象和时间,报院长签发。院长签发搜查令后,具体搜查工作由执行员进行,必要时可由司法警察参加。

搜查条件具备并由法院院长签发搜查令后,执行员方应根据案件的性质、被执行人的家庭情况、搜查地点的环境和条件、已获得线索等情况制定搜查方案;要选择搜查的时机,选择最恰当的时间,避免扑空或对执行不利的时间,避开执行现场周边人员密集时间;要确定搜查的重点,并充分预估在搜查过程中可能发生的情况,采取相应的对策和措施。

（二）通知有关人员到场

为了证实搜查情况，增强搜查所取得的证据的真实性、可靠性，有利于执行员依法进行搜查，便于群众监督，防止被搜查人诬告执行员违法搜查，保障公民的合法权益不受非法侵犯，保证搜查活动的顺利进行，法律规定，搜查对象是公民的，应通知被申请执行人或者其成年家属以及基层组织派员到场。搜查对象是法人或其他组织的，应通知法定代表人或主要负责人到场。有上级主管部门的，也应通知主管部门有关人员到场，拒不到场的，不影响搜查工作的进行。除此之外，人民法院搜查时，禁止无关人员进入搜查现场。

（三）出示搜查令

进行搜查时，搜查人员必须按规定着装向被申请执行人出示搜查令和身份证件，向被搜查人或者其成年家属宣读搜查令。参加搜查的人员必须有2人以上。

（四）实施搜查

由指挥员宣布搜查开始。

1. 搜查开始时，应向被搜查人讲明交出隐匿物的法律义务，动员其交出。如果拒不交出，可以强制搜查。

2. 搜查人身，应站在被搜查人背后，令其举起双手，自上而下、从两侧到全身、由表及里地进行，要注意搜查比较隐蔽或容易被忽视的部位，其他执行人员要负责监视和警戒，注意被执行人的表情和反常表现。为了加强对妇女的保护，防止侦查人员在搜查妇女的身体时出现人身侮辱等违法行为，确保被搜查妇女的人身权利不受非法侵犯，防止被搜查人诬告陷害侦查人员，保证搜查活动的顺利进行，搜查妇女身体应由女执行人员进行，见证人也必须是女性。

3. 搜查住宅，要调查清楚被执行人有几栋房，哪几间房。无论是室内还是室外都应当分段划片，依次进行；房间较大的可以将室内分成若干部分依次进行搜查；房间较小的，可先确定一个起点，按顺序进行，也可以根据室内摆设，先后逐个搜查，还可以对重点房屋进行搜查。在搜查时，要注意对衣柜、墙壁、床铺、枕头、食品柜、木（皮）箱等位置和物品的搜查，还要特别注意那些不易被发现或有异常现象的地方。在房屋进出门外指派警卫，隔绝他们与外界的联系，必要时设置武装警戒，或者临时封锁某些交通。应特别注意搜查现场的老人、妇女、小孩和残疾人。对这些人，应按预案由专人控制和看护，对这些人的行动（如吃、喝、拿等）要严密检查，以防止服毒、自残、自杀和攻击执行人员的事件发生。对搜查现场的刀具、器械、农药等要特别留意，在室内要特别注意厨房内的刀具，厨房应按预案由专人负责。

4. 搜查时，对被执行人可能存放隐匿财物及其有关证据材料的处所、箱柜等，应责令被执行人开启，被执行人拒不配合的，执行人员可强制开启。

5. 搜查时不得损坏被搜查人的财物，除违禁品外，不得提取明显与案件无关的物品。对搜查中发现的与案件无关的个人私生活情况，不得泄露。

（五）制作搜查笔录

人民法院应将搜查的情况制作笔录，由搜查人员、被搜查人员及其他在场人签名或盖章。如被搜查人或其成年家属拒绝签名、盖章或者不在场的，应当在笔录中写明。

（六）开列查获财产清单

搜查中发现应当依法扣押、查封交付的财产，执行法院应当开列查获财产清单，并立即采取相关措施。财产清单由在场人签署或盖章后，交被执行人一份。

拓展阅读

人民法院搜查取得的财物，应当是执行标的物或被执行财产，但也可能搜出其他有关物品。对搜取的财产，应当分不同情况依法予以处置。

搜取的财物是法律文书指定交付的特定物的，应当依法定程序交付申请执行人。在搜查法律文书指定交付的特定物时，其他财物不是搜查对象。若执行特定物搜查尚无着落，但已搜取其他财产的，可以先予扣押，然后，采取以下两种方法处理：①被执行人交付特定物后返还该已扣押的其他财产；②被执行人不能交付或拒不交付特定物的，裁定执行该其他财产，将特定物交付的执行转化为金钱给付的执行，然后通过变价程序，实现申请执行人的权利。

在执行金钱给付的案件中，搜查取得的财产是现金的，将现金交付申请执行人即可；搜取存折的，通过提取措施交付给申请执行人；搜取的财产是动产的，先予扣押，然后通过变价程序换取价款以清偿债务。

搜取的财物为法律禁止自由流通的物品的，交有关单位收购，其价款可清偿债务。违禁物品一般不是民事执行对象，但在搜查时发现的，应予查封保管，然后交有关部门处理，并将处理情况告知被执行人。

此外，搜查时，如发现有贵重物品如金银首饰等，当时难以辨别真伪的，要当场予以封存，由在场人及被执行人签封后再出具扣押清单或查封清单。扣押电视机、音响等电器设备或汽车时，应当场进行必要的检测，并在扣押、查封清单上注明新旧程度及特征、颜色。搜查时发现有大件贵重物品无法带回，在出具查封清单后，责令被执行人妥善保管，讲明保管责任。对搜查中发现的有关执行线索，如发现账号或在外债权、投资、股份、有价证券等，要及时到有关单位办理冻结等手续，以免被执行人将钱、物提取、转移。

三、搜查中的强制开启

案例10-2

禹某与冯某因机票代理产生纠纷。禹某将冯某告到北京市朝阳区法院，要求冯某支付机票款。法院判令冯某给付禹某欠款 17.8 万元。判决生效后，冯某没有自觉履行义务，禹某于 2011 年 3 月向法院申请执行。法院立案后向冯某发出执行通知，但冯某仍拒不履行，执行人员多次到冯某住处，冯某都不在家。法院查明冯某名下有住房一套，并查到了住处的电话号码。2011 年 11 月 3 日，执行员决定对这处住所进行搜查，但冯某拒不开门，法院决定强制开启房门。执行员请来开锁公司，同时请物业管理人员到场见证。门被打开后，执行人员对该房屋进行了搜查。冯某因妨害法院执行，被依法拘留 15 日。

【问题思考】

1. 执行员在强制执行搜查过程中运用了什么排除妨碍的强制措施？

2. 运用该强制措施的注意事项是什么？

（一）强制开启的概念

搜查措施的运用主要是为了追回被执行人隐匿的财产以及被执行人拒绝提供的有关财产状况的证据材料。因而对上述财产及材料，被执行人往往不愿主动提供，从而需要人民法院执行人员运用强制方法来取得。因此，为了保障搜查的顺利进行，《最高人民法院关于人民法院执行工作若干问题的规定（试行）》第 31 条规定："人民法院依法搜查时，对被执行人可能存放隐匿的财物及有关证据材料的处所、箱柜等，经责令被执行人开启而拒不配合的，可以强制开启。"

这是有关执行的条文中对强制开启的唯一一处规定，作为搜查中的一个重要手段，强制开启的规定使搜查的效果比以往更好：一般单位和个人都会把财物（如现金、存折、金银首饰、有价证券）和财物凭证（如账册、提单）等重要物品存放于比较隐秘、保险的地方，如保险箱或其他箱柜，并且加锁，给人民法院的搜查工作带来困难。如没有强制开启的措施，就会使搜查泛泛而过、流于形式，不能真正起到发现被执行人财产和财产线索的作用。所以，关于强制开启的规定是执行法规中的一个重要补充。

根据该规定，强制开启的地方是"被执行人可能存放隐匿的财产及有关证据材料的处所、箱柜等"；"处所和箱柜等"是指被执行人隐匿的财产的地点；处所主要指房间，包括企业的财务室、负责人办公室、直接经办人办公室；箱柜包括保险柜以及其他隐匿财产和资料的箱柜。强制开启的方法"可以是任何办法"，可以请锁匠配新钥匙打开门锁，也包括实践中用电钻钻开和铁棍撬开铁皮柜。

（二）强制开启的适用要求

在适用强制开启时，应当注意以下几个问题：

1. 强制开启是搜查的辅助性措施，只能在搜查中适用。被执行人拒不履行生效法律文书确定的义务，执行人员在未经批准搜查之前，不得实施强制开启行为，否则构成违法。强制开启在搜查中适用，也就是说，排除在采取其他强制执行措施的同时适用强制开启的可能性，如实施查封、扣押、拍卖、变卖、交付、转交等强制执行措施时，都不能同时适用强制开启措施。

2. 只有在被执行人可能隐匿财产及有关证据材料时才能适用。强制开启的范围限于被执行人可能存放隐匿的财物及有关证据材料的处所、箱柜等，强制开启的对象一般是门窗、箱柜等。

3. 强制开启必须以责令被执行人自行开启为前置程序。为了方便搜查，避免不必要的损失，执行人员事先应当责令被执行人或者其成年家属自行开启，被执行人或其成年家属自行开启的，就不需要强制开启，若经责令仍拒不开启的，方可强制开启。如果被执行人和其成年家属均不在场，不可能以责令自行开启为前置程序，因而可以直接强制开启。

4. 强制开启是搜查措施的组成部分，因而无需另行制作裁定、决定等法律文书，执行人员在搜查时口头宣布强制开启后即可实施。

5. 强制开启必然会造成一定的财产损失，如房屋的门窗、箱柜的钥匙的损坏等，虽价值不高，但责任仍要有归属。对被执行人住所、箱柜强制开启，由此造成的正常损失，不论搜查有无结果，均由被执行人自行承担，因为被执行人本身就负有履行法律文书确定的义务的责任。但是，强制开启第三人的房门、箱柜等造成的正常损失，是否予以赔偿的情况就不同了：如果搜查成功，证明该第三人确有协助隐匿行为，此时该第三人负有协助执行义务而不自行开启，所造成的损失由其本人承担；如果强制开启后搜查无果，第三人又说自己没有协助被执行人隐匿财产，又无证据证实其协助隐匿，这说明执行法院对其搜查错误，应当承担强制开启所造成损失的赔偿责任。

任务二　对拘传、罚款和拘留的执行

一、拘传

案例 10－3

2003 年，张某某与他人合伙承包砖厂，张某某任厂长。其间，由于他人退伙，张某某于 2004 年 2 月 27 日向陈某某借款 64 000 元，用于支付他人退股金，并给陈某某出具了借款条一张。后经催要无果，2007 年陈某某向遵化市人民法院提起民事诉讼，称张某某已偿还了 10 000 元，还欠 54 000 元一直未予偿还。遵化市人民法院于 2007 年 5 月 8 日作出（2007）遵民初字第 171 号民事判决，判令被告张某某 15 日内偿还原告陈某某借款 54 000 元，案件受理费 2130 元，其他诉讼费 2130 元，合计 4260 元，由被告张某某负担。被告张某某不服，上诉至唐山市中级人民法院。唐山市中院经审理于 2007 年 9 月 12 日作出（2007）唐民终字第 284 号民事判决书，驳回上诉，维持原判。

判决生效后，张某某未自觉履行，权利人陈某某申请执行。进入执行程序后，经查、张某某家中除一处家庭成员共同居住的房产外，没有发现其他可供执行的财产。执行人员多次传唤张某某，张某某拒不到庭。该院执行局将该案作为重点案件予以执行，决定先对张某某实施拘传措施。此后，执行人员利用凌晨和中午吃饭时间进行突查，均未见到张某某本人。2011年5月25日上午，申请执行人陈某某举报说张某某上午正在邱庄水库钓鱼，执行局立即组织人员到水库拘传张某某。被执行人张某某远远看到警车后，立即跳入水中，游到水库对岸逃走。2011年6月12日，申请执行人再次举报被执行人张某某在村东水塘钓鱼，申请执行人的亲戚正在对张某某进行监视。该院执行局组织执行一庭、执行二庭全体人员迅速出击，在申请执行人的带领下，立即赶到了水塘。被执行人张某某发现执行人员后，又从旁边的玉米地里逃走。遵化市法院执行局的几次突击行动，张某某均以逃跑、躲藏等形式规避执行，致使执行工作陷入僵局。

在执行过程中，申请执行人反映被执行人张某某及其妻子、女儿频繁出入银行，申请执行人还多次跟踪过，要求冻结张某某的银行存款。执行人员对张某某的存款情况进行了查询，发现张某某及其亲属在银行并没有存款。执行人员意识到很可能是被执行人张某某没有以自己的名义存款。执行人员通过调取银行的监控录像，发现张某某及其妻子、女儿多次存取款的录像，经核实，锁定了一个账户，该账户开户名是张某某一个亲戚的名字，系张某某妻子利用亲戚的身份证开设的存款户。执行法院迅速将账户内的存款予以冻结。经做双方和解工作，未能达成一致协议。执行法院便将账户内的存款扣划至法院账户。执行人员将本金、诉讼费、迟延履行期间的利息等一并交付申请执行人，案件执行完毕。

【问题思考】

1. 在执行过程中，对被执行人拘传为什么没有成功？
2. 执行中遇到突发事件后该如何处理？

应知应会

（一）拘传的概念

执行过程中的拘传，是指人民法院对必须到法院接受询问的被执行人或被执行人的法定代表人或负责人，经两次传票传唤，无正当理由拒不到场而采取的一种强制措施。

在执行过程中，不少被执行人拒不提供财产状况和履行能力情况，拒不接受询问，甚至不见执行人员，对法院的传票置之不理，致使执行员无法掌握其财产状况和履行能力情况，在此情况下，采取拘传措施，有利于法院的调查取证和采取下一步的强制执行措施。因此，《执行规定》第97条规定："对必须到人民法院接受询问的被执行人或被执行人的法定代表人或负责人，经两次传票传唤，无正当理由拒不到场的，人民法院可以对其进行拘传。"

在执行程序中对被执行人进行拘传，是为了对被拘传人就其经济、履行能力方面的状况进行调查询问，拘传是为了达成这一目的而采取的迫使被执行人服从、配合人民法院执行的措施，而不像拘留那样具有处罚的性质。

（二）拘传的适用条件

根据现行法律法规的规定，拘传必须符合下列条件：

1. 被拘传人是必须到法院接受询问的被执行人或被执行人的法定代表人或负责人。这里的"必须"一般是指：①被执行人主张无履行能力，但没有举证又没有说明理由，而执行法院查明其真实情况的；②执行人员发现被执行人有履行能力，但无确切证据，被执行人又不提供证据和情况的；③被执行人非法转移、隐匿已被执行人员、申请执行人和其他人发觉的财产，拒不说明财产去向的；④被执行财产被毁灭、损坏，其价值不足清偿债务，又不说明原因的；法律文书指定交付的特定物被毁灭、损坏又不说明原因的；⑤对第三人有到期债权而不说明债务人及数额的。

2. 必须经过人民法院两次传票传唤。传唤的次数不得少于两次，只经一次传唤不能适用拘传。传唤的方式必须使用传票，少于两次的传唤，以及两次口头传唤或一次口头传唤、一次传票传唤的，均不得适用拘传。

3. 必须是无正当理由拒不到场。如果出现不能抗拒的事由等特殊情况，则不能适用拘传。

以上三个条件必须同时具备，才能适用拘传措施，缺一不可。

在决定拘传时，应由执行人员提出意见，经执行机构负责人审核，报请院长批准。实施拘传时，必须使用拘传票，由执行人员或法警直接送达被拘传人，并向其说明拒不到法院接受询问的法律后果，动员其自动随执行人员或法警到法院接受询问，否则，可以使用戒具或其他强制手段强制其到法院接受询问。被拘传人到法院接受询问时，应当解除戒具。

被拘传人到法院后，对其调查询问不得超过 24 小时。超过 24 小时的，不论调查询问工作是否完成，是否达到目的，都不能限制被拘传人的人身自由；在 24 小时内，调查询问结束的，不得等到 24 小时届满后再放人，而应当及时解除被拘传人的人身自由和限制。24 小时的起算时间，应当从限制人身自由的那一时刻开始计算，不能单纯从调查询问的时间开始计算，在途时间也应当计算在内。在本辖区以外采取拘传措施时，应当将被拘传人拘传到当地法院，当地法院应予以协助。

二、罚款和拘留

📖 案例 10 - 4

张家口市第一建筑工程有限公司与郝某某签订了建筑工程施工合同，建筑公司按照施工合同如期将楼房竣工，但郝某某拒不支付工程款，建筑公司诉至河北省高级人民法院。经审理，省高院于 2009 年 1 月 17 日作出（2009）冀民一终字第 193 号民事判决，判令判决生效后 10 日内郝某某向张家口市第一建筑工程有限公司给付工程款 1548872.14 元，并支付利息（利息从 2007 年 1 月 19 日起至执行完毕止，按照中国人民银行同期贷款利率计算）；如果未按判决指定的期间履行给付义务，应当按照《中华人民共和国民事诉讼法》第 229 条之规定，加倍支付迟延期间的债务利息。判决生效后，郝某某未履行生效法律文书确定的义务，张家口市第一建筑工程有限公司向张家口市中级人民法院申请强制执行。

执行立案后，2009 年 7 月 3 日，执行人员找到郝某某的办公室，向其送达执行通知书，责令履行判决书确认的义务，但其态度傲慢，不理不睬，拒不签收。经过执行人员四十多分钟的思想工作，其仍拒签执行通知书，既不在执行笔录上签字，也不提供任何财产，并说："你们法院爱咋地就咋地吧。"执行人员只好将执行通知书留置送达。在之后的执行中，被执行人郝某某要么打电话不接，东躲西藏，要么编瞎话蒙骗甚至谩骂执行人员。无奈执行人员只好采取蹲点守候的方法找到了他，向其 3 次送达传票，他 3 次都拒签，且 3 次均未到庭。郝某某对执行人员说："我没有犯法，你们法院能判我几年，能枪毙我吗？"由于被执行人规避执行，导致案件进入执行程序 3 个月仍毫无进展。鉴于上述被执行人无视法律、对抗法院执行的行为，2009 年 9 月 15 日，经合议庭合议，报请主管院长批准，对被执行人郝某某采取拘留 15 天并罚款 1 万元的强制执行措施。被执行人郝某某在被拘留期间，向执行法院提出以其开办的宣化某房地产开发有限公司（郝某某出资 80%）所有的坐落于宣化区某路的办公楼作为执行担保，本案至此才打开了突破口。2010 年 5 月 4 日，在被执行人郝某某没有自动履行义务的情况下，执行法院依法将其提供的担保物即坐落于宣化区某路的办公楼予以评估、拍卖，本案取得了实质性的进展。被执行人郝某某仍拒不配合执行，不签收评估、拍卖等相关法律文书。拍卖成交后，不与拍卖成交的竞买人办理交接房产手续，甚至自己躲藏起来，将其 90 多岁高龄的老母亲搬到拍卖成交的办公楼内居住，对抗拍卖物的交接。2011 年春节前，在宣化区公安局的协助下，执行人员找到郝某某的兄弟，耐心说服，最终他将老母亲接回家过年，办公楼才得以顺利交接，案件执行完毕。

【问题思考】

本案中，法院采取了什么方法才使执行得以顺利进行？

应知应会

（一）罚款、拘留的概念

罚款和拘留，是人民法院对严重妨害执行行为人采取的经济处罚和限制人身自由的两种强制措施。

1. 罚款是指法院对妨害执行的行为人，责令其在一定期间内交纳一定数额的金钱的一种强制措施。在一般情况下，罚款是对妨害执行情节较轻的人采取的措施。罚款的数额，按《民事诉讼法》的规定，对个人的罚款，金额为人民币 1000 元以下，对单位的罚款金额为人民币 1000 元以上 3 万元以下。

2. 拘留是指人民法院对妨害执行情节较严重的行为人，在短期内依法限制其人身自由的强制措施。它是最严厉的强制措施，在妨害执行情节比较严重但尚不构成犯罪时采用。拘留的最长期限为 15 天，对有些自然人或单位的妨害执行行为，罚款和拘留既可以合并适用，也可以单独适用，主要看行为的具体情节。当行为不构成犯罪，但情节相对比较严重时，这两种措施可以合并适用。

（二）罚款、拘留的适用

1. 罚款、拘留的适用条件。《执行规定》第 100 条规定，被执行人或其他人有下列拒不履行生效法律文书或者妨害执行行为之一的，人民法院可以依照《民事诉讼法》第 102 条的规定处理：

（1）隐藏、转移、变卖、毁损向人民法院提供执行担保的财产的。

（2）案外人与被执行人恶意串通转移被执行人财产的。

（3）故意撕毁人民法院执行公告、封条的。

（4）伪造、隐藏、毁灭有关被执行人履行能力的重要证据，妨碍人民法院查明被执行人财产状况的。

（5）指使、贿买、胁迫他人对被执行人的财产状况和履行义务的能力问题作伪证的。

（6）妨碍人民法院依法搜查的。

（7）以暴力、威胁或其他方法妨碍或抗拒执行的。

（8）哄闹、冲击执行现场的。

（9）对人民法院执行人员或协助执行人员进行侮辱、诽谤、诬陷、围攻、威胁、殴打或者打击报复的。

（10）毁损、抢夺执行案件材料、执行公务车辆、其他执行器械、执行人员服装和执行公务证件的。

2. 罚款、拘留的适用程序。

（1）罚款、拘留必须经院长批准。罚款、拘留应当用罚款、拘留决定书。但是，对执行人员在执行中遇到暴力、威胁等妨害执行的情况，必须立即采取拘留措施的，可以在拘留后立即报院长补办批准手续，院长认为拘留不当的，应当解除拘留。

（2）送达决定书。罚款、拘留决定书要送达行为人，由行为人签收，如果行为人服从罚款、拘留决定的，即可按决定书进入实施。

（3）实施。被处罚款的被处罚人应当主动按罚款决定书将罚款金额交执行法院；

被处罚人拒不交纳的，法院可以依职权对其强制执行；被处拘留的被处罚人，由司法警察将其送交当地公安机关看管。被处罚人在拘留期间认错悔改的，可以责令其具结悔过，提前解除拘留。提前解除拘留决定书的，交负责看管的公安机关执行，

（4）复议。对决定不服的，可以向上一级人民法院申请复议一次。复议期间不停止执行。

（5）对同一妨害行为的罚款、拘留，不得连续适用。但是，在对行为人进行罚款、拘留后，该行为人又实施了新的妨害行为的，则可以重新罚款、拘留。

⭐ **特别提醒**

强制执行中的拘留属于司法拘留，要注意司法拘留与行政拘留、刑事拘留三大拘留的区别，不能混淆使用。

📖 **拓展阅读**

对人大代表进行拘留，因宪法和法律作了保护性规定，故在实践中应注意：①人大代表直接参与围攻、殴打、谩骂等行为，由执行人员当场发现的，对其拘留不需要报请人大或常委会许可，但应按规定立即补报；②法院决定拘留时不知其为人大代表的，包括其本人未声明其身份或故意隐瞒身份的，法院不承担未按规定报经许可或立即报告的责任，已采取的拘留措施仍合法有效；本人声明其为人大代表，在核实前，不影响拘留措施的执行；③非由法院执行人员当场发现，但有其他证据证明某人有妨害执行行为，并已知其为人大代表的，决定拘留应按规定报经许可，但法院没有义务在决定拘留前一一查明被拘留人是否为人大代表。

三、拘传、拘留的组织实施和情况处置

（一）拘传、拘留的组织实施

1. 拘传、拘留的组织。执行人员接到拘传、拘留任务后，要做好以下工作：

（1）应向案件承办人了解被拘传人、被拘留人的情况、具体案情以及妨害执行的程度。据此研究、制定实施拘传、拘留的预案。

（2）指定临时负责人，由其负责组织、指挥实施拘传、拘留任务。

（3）预先选派一定数量的司法警察一同前往（必须有 2 名以上司法警察）实施拘传、拘留任务。有条件的，还应事先与被拘传、拘留人所在单位或当地公安部门取得联系，请他们给予协助。被拘传、拘留人系女性的，必须派出女性司法警察参与实施强制措施。

（4）担任拘传、拘留的司法警察应做好以下准备工作：检查拘传票、拘留决定书等法律文书的各项内容是否齐全，是否符合法定的审批程序，以及携带必要的警械或武器。

2. 拘传、拘留的实施。执行人员及司法警察应严格按事先制定的预案实施拘传、拘留任务。

（1）拘传的实施。首先，应仔细核对被拘传人的姓名、年龄、籍贯和家庭住址、案由等，防止出现差错。其次，应向被拘传人宣布拘传票中"执行人宣布"栏中的内容，同时将拘传票送达被拘传人，由被拘传人签名或盖章，被拘传人拒绝签名或盖章的，应在拘传票中"执行拘传情况"栏中注明，并向被拘传人说明拒不到庭的后果。被拘传人仍不立即跟随到庭的，应先对其进行批评教育，经批评教育，被拘传人仍拒绝接受拘传的，可以对被拘传人使用警械，强制其到庭。拘传任务实施完毕，应将拘传票交还案件承办人存卷。

（2）拘留的实施。首先，应仔细核对被拘留人的姓名、年龄、籍贯、家庭住址、被拘留原因、拘留期限等，防止出现差错。其次，应将拘留决定书送达被拘留人本人。实施拘留时，可以给被拘留人使用械具，遇被拘留人不服拘留决定或拒绝接受拘留的，应告知其权利，说明不能停止执行的理由，经批评教育仍不听从劝告的，可以强制押送其至当地公安机关看管，途中押解应严格执行押解的有关规定。最后，应及时与执行拘留任务的公安机关办妥移交手续，拘留决定书等法律文书应同时移交公安机关，待公安机关将被拘留人收押后，方可离开。实施拘留后，应将执行任务情况向执行指挥机构报告，由执行指挥机构向案件承办人说明执行情况，并随即移交有关法律文书。

（二）拘传、拘留执行中的特殊情况处置方法

1. 在执行拘传、拘留任务时，发现被拘传人、被拘留人系严重精神病人、严重传染病人或重病人，且不能立即实施拘传、拘留的，应及时向执行指挥机构或主办案件的法官反映实际情况，等待新的指令再采取措施。

2. 执行中，遇围攻、阻挠等紧急情况发生时，首先应进行劝阻制止，劝阻制止无效的，可以使用警械予以制止，同时，注意保护被拘传人、被拘留人的人身安全，及时向执行指挥机构报告，请求增派警力。

3. 对哄闹、冲击法庭，用暴力、威胁等方法抗拒执行公务的紧急情况，应迅速、果断地实施拘留措施，事后应及时报告院长并补办有关手续。

4. 押解途中被拘传人、被拘留人脱逃的，应积极追捕。不能及时抓获的，应迅速报告执行指挥机构，请求增派警力追捕。同时，报公安机关，请其协助抓捕。

5. 被拘传人、被拘留人暴力抗拒拘传、拘留或以暴力相威胁的，司法警察先应向其说明暴力抗拒的后果，其仍不听从劝阻的，司法警察可参照《人民警察使用警械和武器条例》的规定进行处置。

6. 依法使用武器造成人员伤亡的，在使用后应积极抢救受伤人员，保护好现场，及时向执行指挥机构和当地公安机关报告。

7. 被拘传人、被拘留人自杀、自残的，应积极抢救，同时迅速报告执行指挥机构，请求处置办法。

任务三　技能训练：对搜查的执行

一、训练项目

申请执行人：徐某某。

被执行人：赵某。

执行法院：石家庄市无极县人民法院。

2008 年 10 月 15 日 10 时，原告徐某某驾驶的二轮摩托车从 302 线公路的北侧由北向南驶入 302 线时与被告赵某的三轮车相撞，造成徐某某一级伤残。原告徐某某于 2008 年 10 月 31 日提起诉讼，该院于 2008 年 2 月 12 日判决被告赵某给付原告徐某某前期医疗费用 38 397.87 元。原告于 2009 年 1 月 13 日申请执行。执行立案后，执行人员找到被执行人所在村的村干部，协助做被执行人及其亲属的思想工作，但被执行人仍不履行判决书确定的义务。执行期间，申请执行人徐某某定残后，于 2009 年 5 月 6 日再次起诉至无极县人民法院，该院经审理后于 2009 年 7 月 15 日作出判决，判令被执行人再给付申请执行人各种费用共 228 810.25 元。

申请执行人徐某某急需治疗费用，情绪非常激动，而被执行人以无钱为由拒不履行。为了保障申请执行人的合法权益，维护法律的尊严，报经院领导同意，执行法院决定对被执行人赵某的住处进行搜查。当执行人员随着搜查的顺序搜至床、枕头时，被执行人即说"烂枕头没钱"，执行人员就警觉地将枕头仔细地搜查，发现被执行人尽管装出若无其事的样子，但脸上还是泛起了红晕，结果从枕头内搜出存折一本，上有存款 1 万余元。另外，在搜查中发现赵某家中藏有一保险柜，赵某的妻子和老父亲阻挠搜查，不配合法院执行工作，拒绝打开保险柜，执行干警将保险柜抬上了警车。第二天，在通知被执行人赵某拒不到场的情况下，执行法院邀请被执行人所在村的村干部到场，找到一开锁匠开锁，摄像机摄录了开锁的全过程。从保险柜中发现了现金 18 700 元和赵某购买一辆面包车的有关手续。最后通过协商，被执行人赵某一次性给付申请执行人徐某某 200 000 元，申请执行人表示放弃其他款项，交通事故赔偿案件全部了结。

二、训练目的

执行程序中的搜查涉及公民人身和住宅不受非法侵犯的权利，它既是一种法院执行财产调查的强制手段，又是一种排除执行中妨碍行为的强制措施。通过搜查实训，使学生掌握这一强制措施的运用时机、操作方法和相关的法律程序，提高学生对隐匿财产的分析、识别能力和通过搜查执行隐匿财产的动手操作能力。

三、训练内容要点

对于被执行人隐匿财产的，法院可直接申请搜查令，至被执行人住所或其他场所搜查，查获后制作搜查清单和搜查笔录，让被执行人签字确认，查获的财物或权证转交申请人。故通过本次实训，学生应掌握：①人身、住所的搜查；②如何处理搜查中的突发事件；③如何制作搜查笔录、搜查清单及其相关文书。

本实训旨在考核学生对执行中搜查的全面把握，故对本次实训内容中所列项目要切实予以体现并重点考查。另外，可根据搜查实训中的具体情况和需要，适时地安排一些有针对性的突发事件，例如，强制开启住所、箱柜；被搜查人拒绝在搜查笔录上签名；被搜查人企图现场损毁书证、物证等，以考查学生的应变能力。重点考察法律手续是否完备、法律文书是否规范、是否能够对隐匿财产实施搜查、能否与其他强制措施结合运用以及是否具备处置突发事件的能力。

四、实训条件设计

1. 实训时间为 3 学时；实训场地：学生课室。

2. 参加实训的学生分成若干小组，各小组都必须制作一份搜查笔录及相关的法律文书材料，笔录及相关法律文书应严格遵循制作规范。各小组中扮演被搜查对象的同学要熟悉材料，假戏真做，完成有关被搜查过程中的感受的报告。

3. 实训必须在教师的指导下进行，学生以小组为单位进入实训现场，参加公开搜查的学生必须明确各自担当的角色。

4. 实训结束后，由指导老师根据学生在搜查实训中的表现和其制作的搜查笔录及相关法律文书材料的质量，逐个进行讲评并按百分制打分。

5. 器材准备：警用器械如手铐、仿真手枪、搜查用的勘查灯、刀具等，用作本次搜查收集的目标如现金、汽车登记证、存折、数张身份证等仿真品。

五、训练方法步骤

1. 实训的准备。

（1）根据指导教师设计的案情，模拟布置现场。

（2）安排参加实训的学生分组、分工，明确各自的职责任务和工作内容。

（3）联系扮演被搜查对象的学生，做好案情交代和保密教育。

2. 实训的展开。向各小组通报案情，各小组分别赶赴实训现场进行搜查、扣押，制作法律文书，处理突发事件。

3. 实训的总结评析。各小组搜查结束后，完成相关文书、报告后交给指导教师，指导教师批改后，就实训情况进行总结评析。

六、考核方法及其标准

1. 考核方式。由教师按学生在训练中的表现考核。

2. 完成时间：130分钟。

3. 考核标准：训练考核四级分制，即优秀、良好、及格、不及格。

（1）优秀等级：准备充分，搜查方法操作熟练，处置突发事件能力强，法律手续完备，搜查笔录及相关法律文书制作规范。

（2）良好等级：准备充分，搜查方法操作熟练，处置突发事件能力较强，法律手续完备，搜查笔录及相关法律文书制作相对规范。

（3）及格等级：准备相对充分，搜查方法操作比较熟练，处置突发事件能力较强，法律手续基本完备，搜查笔录及相关法律文书制作相对规范。

（4）不及格等级：无法完成任何一项训练内容。

七、相关法律文书格式规范

格式一：搜查令

_____人民法院
搜 查 令（审批联）
（　）执字第　号

案由		被执行人	
搜查地点			

发出搜查令的理由和实施搜查的意见：

执行员
年　月　日

院长批示：

年　月　日

本联存卷

163

_____人民法院

搜 查 令

（　　）执字第　号

依照《中华人民共和国民事诉讼法》第 227 条的规定，发出如下搜查令：

特派

对被执行人　　　　进行搜查。

此令。

院长

年　月　日

（院印）

搜查令共二联，第一联为审批联，存卷；第二联为正本，由执行人员使用并当场宣布。

格式二：人民法院搜查笔录

案由：_____

搜查时间：_____年_____月_____日_____午_____时_____分起至日_____午_____时_____分止。

搜查地点：_____

执行搜查人：搜查证_____字第_____号

参加搜查人：_____

被搜查人：_____

见证人：_____

执行搜查人宣布搜查结果：_____

被搜查人意见：_____

执行搜查人：_____　（签名或盖章）

参加搜查人：_____　（签名或盖章）

见证人：_____　（签名或盖章）

被搜查人：_____　（签名或盖章）

注：①执行搜查人必须向被搜查人宣布应予扣押的物品，并听候处理。

②必须当场填写扣押物品清单，一式二份，一份附于本搜查笔录后存卷，一份交被搜查人备查。

③本笔录不得涂改。

格式三：扣押物品、文件清单

第　页共　页

编号	物品、文件名称	数量	单位	特征	备注

被扣押物品、文件持有人：

见证人：

扣押人：

___年___月___日

（扣押物品专用章）

注：必须当场填写扣押物品清单，一式二份，一份附于本搜查笔录后存卷，一份交被搜查人

备查。

📖 单元思考题┐

1. 搜查的程序是什么？强制开启应该如何适用？

2. 拘传、拘留的适用条件、程序是什么？

3. 如何处置拘传、拘留过程中的突发事件？

附　录

中华人民共和国民事诉讼法（节录）

（1991 年 4 月 9 日第七届全国人民代表大会第四次会议通过；根据 2007 年 10 月 28 日第十届全国人民代表大会常务委员会第三十次会议《关于修改〈中华人民共和国民事诉讼法〉的决定》第一次修正；根据 2012 年 8 月 31 日第十一届全国人民代表大会常务委员会第二十八次会议《关于修改〈中华人民共和国民事诉讼法〉的决定》第二次修正）

第三编　执行程序

第十九章　一般规定

第二百二十四条　发生法律效力的民事判决、裁定，以及刑事判决、裁定中的财产部分，由第一审人民法院或者与第一审人民法院同级的被执行的财产所在地人民法院执行。

法律规定由人民法院执行的其他法律文书，由被执行人住所地或者被执行的财产所在地人民法院执行。

第二百二十五条　当事人、利害关系人认为执行行为违反法律规定的，可以向负责执行的人民法院提出书面异议。当事人、利害关系人提出书面异议的，人民法院应当自收到书面异议之日起 15 日内审查，理由成立的，裁定撤销或者改正；理由不成立的，裁定驳回。当事人、利害关系人对裁定不服的，可以自裁定送达之日起 10 日内向上一级人民法院申请复议。

第二百二十六条　人民法院自收到申请执行书之日起超过 6 个月未执行的，申请执行人可以向上一级人民法院申请执行。上一级人民法院经审查，可以责令原人民法院在一定期限内执行，也可以决定由本院执行或者指令其他人民法院执行。

第二百二十七条　执行过程中，案外人对执行标的提出书面异议的，人民法院应当自收到书面异议之日起 15 日内审查，理由成立的，裁定中止对该标的的执行；理由不成立的，裁定驳回。案外人、当事人对裁定不服，认为原判决、裁定错误的，依照审判监督程序办理；与原判决、裁定无关的，可以自裁定送达之日起15日内向人民法院提起诉讼。

第二百二十八条 执行工作由执行员进行。

采取强制执行措施时，执行员应当出示证件。执行完毕后，应当将执行情况制作笔录，由在场的有关人员签名或者盖章。

人民法院根据需要可以设立执行机构。

第二百二十九条 被执行人或者被执行的财产在外地的，可以委托当地人民法院代为执行。受委托人民法院收到委托函件后，必须在15日内开始执行，不得拒绝。执行完毕后，应当将执行结果及时函复委托人民法院；在30日内如果还未执行完毕，也应当将执行情况函告委托人民法院。

受委托人民法院自收到委托函件之日起15日内不执行的，委托人民法院可以请求受委托人民法院的上级人民法院指令受委托人民法院执行。

第二百三十条 在执行中，双方当事人自行和解达成协议的，执行员应当将协议内容记入笔录，由双方当事人签名或者盖章。

申请执行人因受欺诈、胁迫与被执行人达成和解协议，或者当事人不履行和解协议的，人民法院可以根据当事人的申请，恢复对原生效法律文书的执行。

第二百三十一条 在执行中，被执行人向人民法院提供担保，并经申请执行人同意的，人民法院可以决定暂缓执行及暂缓执行的期限。被执行人逾期仍不履行的，人民法院有权执行被执行人的担保财产或者担保人的财产。

第二百三十二条 作为被执行人的公民死亡的，以其遗产偿还债务。作为被执行人的法人或者其他组织终止的，由其权利义务承受人履行义务。

第二百三十三条 执行完毕后，据以执行的判决、裁定和其他法律文书确有错误，被人民法院撤销的，对已被执行的财产，人民法院应当作出裁定，责令取得财产的人返还；拒不返还的，强制执行。

第二百三十四条 人民法院制作的调解书的执行，适用本编的规定。

第二百三十五条 人民检察院有权对民事执行活动实行法律监督。

第二十章 执行的申请和移送

第二百三十六条 发生法律效力的民事判决、裁定，当事人必须履行。一方拒绝履行的，对方当事人可以向人民法院申请执行，也可以由审判员移送执行员执行。

调解书和其他应当由人民法院执行的法律文书，当事人必须履行。一方拒绝履行的，对方当事人可以向人民法院申请执行。

第二百三十七条 对依法设立的仲裁机构的裁决，一方当事人不履行的，对方当事人可以向有管辖权的人民法院申请执行。受申请的人民法院应当执行。

被申请人提出证据证明仲裁裁决有下列情形之一的，经人民法院组成合议庭审查核实，裁定不予执行：

（一）当事人在合同中没有订有仲裁条款或者事后没有达成书面仲裁协议的；

（二）裁决的事项不属于仲裁协议的范围或者仲裁机构无权仲裁的；

（三）仲裁庭的组成或者仲裁的程序违反法定程序的；

（四）裁决所根据的证据是伪造的；

（五）对方当事人向仲裁机构隐瞒了足以影响公正裁决的证据的；

（六）仲裁员在仲裁该案时有贪污受贿，徇私舞弊，枉法裁决行为的。

人民法院认定执行该裁决违背社会公共利益的，裁定不予执行。

裁定书应当送达双方当事人和仲裁机构。

仲裁裁决被人民法院裁定不予执行的，当事人可以根据双方达成的书面仲裁协议重新申请仲裁，也可以向人民法院起诉。

第二百三十八条　对公证机关依法赋予强制执行效力的债权文书，一方当事人不履行的，对方当事人可以向有管辖权的人民法院申请执行，受申请的人民法院应当执行。

公证债权文书确有错误的，人民法院裁定不予执行，并将裁定书送达双方当事人和公证机关。

第二百三十九条　申请执行的期间为 2 年。申请执行时效的中止、中断，适用法律有关诉讼时效中止、中断的规定。

前款规定的期间，从法律文书规定履行期间的最后一日起计算；法律文书规定分期履行的，从规定的每次履行期间的最后一日起计算；法律文书未规定履行期间的，从法律文书生效之日起计算。

第二百四十条　执行员接到申请执行书或者移交执行书，应当向被执行人发出执行通知，并可以立即采取强制执行措施。

第二十一章　执行措施

第二百四十一条　被执行人未按执行通知履行法律文书确定的义务，应当报告当前以及收到执行通知之日前一年的财产情况。被执行人拒绝报告或者虚假报告的，人民法院可以根据情节轻重对被执行人或者其法定代理人、有关单位的主要负责人或者直接责任人员予以罚款、拘留。

第二百四十二条　被执行人未按执行通知履行法律文书确定的义务，人民法院有权向有关单位查询被执行人的存款、债券、股票、基金份额等财产情况。人民法院有权根据不同情形扣押、冻结、划拨、变价被执行人的财产。人民法院查询、扣押、冻结、划拨、变价的财产不得超出被执行人应当履行义务的范围。

人民法院决定扣押、冻结、划拨、变价财产，应当作出裁定，并发出协助执行通知书，有关单位必须办理。

第二百四十三条　被执行人未按执行通知履行法律文书确定的义务，人民法院有权扣留、提取被执行人应当履行义务部分的收入。但应当保留被执行人及其所扶养家属的生活必需费用。

人民法院扣留、提取收入时，应当作出裁定，并发出协助执行通知书，被执行人所在单位、银行、信用合作社和其他有储蓄业务的单位必须办理。

第二百四十四条 被执行人未按执行通知履行法律文书确定的义务，人民法院有权查封、扣押、冻结、拍卖、变卖被执行人应当履行义务部分的财产。但应当保留被执行人及其所扶养家属的生活必需品。

采取前款措施，人民法院应当作出裁定。

第二百四十五条 人民法院查封、扣押财产时，被执行人是公民的，应当通知被执行人或者他的成年家属到场；被执行人是法人或者其他组织的，应当通知其法定代表人或者主要负责人到场。拒不到场的，不影响执行。被执行人是公民的，其工作单位或者财产所在地的基层组织应当派人参加。

对被查封、扣押的财产，执行员必须造具清单，由在场人签名或者盖章后，交被执行人一份。被执行人是公民的，也可以交他的成年家属一份。

第二百四十六条 被查封的财产，执行员可以指定被执行人负责保管。因被执行人的过错造成的损失，由被执行人承担。

第二百四十七条 财产被查封、扣押后，执行员应当责令被执行人在指定期间履行法律文书确定的义务。被执行人逾期不履行的，人民法院应当拍卖被查封、扣押的财产；不适于拍卖或者当事人双方同意不进行拍卖的，人民法院可以委托有关单位变卖或者自行变卖。国家禁止自由买卖的物品，交有关单位按照国家规定的价格收购。

第二百四十八条 被执行人不履行法律文书确定的义务，并隐匿财产的，人民法院有权发出搜查令，对被执行人及其住所或者财产隐匿地进行搜查。

采取前款措施，由院长签发搜查令。

第二百四十九条 法律文书指定交付的财物或者票证，由执行员传唤双方当事人当面交付，或者由执行员转交，并由被交付人签收。

有关单位持有该项财物或者票证的，应当根据人民法院的协助执行通知书转交，并由被交付人签收。

有关公民持有该项财物或者票证的，人民法院通知其交出。拒不交出的，强制执行。

第二百五十条 强制迁出房屋或者强制退出土地，由院长签发公告，责令被执行人在指定期间履行。被执行人逾期不履行的，由执行员强制执行。

强制执行时，被执行人是公民的，应当通知被执行人或者他的成年家属到场；被执行人是法人或者其他组织的，应当通知其法定代表人或者主要负责人到场。拒不到场的，不影响执行。被执行人是公民的，其工作单位或者房屋、土地所在地的基层组织应当派人参加。执行员应当将强制执行情况记入笔录，由在场人签名或者盖章。

强制迁出房屋被搬出的财物，由人民法院派人运至指定处所，交给被执行人。被执行人是公民的，也可以交给他的成年家属。因拒绝接收而造成的损失，由被执行人承担。

第二百五十一条 在执行中，需要办理有关财产权证照转移手续的，人民法院可以向有关单位发出协助执行通知书，有关单位必须办理。

第二百五十二条 对判决、裁定和其他法律文书指定的行为，被执行人未按执行通知履行的，人民法院可以强制执行或者委托有关单位或者其他人完成，费用由被执行人承担。

第二百五十三条 被执行人未按判决、裁定和其他法律文书指定的期间履行给付金钱义务的，应当加倍支付迟延履行期间的债务利息。被执行人未按判决、裁定和其他法律文书指定的期间履行其他义务的，应当支付迟延履行金。

第二百五十四条 人民法院采取本法第 242 条、第 243 条、第 244 条规定的执行措施后，被执行人仍不能偿还债务的，应当继续履行义务。债权人发现被执行人有其他财产的，可以随时请求人民法院执行。

第二百五十五条 被执行人不履行法律文书确定的义务的，人民法院可以对其采取或者通知有关单位协助采取限制出境，在征信系统记录、通过媒体公布不履行义务信息以及法律规定的其他措施。

第二十二章　执行中止和终结

第二百五十六条 有下列情形之一的，人民法院应当裁定中止执行：

（一）申请人表示可以延期执行的；

（二）案外人对执行标的提出确有理由的异议的；

（三）作为一方当事人的公民死亡，需要等待继承人继承权利或者承担义务的；

（四）作为一方当事人的法人或者其他组织终止，尚未确定权利义务承受人的；

（五）人民法院认为应当中止执行的其他情形。

中止的情形消失后，恢复执行。

第二百五十七条 有下列情形之一的，人民法院裁定终结执行：

（一）申请人撤销申请的；

（二）据以执行的法律文书被撤销的；

（三）作为被执行人的公民死亡，无遗产可供执行，又无义务承担人的；

（四）追索赡养费、扶养费、抚育费案件的权利人死亡的；

（五）作为被执行人的公民因生活困难无力偿还借款，无收入来源，又丧失劳动能力的；

（六）人民法院认为应当终结执行的其他情形。

第二百五十八条 中止和终结执行的裁定，送达当事人后立即生效。

最高人民法院关于适用
《中华人民共和国民事诉讼法》的解释（节录）

（2014 年 12 月 18 日最高人民法院审判委员会第 1636 次会议通过）

二十一、执行程序

第四百六十二条 发生法律效力的实现担保物权裁定、确认调解协议裁定、支付令，由作出裁定、支付令的人民法院或者与其同级的被执行财产所在地的人民法院执行。

认定财产无主的判决，由作出判决的人民法院将无主财产收归国家或者集体所有。

第四百六十三条 当事人申请人民法院执行的生效法律文书应当具备下列条件：

（一）权利义务主体明确；

（二）给付内容明确。

法律文书确定继续履行合同的，应当明确继续履行的具体内容。

第四百六十四条 根据民事诉讼法第 227 条规定，案外人对执行标的提出异议的，应当在该执行标的的执行程序终结前提出。

第四百六十五条 案外人对执行标的提出的异议，经审查，按照下列情形分别处理：

（一）案外人对执行标的不享有足以排除强制执行的权益的，裁定驳回其异议；

（二）案外人对执行标的享有足以排除强制执行的权益的，裁定中止执行。

驳回案外人执行异议裁定送达案外人之日起 15 日内，人民法院不得对执行标的进行处分。

第四百六十六条 申请执行人与被执行人达成和解协议后请求中止执行或者撤回执行申请的，人民法院可以裁定中止执行或者终结执行。

第四百六十七条 一方当事人不履行或者不完全履行在执行中双方自愿达成的和解协议，对方当事人申请执行原生效法律文书的，人民法院应当恢复执行，但和解协议已履行的部分应当扣除。和解协议已经履行完毕的，人民法院不予恢复执行。

第四百六十八条 申请恢复执行原生效法律文书，适用民事诉讼法第 239 条申请执行期间的规定。申请执行期间因达成执行中的和解协议而中断，其期间自和解协议约定履行期限的最后一日起重新计算。

第四百六十九条 人民法院依照民事诉讼法第 231 条规定决定暂缓执行的，如果担保是有期限的，暂缓执行的期限应当与担保期限一致，但最长不得超过 1 年。被执行人或者担保人对担保的财产在暂缓执行期间有转移、隐藏、变卖、毁损等行为的，人民法院可以恢复强制执行。

第四百七十条 根据民事诉讼法第 231 条规定向人民法院提供执行担保的，可以由被执行人或者他人提供财产担保，也可以由他人提供保证。担保人应当具有代为履行或者代为承担赔偿责任的能力。

他人提供执行保证的，应当向执行法院出具保证书，并将保证书副本送交申请执行人。被执行人或者他人提供财产担保的，应当参照物权法、担保法的有关规定办理相应手续。

第四百七十一条　被执行人在人民法院决定暂缓执行的期限届满后仍不履行义务的，人民法院可以直接执行担保财产，或者裁定执行担保人的财产，但执行担保人的财产以担保人应当履行义务部分的财产为限。

第四百七十二条　依照民事诉讼法第 232 条规定，执行中作为被执行人的法人或者其他组织分立、合并的，人民法院可以裁定变更后的法人或者其他组织为被执行人；被注销的，如果依照有关实体法的规定有权利义务承受人的，可以裁定该权利义务承受人为被执行人。

第四百七十三条　其他组织在执行中不能履行法律文书确定的义务的，人民法院可以裁定执行对该其他组织依法承担义务的法人或者公民个人的财产。

第四百七十四条　在执行中，作为被执行人的法人或者其他组织名称变更的，人民法院可以裁定变更后的法人或者其他组织为被执行人。

第四百七十五条　作为被执行人的公民死亡，其遗产继承人没有放弃继承的，人民法院可以裁定变更被执行人，由该继承人在遗产的范围内偿还债务。继承人放弃继承的，人民法院可以直接执行被执行人的遗产。

第四百七十六条　法律规定由人民法院执行的其他法律文书执行完毕后，该法律文书被有关机关或者组织依法撤销的，经当事人申请，适用民事诉讼法第 233 条规定。

第四百七十七条　仲裁机构裁决的事项，部分有民事诉讼法第 237 条第 2 款、第 3 款规定情形的，人民法院应当裁定对该部分不予执行。

应当不予执行部分与其他部分不可分的，人民法院应当裁定不予执行仲裁裁决。

第四百七十八条　依照民事诉讼法第 237 条第 2 款、第 3 款规定，人民法院裁定不予执行仲裁裁决后，当事人对该裁定提出执行异议或者复议的，人民法院不予受理。当事人可以就该民事纠纷重新达成书面仲裁协议申请仲裁，也可以向人民法院起诉。

第四百七十九条　在执行中，被执行人通过仲裁程序将人民法院查封、扣押、冻结的财产确权或者分割给案外人的，不影响人民法院执行程序的进行。

案外人不服的，可以根据民事诉讼法第 227 条规定提出异议。

第四百八十条　有下列情形之一的，可以认定为民事诉讼法第 238 条第 2 款规定的公证债权文书确有错误：

（一）公证债权文书属于不得赋予强制执行效力的债权文书的；

（二）被执行人一方未亲自或者未委托代理人到场公证等严重违反法律规定的公证程序的；

（三）公证债权文书的内容与事实不符或者违反法律强制性规定的；

（四）公证债权文书未载明被执行人不履行义务或者不完全履行义务时同意接受强制执行的。

人民法院认定执行该公证债权文书违背社会公共利益的，裁定不予执行。

公证债权文书被裁定不予执行后，当事人、公证事项的利害关系人可以就债权争议提起诉讼。

第四百八十一条 当事人请求不予执行仲裁裁决或者公证债权文书的，应当在执行终结前向执行法院提出。

第四百八十二条 人民法院应当在收到申请执行书或者移交执行书后10日内发出执行通知。

执行通知中除应责令被执行人履行法律文书确定的义务外，还应通知其承担民事诉讼法第253条规定的迟延履行利息或者迟延履行金。

第四百八十三条 申请执行人超过申请执行时效期间向人民法院申请强制执行的，人民法院应予受理。被执行人对申请执行时效期间提出异议，人民法院经审查异议成立的，裁定不予执行。

被执行人履行全部或者部分义务后，又以不知道申请执行时效期间届满为由请求执行回转的，人民法院不予支持。

第四百八十四条 对必须接受调查询问的被执行人、被执行人的法定代表人、负责人或者实际控制人，经依法传唤无正当理由拒不到场的，人民法院可以拘传其到场。

人民法院应当及时对被拘传人进行调查询问，调查询问的时间不得超过8小时；情况复杂，依法可能采取拘留措施的，调查询问的时间不得超过24小时。

人民法院在本辖区以外采取拘传措施时，可以将被拘传人拘传到当地人民法院，当地人民法院应予协助。

第四百八十五条 人民法院有权查询被执行人的身份信息与财产信息，掌握相关信息的单位和个人必须按照协助执行通知书办理。

第四百八十六条 对被执行的财产，人民法院非经查封、扣押、冻结不得处分。对银行存款等各类可以直接扣划的财产，人民法院的扣划裁定同时具有冻结的法律效力。

第四百八十七条 人民法院冻结被执行人的银行存款的期限不得超过1年，查封、扣押动产的期限不得超过2年，查封不动产、冻结其他财产权的期限不得超过3年。

申请执行人申请延长期限的，人民法院应当在查封、扣押、冻结期限届满前办理续行查封、扣押、冻结手续，续行期限不得超过前款规定的期限。

人民法院也可以依职权办理续行查封、扣押、冻结手续。

第四百八十八条 依照民事诉讼法第247条规定，人民法院在执行中需要拍卖被执行人财产的，可以由人民法院自行组织拍卖，也可以交由具备相应资质的拍卖机构拍卖。

交拍卖机构拍卖的，人民法院应当对拍卖活动进行监督。

第四百八十九条 拍卖评估需要对现场进行检查、勘验的，人民法院应当责令被执行人、协助义务人予以配合。被执行人、协助义务人不予配合的，人民法院可以强制进行。

第四百九十条 人民法院在执行中需要变卖被执行人财产的，可以交有关单位变卖，也可以由人民法院直接变卖。

对变卖的财产，人民法院或者其工作人员不得买受。

第四百九十一条 经申请执行人和被执行人同意，且不损害其他债权人合法权益和社会公共利益的，人民法院可以不经拍卖、变卖，直接将被执行人的财产作价交申请执行人抵偿债务。对剩余债务，被执行人应当继续清偿。

第四百九十二条 被执行人的财产无法拍卖或者变卖的，经申请执行人同意，且不损害其他债权人合法权益和社会公共利益的，人民法院可以将该项财产作价后交付申请执行人抵偿债务，或者交付申请执行人管理；申请执行人拒绝接收或者管理的，退回被执行人。

第四百九十三条 拍卖成交或者依法定程序裁定以物抵债的，标的物所有权自拍卖成交裁定或者抵债裁定送达买受人或者接受抵债物的债权人时转移。

第四百九十四条 执行标的物为特定物的，应当执行原物。原物确已毁损或者灭失的，经双方当事人同意，可以折价赔偿。

双方当事人对折价赔偿不能协商一致的，人民法院应当终结执行程序。申请执行人可以另行起诉。

第四百九十五条 他人持有法律文书指定交付的财物或者票证，人民法院依照民事诉讼法第249条第2款、第3款规定发出协助执行通知后，拒不转交的，可以强制执行，并可依照民事诉讼法第114条、第115条规定处理。

他人持有期间财物或者票证毁损、灭失的，参照本解释第494条规定处理。

他人主张合法持有财物或者票证的，可以根据民事诉讼法第227条规定提出执行异议。

第四百九十六条 在执行中，被执行人隐匿财产、会计账簿等资料的，人民法院除可依照民事诉讼法第111条第1款第6项规定对其处理外，还应责令被执行人交出隐匿的财产、会计账簿等资料。被执行人拒不交出的，人民法院可以采取搜查措施。

第四百九十七条 搜查人员应当按规定着装并出示搜查令和工作证件。

第四百九十八条 人民法院搜查时禁止无关人员进入搜查现场；搜查对象是公民的，应当通知被执行人或者他的成年家属以及基层组织派员到场；搜查对象是法人或者其他组织的，应当通知法定代表人或者主要负责人到场。拒不到场的，不影响搜查。

搜查妇女身体，应当由女执行人员进行。

第四百九十九条 搜查中发现应当依法采取查封、扣押措施的财产，依照民事诉讼法第245条第2款和第247条规定办理。

第五百条 搜查应当制作搜查笔录，由搜查人员、被搜查人及其他在场人签名、捺印或者盖章。拒绝签名、捺印或者盖章的，应当记入搜查笔录。

第五百零一条 人民法院执行被执行人对他人的到期债权，可以作出冻结债权的裁定，并通知该他人向申请执行人履行。

该他人对到期债权有异议，申请执行人请求对异议部分强制执行的，人民法院不予支持。利害关系人对到期债权有异议的，人民法院应当按照民事诉讼法第227条规定处理。

对生效法律文书确定的到期债权，该他人予以否认的，人民法院不予支持。

第五百零二条 人民法院在执行中需要办理房产证、土地证、林权证、专利证书、商标证书、车船执照等有关财产权证照转移手续的，可以依照民事诉讼法第251条规定办理。

第五百零三条 被执行人不履行生效法律文书确定的行为义务，该义务可由他人完成的，人民法院可以选定代履行人；法律、行政法规对履行该行为义务有资格限制的，应当从有资格的人中选定。必要时，可以通过招标的方式确定代履行人。

申请执行人可以在符合条件的人中推荐代履行人，也可以申请自己代为履行，是否准许，由人民法院决定。

第五百零四条 代履行费用的数额由人民法院根据案件具体情况确定，并由被执行人在指定期限内预先支付。被执行人未预付的，人民法院可以对该费用强制执行。

代履行结束后，被执行人可以查阅、复制费用清单以及主要凭证。

第五百零五条 被执行人不履行法律文书指定的行为，且该项行为只能由被执行人完成的，人民法院可以依照民事诉讼法第111条第1款第6项规定处理。

被执行人在人民法院确定的履行期间内仍不履行的，人民法院可以依照民事诉讼法第111条第1款第6项规定再次处理。

第五百零六条 被执行人迟延履行的，迟延履行期间的利息或者迟延履行金自判决、裁定和其他法律文书指定的履行期间届满之日起计算。

第五百零七条 被执行人未按判决、裁定和其他法律文书指定的期间履行非金钱给付义务的，无论是否已给申请执行人造成损失，都应当支付迟延履行金。已经造成损失的，双倍补偿申请执行人已经受到的损失；没有造成损失的，迟延履行金可以由人民法院根据具体案件情况决定。

第五百零八条 被执行人为公民或者其他组织，在执行程序开始后，被执行人的其他已经取得执行依据的债权人发现被执行人的财产不能清偿所有债权的，可以向人民法院申请参与分配。

对人民法院查封、扣押、冻结的财产有优先权、担保物权的债权人，可以直接申请参与分配，主张优先受偿权。

第五百零九条 申请参与分配，申请人应当提交申请书。申请书应当写明参与分配和被执行人不能清偿所有债权的事实、理由，并附有执行依据。

参与分配申请应当在执行程序开始后，被执行人的财产执行终结前提出。

第五百一十条 参与分配执行中，执行所得价款扣除执行费用，并清偿应当优先受偿的债权后，对于普通债权，原则上按照其占全部申请参与分配债权数额的比例受偿。清偿后的剩余债务，被执行人应当继续清偿。债权人发现被执行人有其他财产的，可以随时请求人民法院执行。

第五百一十一条 多个债权人对执行财产申请参与分配的，执行法院应当制作财产分配方案，并送达各债权人和被执行人。债权人或者被执行人对分配方案有异议的，应当自收到分配方案之日起15日内向执行法院提出书面异议。

第五百一十二条 债权人或者被执行人对分配方案提出书面异议的，执行法院应当通知未提出异议的债权人、被执行人。

　　未提出异议的债权人、被执行人自收到通知之日起 15 日内未提出反对意见的，执行法院依异议人的意见对分配方案审查修正后进行分配；提出反对意见的，应当通知异议人。异议人可以自收到通知之日起 15 日内，以提出反对意见的债权人、被执行人为被告，向执行法院提起诉讼；异议人逾期未提起诉讼的，执行法院按照原分配方案进行分配。

　　诉讼期间进行分配的，执行法院应当提存与争议债权数额相应的款项。

　　第五百一十三条　在执行中，作为被执行人的企业法人符合企业破产法第 2 条第 1 款规定情形的，执行法院经申请执行人之一或者被执行人同意，应当裁定中止对该被执行人的执行，将执行案件相关材料移送被执行人住所地人民法院。

　　第五百一十四条　被执行人住所地人民法院应当自收到执行案件相关材料之日起 30 日内，将是否受理破产案件的裁定告知执行法院。不予受理的，应当将相关案件材料退回执行法院。

　　第五百一十五条　被执行人住所地人民法院裁定受理破产案件的，执行法院应当解除对被执行人财产的保全措施。被执行人住所地人民法院裁定宣告被执行人破产的，执行法院应当裁定终结对该被执行人的执行。

　　被执行人住所地人民法院不受理破产案件的，执行法院应当恢复执行。

　　第五百一十六条　当事人不同意移送破产或者被执行人住所地人民法院不受理破产案件的，执行法院就执行变价所得财产，在扣除执行费用及清偿优先受偿的债权后，对于普通债权，按照财产保全和执行中查封、扣押、冻结财产的先后顺序清偿。

　　第五百一十七条　债权人根据民事诉讼法第 254 条规定请求人民法院继续执行的，不受民事诉讼法第 239 条规定申请执行时效期间的限制。

　　第五百一十八条　被执行人不履行法律文书确定的义务的，人民法院除对被执行人予以处罚外，还可以根据情节将其纳入失信被执行人名单，将被执行人不履行或者不完全履行义务的信息向其所在单位、征信机构以及其他相关机构通报。

　　第五百一十九条　经过财产调查未发现可供执行的财产，在申请执行人签字确认或者执行法院组成合议庭审查核实并经院长批准后，可以裁定终结本次执行程序。

　　依照前款规定终结执行后，申请执行人发现被执行人有可供执行财产的，可以再次申请执行。再次申请不受申请执行时效期间的限制。

　　第五百二十条　因撤销申请而终结执行后，当事人在民事诉讼法第 239 条规定的申请执行时效期间内再次申请执行的，人民法院应当受理。

　　第五百二十一条　在执行终结 6 个月内，被执行人或者其他人对已执行的标的有妨害行为的，人民法院可以依申请排除妨害，并可以依照民事诉讼法第 111 条规定进行处罚。因妨害行为给执行债权人或者其他人造成损失的，受害人可以另行起诉。

最高人民法院关于适用
《中华人民共和国民事诉讼法》执行程序若干问题的解释

(2008 年 9 月 8 日最高人民法院审判委员会第 1452 次会议通过)

为了依法及时有效地执行生效法律文书,维护当事人的合法权益,根据 2007 年 10 月修改后的《中华人民共和国民事诉讼法》(以下简称民事诉讼法),结合人民法院执行工作实际,对执行程序中适用法律的若干问题作出如下解释:

第一条 申请执行人向被执行的财产所在地人民法院申请执行的,应当提供该人民法院辖区有可供执行财产的证明材料。

第二条 对两个以上人民法院都有管辖权的执行案件,人民法院在立案前发现其他有管辖权的人民法院已经立案的,不得重复立案。

立案后发现其他有管辖权的人民法院已经立案的,应当撤销案件;已经采取执行措施的,应当将控制的财产交先立案的执行法院处理。

第三条 人民法院受理执行申请后,当事人对管辖权有异议的,应当自收到执行通知书之日起 10 日内提出。

人民法院对当事人提出的异议,应当审查。异议成立的,应当撤销执行案件,并告知当事人向有管辖权的人民法院申请执行;异议不成立的,裁定驳回。当事人对裁定不服的,可以向上一级人民法院申请复议。

管辖权异议审查和复议期间,不停止执行。

第四条 对人民法院采取财产保全措施的案件,申请执行人向采取保全措施的人民法院以外的其他有管辖权的人民法院申请执行的,采取保全措施的人民法院应当将保全的财产交执行法院处理。

第五条 执行过程中,当事人、利害关系人认为执行法院的执行行为违反法律规定的,可以依照民事诉讼法第 202 条的规定提出异议。

执行法院审查处理执行异议,应当自收到书面异议之日起 15 日内作出裁定。

第六条 当事人、利害关系人依照民事诉讼法第 202 条规定申请复议的,应当采取书面形式。

第七条 当事人、利害关系人申请复议的书面材料,可以通过执行法院转交,也可以直接向执行法院的上一级人民法院提交。

执行法院收到复议申请后,应当在 5 日内将复议所需的案卷材料报送上一级人民法院;上一级人民法院收到复议申请后,应当通知执行法院在 5 日内报送复议所需的案卷材料。

第八条 上一级人民法院对当事人、利害关系人的复议申请,应当组成合议庭进行审查。

第九条 当事人、利害关系人依照民事诉讼法第 202 条规定申请复议的,上一级人民法院应当自收到复议申请之日起 30 日内审查完毕，并作出裁定。有特殊情况需要延长的，经本院院长批准，可以延长，延长的期限不得超过 30 日。

第十条 执行异议审查和复议期间，不停止执行。

被执行人、利害关系人提供充分、有效的担保请求停止相应处分措施的，人民法院可以准许；申请执行人提供充分、有效的担保请求继续执行的，应当继续执行。

第十一条 依照民事诉讼法第 203 条的规定，有下列情形之一的，上一级人民法院可以根据申请执行人的申请，责令执行法院限期执行或者变更执行法院：

（一）债权人申请执行时被执行人有可供执行的财产，执行法院自收到申请执行书之日起超过 6 个月对该财产未执行完结的；

（二）执行过程中发现被执行人可供执行的财产，执行法院自发现财产之日起超过 6 个月对该财产未执行完结的；

（三）对法律文书确定的行为义务的执行，执行法院自收到申请执行书之日起超过 6 个月未依法采取相应执行措施的；

（四）其他有条件执行超过 6 个月未执行的。

第十二条 上一级人民法院依照民事诉讼法第 203 条规定责令执行法院限期执行的，应当向其发出督促执行令，并将有关情况书面通知申请执行人。

上一级人民法院决定由本院执行或者指令本辖区其他人民法院执行的，应当作出裁定，送达当事人并通知有关人民法院。

第十三条 上一级人民法院责令执行法院限期执行，执行法院在指定期间内无正当理由仍未执行完结的，上一级人民法院应当裁定由本院执行或者指令本辖区其他人民法院执行。

第十四条 民事诉讼法第 203 条规定的 6 个月期间，不应当计算执行中的公告期间、鉴定评估期间、管辖争议处理期间、执行争议协调期间、暂缓执行期间以及中止执行期间。

第十五条 案外人对执行标的主张所有权或者有其他足以阻止执行标的的转让、交付的实体权利的，可以依照民事诉讼法第 204 条的规定，向执行法院提出异议。

第十六条 案外人异议审查期间，人民法院不得对执行标的进行处分。

案外人向人民法院提供充分、有效的担保请求解除对异议标的的查封、扣押、冻结的，人民法院可以准许；申请执行人提供充分、有效的担保请求继续执行的，应当继续执行。

因案外人提供担保解除查封、扣押、冻结有错误，致使该标的无法执行的，人民法院可以直接执行担保财产；申请执行人提供担保请求继续执行有错误，给对方造成损失的，应当予以赔偿。

第十七条 案外人依照民事诉讼法第 204 条规定提起诉讼，对执行标的主张实体权利，并请求对执行标的停止执行的，应当以申请执行人为被告；被执行人反对案外人对执行标的所主张的实体权利的，应当以申请执行人和被执行人为共同被告。

第十八条 案外人依照民事诉讼法第 204 条规定提起诉讼的，由执行法院管辖。

第十九条 案外人依照民事诉讼法第 204 条规定提起诉讼的，执行法院应当依照诉讼程序审理。经审理，理由不成立的，判决驳回其诉讼请求；理由成立的，根据案外人的诉讼请求作出相应的裁判。

第二十条 案外人依照民事诉讼法第 204 条规定提起诉讼的，诉讼期间，不停止执行。

案外人的诉讼请求确有理由或者提供充分、有效的担保请求停止执行的，可以裁定停止对执行标的进行处分；申请执行人提供充分、有效的担保请求继续执行的，应当继续执行。

案外人请求停止执行、请求解除查封、扣押、冻结或者申请执行人请求继续执行有错误，给对方造成损失的，应当予以赔偿。

第二十一条 申请执行人依照民事诉讼法第 204 条规定提起诉讼，请求对执行标的许可执行的，应当以案外人为被告；被执行人反对申请执行人请求的，应当以案外人和被执行人为共同被告。

第二十二条 申请执行人依照民事诉讼法第 204 条规定提起诉讼的，由执行法院管辖。

第二十三条 人民法院依照民事诉讼法第 204 条规定裁定对异议标的中止执行后，申请执行人自裁定送达之日起 15 日内未提起诉讼的，人民法院应当裁定解除已经采取的执行措施。

第二十四条 申请执行人依照民事诉讼法第 204 条规定提起诉讼的，执行法院应当依照诉讼程序审理。经审理，理由不成立的，判决驳回其诉讼请求；理由成立的，根据申请执行人的诉讼请求作出相应的裁判。

第二十五条 多个债权人对同一被执行人申请执行或者对执行财产申请参与分配的，执行法院应当制作财产分配方案，并送达各债权人和被执行人。债权人或者被执行人对分配方案有异议的，应当自收到分配方案之日起 15 日内向执行法院提出书面异议。

第二十六条 债权人或者被执行人对分配方案提出书面异议的，执行法院应当通知未提出异议的债权人或被执行人。

未提出异议的债权人、被执行人收到通知之日起 15 日内未提出反对意见的，执行法院依异议人的意见对分配方案审查修正后进行分配；提出反对意见的，应当通知异议人。异议人可以自收到通知之日起 15 日内，以提出反对意见的债权人、被执行人为被告，向执行法院提起诉讼；异议人逾期未提起诉讼的，执行法院依原分配方案进行分配。

诉讼期间进行分配的，执行法院应当将与争议债权数额相应的款项予以提存。

第二十七条 在申请执行时效期间的最后 6 个月内，因不可抗力或者其他障碍不能行使请求权的，申请执行时效中止。从中止时效的原因消除之日起，申请执行时效期间继续计算。

第二十八条 申请执行时效因申请执行、当事人双方达成和解协议、当事人一方提出履行要求或者同意履行义务而中断。从中断时起，申请执行时效期间重新计算。

第二十九条 生效法律文书规定债务人负有不作为义务的，申请执行时效期间从债务人违反不作为义务之日起计算。

第三十条 执行员依照民事诉讼法第 216 条规定立即采取强制执行措施的，可以同时或者自采取强制执行措施之日起 3 日内发送执行通知书。

第三十一条　人民法院依照民事诉讼法第 217 条规定责令被执行人报告财产情况的，应当向其发出报告财产令。报告财产令中应当写明报告财产的范围、报告财产的期间、拒绝报告或者虚假报告的法律后果等内容。

第三十二条　被执行人依照民事诉讼法第 217 条的规定，应当书面报告下列财产情况：

（一）收入、银行存款、现金、有价证券；

（二）土地使用权、房屋等不动产；

（三）交通运输工具、机器设备、产品、原材料等动产；

（四）债权、股权、投资权益、基金、知识产权等财产性权利；

（五）其他应当报告的财产。

被执行人自收到执行通知之日前 1 年至当前财产发生变动的，应当对该变动情况进行报告。

被执行人在报告财产期间履行全部债务的，人民法院应当裁定终结报告程序。

第三十三条　被执行人报告财产后，其财产情况发生变动，影响申请执行人债权实现的，应当自财产变动之日起 10 日内向人民法院补充报告。

第三十四条　对被执行人报告的财产情况，申请执行人请求查询的，人民法院应当准许。申请执行人对查询的被执行人财产情况，应当保密。

第三十五条　对被执行人报告的财产情况，执行法院可以依申请执行人的申请或者依职权调查核实。

第三十六条　依照民事诉讼法第 231 条规定对被执行人限制出境的，应当由申请执行人向执行法院提出书面申请；必要时，执行法院可以依职权决定。

第三十七条　被执行人为单位的，可以对其法定代表人、主要负责人或者影响债务履行的直接责任人员限制出境。

被执行人为无民事行为能力人或者限制民事行为能力人的，可以对其法定代理人限制出境。

第三十八条　在限制出境期间，被执行人履行法律文书确定的全部债务的，执行法院应当及时解除限制出境措施；被执行人提供充分、有效的担保或者申请执行人同意的，可以解除限制出境措施。

第三十九条　依照民事诉讼法第 231 条的规定，执行法院可以依职权或者依申请执行人的申请，将被执行人不履行法律文书确定义务的信息，通过报纸、广播、电视、互联网等媒体公布。

媒体公布的有关费用，由被执行人负担；申请执行人申请在媒体公布的，应当垫付有关费用。

第四十条　本解释施行前本院公布的司法解释与本解释不一致的，以本解释为准。

最高人民法院
关于人民法院执行工作若干问题的规定（试行）

（1998 年 6 月 11 日最高人民法院审判委员会第 992 次会议通过；1998 年 7 月 8 日最高人民法院公告公布，自 1998 年 7 月 8 日起施行；根据 2008 年 12 月 6 日发布的《最高人民法院关于调整司法解释等文件中引用〈中华人民共和国民事诉讼法〉条文序号的决定》调整）

为了保证在执行程序中正确适用法律，及时有效地执行生效法律文书，维护当事人的合法权益，根据《中华人民共和国民事诉讼法》（以下简称民事诉讼法）等有关法律的规定，结合人民法院执行工作的实践经验，现对人民法院执行工作若干问题作如下规定。

一、执行机构及其职责

1. 人民法院根据需要，依据有关法律的规定，设立执行机构，专门负责执行工作。

2. 执行机构负责执行下列生效法律文书：

（1）人民法院民事、行政判决、裁定、调解书，民事制裁决定、支付令，以及刑事附带民事判决、裁定、调解书；

（2）依法应由人民法院执行的行政处罚决定、行政处理决定；

（3）我国仲裁机构作出的仲裁裁决和调解书；人民法院依据《中华人民共和国仲裁法》有关规定作出的财产保全和证据保全裁定；

（4）公证机关依法赋予强制执行效力的关于追偿债款、物品的债权文书；

（5）经人民法院裁定承认其效力的外国法院作出的判决、裁定，以及国外仲裁机构作出的仲裁裁决；

（6）法律规定由人民法院执行的其他法律文书。

3. 人民法院在审理民事、行政案件中作出的财产保全和先予执行裁定，由审理案件的审判庭负责执行。

4. 人民法庭审结的案件，由人民法庭负责执行。其中复杂、疑难或被执行人不在本法院辖区的案件，由执行机构负责执行。

5. 执行程序中重大事项的办理，应由 3 名以上执行员讨论，并报经院长批准。

6. 依据民事诉讼法第 213 条或第 258 条的规定对仲裁裁决是否有不予执行事由进行审查的，应组成合议庭进行。

7. 执行机构应配备必要的交通工具、通讯设备、音像设备和警械用具等，以保障及时有效地履行职责。

8. 执行人员执行公务时，应向有关人员出示工作证和执行公务证，并按规定着装。必要时应由司法警察参加。

执行公务证由最高人民法院统一制发。

9．上级人民法院执行机构负责本院对下级人民法院执行工作的监督、指导和协调。

二、执行管辖

10．仲裁机构作出的国内仲裁裁决、公证机关依法赋予强制执行效力的公证债权文书，由被执行人住所地或被执行的财产所在地人民法院执行。

前款案件的级别管辖，参照各地法院受理诉讼案件的级别管辖的规定确定。

11．在国内仲裁过程中，当事人申请财产保全，经仲裁机构提交人民法院的，由被申请人住所地或被申请保全的财产所在地的基层人民法院裁定并执行；申请证据保全的，由证据所在地的基层人民法院裁定并执行。

12．在涉外仲裁过程中，当事人申请财产保全，经仲裁机构提交人民法院的，由被申请人住所地或被申请保全的财产所在地的中级人民法院裁定并执行；申请证据保全的，由证据所在地的中级人民法院裁定并执行。

13．专利管理机关依法作出的处理决定和处罚决定，由被执行人住所地或财产所在地的省、自治区、直辖市有权受理专利纠纷案件的中级人民法院执行。

14．国务院各部门、各省、自治区、直辖市人民政府和海关依照法律、法规作出的处理决定和处罚决定，由被执行人住所地或财产所在地的中级人民法院执行。

15．两个以上人民法院都有管辖权的，当事人可以向其中一个人民法院申请执行；当事人向两个以上人民法院申请执行的，由最先立案的人民法院管辖。

16．人民法院之间因执行管辖权发生争议的，由双方协商解决；协商不成的，报请双方共同的上级人民法院指定管辖。

17．基层人民法院和中级人民法院管辖的执行案件，因特殊情况需要由上级人民法院执行的，可以报请上级人民法院执行。

三、执行的申请和移送

18．人民法院受理执行案件应当符合下列条件：

（1）申请或移送执行的法律文书已经生效；

（2）申请执行人是生效法律文书确定的权利人或其继承人、权利承受人；

（3）申请执行人在法定期限内提出申请；

（4）申请执行的法律文书有给付内容，且执行标的和被执行人明确；

（5）义务人在生效法律文书确定的期限内未履行义务；

（6）属于受申请执行的人民法院管辖。

人民法院对符合上述条件的申请，应当在 7 日内予以立案；不符合上述条件之一的，应当在 7 日内裁定不予受理。

19．生效法律文书的执行，一般应当由当事人依法提出申请。

发生法律效力的具有给付赡养费、扶养费、抚育费内容的法律文书、民事制裁决定书，以及刑事附带民事判决、裁定、调解书，由审判庭移送执行机构执行。

20．申请执行，应向人民法院提交下列文件和证件：

（1）申请执行书。申请执行书中应当写明申请执行的理由、事项、执行标的，以及申请执行人所了解的被执行人的财产状况。

申请执行人书写申请执行书确有困难的，可以口头提出申请。人民法院接待人员对口头申请应当制作笔录，由申请执行人签字或盖章。

外国一方当事人申请执行的，应当提交中文申请执行书。当事人所在国与我国缔结或共同参加的司法协助条约有特别规定的，按照条约规定办理。

（2）生效法律文书副本。

（3）申请执行人的身份证明。公民个人申请的，应当出示居民身份证；法人申请的，应当提交法人营业执照副本和法定代表人身份证明；其他组织申请的，应当提交营业执照副本和主要负责人身份证明。

（4）继承人或权利承受人申请执行的，应当提交继承或承受权利的证明文件。

（5）其他应当提交的文件或证件。

21．申请执行仲裁机构的仲裁裁决，应当向人民法院提交有仲裁条款的合同书或仲裁协议书。

申请执行国外仲裁机构的仲裁裁决的，应当提交经我国驻外使领馆认证或我国公证机关公证的仲裁裁决书中文本。

22．申请执行人可以委托代理人代为申请执行。委托代理的，应当向人民法院提交经委托人签字或盖章的授权委托书，写明委托事项和代理人的权限。

委托代理人代为放弃、变更民事权利，或代为进行执行和解，或代为收取执行款项的，应当有委托人的特别授权。

23．申请人民法院强制执行，应当按照人民法院诉讼收费办法的规定缴纳申请执行的费用。

四、执行前的准备和对被执行人财产状况的查明

24．人民法院决定受理执行案件后，应当在3日内向被执行人发出执行通知书，责令其在指定的期间内履行生效法律文书确定的义务，并承担民事诉讼法第229条规定的迟延履行期间的债务利息或迟延履行金。

25．执行通知书的送达，适用民事诉讼法关于送达的规定。

26．被执行人未按执行通知书指定的期间履行生效法律文书确定的义务的，应当及时采取执行措施。

在执行通知指定的期限内，被执行人转移、隐匿、变卖、毁损财产的，应当立即采取执行措施。

人民法院采取执行措施，应当制作裁定书，送达被执行人。

27．人民法院执行非诉讼生效法律文书，必要时可向制作生效法律文书的机构调取卷宗材料。

28．申请执行人应当向人民法院提供其所了解的被执行人的财产状况或线索。被执行人必须如实向人民法院报告其财产状况。

人民法院在执行中有权向被执行人、有关机关、社会团体、企业事业单位或公民个人，

调查了解被执行人的财产状况，对调查所需的材料可以进行复制、抄录或拍照，但应当依法保密。

29．为查明被执行人的财产状况和履行义务的能力，可以传唤被执行人或被执行人的法定代表人或负责人到人民法院接受询问。

30．被执行人拒绝按人民法院的要求提供其有关财产状况的证据材料的，人民法院可以按照民事诉讼法第 224 条的规定进行搜查。

31．人民法院依法搜查时，对被执行人可能存放隐匿的财物及有关证据材料的处所、箱柜等，经责令被执行人开启而拒不配合的，可以强制开启。

五、金钱给付的执行

32．查询、冻结、划拨被执行人在银行（含其分理处、营业所和储蓄所）、非银行金融机构、其他有储蓄业务的单位（以下简称金融机构）的存款，依照中国人民银行、最高人民法院、最高人民检察院、公安部《关于查询、冻结、扣划企业事业单位、机关、团体银行存款的通知》的规定办理。

33．金融机构擅自解冻被人民法院冻结的款项，致冻结款项被转移的，人民法院有权责令其限期追回已转移的款项。在限期内未能追回的，应当裁定该金融机构在转移的款项范围内以自己的财产向申请执行人承担责任。

34．被执行人为金融机构的，对其交存在人民银行的存款准备金和备付金不得冻结和扣划，但对其在本机构、其他金融机构的存款，及其在人民银行的其他存款可以冻结、划拨，并可对被执行人的其他财产采取执行措施，但不得查封其营业场所。

35．作为被执行人的公民，其收入转为储蓄存款的，应当责令其交出存单。拒不交出的，人民法院应当作出提取其存款的裁定，向金融机构发出协助执行通知书，并附生效法律文书，由金融机构提取被执行人的存款交人民法院或存入人民法院指定的账户。

36．被执行人在有关单位的收入尚未支取的，人民法院应当作出裁定，向该单位发出协助执行通知书，由其协助扣留或提取。

37．有关单位收到人民法院协助执行被执行人收入的通知后，擅自向被执行人或其他人支付的，人民法院有权责令其限期追回；逾期未追回的，应当裁定其在支付的数额内向申请执行人承担责任。

38．被执行人无金钱给付能力的，人民法院有权裁定对被执行人的其他财产采取查封、扣押措施。裁定书应送达被执行人。

采取前款措施需有关单位协助的，应当向有关单位发出协助执行通知书，连同裁定书副本一并送达有关单位。

39．查封、扣押财产的价值应当与被执行人履行债务的价值相当。

40．人民法院对被执行人所有的其他人享有抵押权、质押权或留置权的财产，可以采取查封、扣押措施。财产拍卖、变卖后所得价款，应当在抵押权人、质押权人或留置权人优先受偿后，其余额部分用于清偿申请执行人的债权。

41．对动产的查封，应当采取加贴封条的方式。不便加贴封条的，应当张贴公告。

对有产权证照的动产或不动产的查封，应当向有关管理机关发出协助执行通知书，要求其不得办理查封财产的转移过户手续，同时可以责令被执行人将有关财产权证照交人民法院保管。必要时也可以采取加贴封条或张贴公告的方法查封。

既未向有关管理机关发出协助执行通知书，也未采取加贴封条或张贴公告的办法查封的，不得对抗其他人民法院的查封。

42. 被查封的财产，可以指令由被执行人负责保管。如继续使用被查封的办产对其价值无重大影响，可以允许被执行人继承使用。因被执行人保管或使用的过错造成的损失，由被执行人承担。

43. 被扣押的财产，人民法院可以自行保管，也可以委托其他单位或个人保管。对扣押的财产，保管人不得使用。

44. 被执行人或其他人擅自处分已被查封、扣押、冻结财产的，人民法院有权责令责任人限期追回财产或承担相应的赔偿责任。

45. 被执行人的财产经查封、扣押后，在人民法院指定的期间内履行义务的，人民法院应当及时解除查封、扣押措施。

46. 人民法院对查封、扣押的被执行人财产进行变价时，应当委托拍卖机构进行拍卖。

财产无法委托拍卖、不适于拍卖或当事人双方同意不需要拍卖的，人民法院可以交由有关单位变卖或自行组织变卖。

47. 人民法院对拍卖、变卖被执行人的财产，应当委托依法成立的资产评估机构进行价格评估。

48. 被执行人申请对人民法院查封的财产自行变卖的，人民法院可以准许，但应当监督其按照合理价格在指定的期限内进行，并控制变卖的价款。

49. 拍卖、变卖被执行人的财产成交后，必须即时钱物两清。

委托拍卖、组织变卖被执行人财产所发生的实际费用，从所得价款中优先扣除。所得价款超出执行标的数额和执行费用的部分，应当退还被执行人。

50. 被执行人不履行生效法律文书确定的义务，人民法院有权裁定禁止被执行人转让其专利权、注册商标专用权、著作权（财产权部分）等知识产权。上述权利有登记主管部门的，应当同时向有关部门发出协助执行通知书，要求其不得办理财产权转移手续，必要时可以责令被执行人将产权或使用权证照交人民法院保存。

对前款财产权，可以采取拍卖、变卖等执行措施。

51. 对被执行人从有关企业中应得的已到期的股息或红利等收益，人民法院有权裁定禁止被执行人提取和有关企业向被执行人支付，并要求有关企业直接向申请执行人支付。

对被执行人预期从有关企业中应得的股息或红利等收益，人民法院可以采取冻结措施，禁止到期后被执行人提取和有关企业向被执行人支付。到期后人民法院可从有关企业中提取，并出具提取收据。

52. 对被执行人在其他股份有限公司中持有的股份凭证（股票），人民法院可以扣押，并强制被执行人按照公司法的有关规定转让，也可以直接采取拍卖、变卖的方式进行处分，或直接将股票抵偿给债权人，用于清偿被执行人的债务。

53. 对被执行人在有限责任公司、其他法人企业中的投资权益或股权，人民法院可以采取冻结措施。

冻结投资权益或股权的，应当通知有关企业不得办理被冻结投资权益或股权的转移手续，不得向被执行人支付股息或红利。被冻结的投资权益或股权，被执行人不得自行转让。

54. 被执行人在其独资开办的法人企业中拥有的投资权益被冻结后，人民法院可以直接裁定予以转让，以转让所得清偿其对申请执行人的债务。

对被执行人在有限责任公司中被冻结的投资权益或股权，人民法院可以依据《中华人民共和国公司法》第35条、第36条的规定，征得全体股东过半数同意后，予以拍卖、变卖或以其他方式转让。不同意转让的股东，应当购买该转让的投资权益或股权，不购买的，视为同意转让，不影响执行。

人民法院也可允许并监督被执行人自行转让其投资权益或股权，将转让所得收益用于清偿对申请执行人的债务。

55. 对被执行人在中外合资、合作经营企业中的投资权益或股权，在征得合资或合作他方的同意和对外经济贸易主管机关的批准后，可以对冻结的投资权益或股权予以转让。

如果被执行人除在中外合资、合作企业中的股权以外别无其他财产可供执行，其他股东又不同意转让的，可以直接强制转让被执行人的股权，但应当保护合资他方的优先购买权。

56. 有关企业收到人民法院发出的协助冻结通知后，擅自向被执行人支付股息或红利，或擅自为被执行人办理已冻结股权的转移手续，造成已转移的财产无法追回的，应当在所支付的股息或红利或转移的股权价值范围内向申请执行人承担责任。

六、交付财产和完成行为的执行

57. 生效法律文书确定被执行人交付特定标的物的，应当执行原物。原物被隐匿或非法转移的，人民法院有权责令其交出。原物确已变质、损坏或灭失的，应当裁定折价赔偿或按标的物的价值强制执行被执行人的其他财产。

58. 有关单位或公民持有法律文书指定交付的财物或票证，在接到人民法院协助执行通知书或通知书后，协同被执行人转移财物或票证的，人民法院有权责令其限期追回；逾期未追回的，应当裁定其承担赔偿责任。

59. 被执行人的财产经拍卖、变卖或裁定以物抵债后，需从现占有人处交付给买受人或申请执行人的，适用民事诉讼法第228条、第229条和本规定57条、58条的规定。

60. 被执行人拒不履行生效法律文书中指定的行为的，人民法院可以强制其履行。

对于可以替代履行的行为，可以委托有关单位或他人完成，因完成上述行为发生的费用由被执行人承担。

对于只能由被执行人完成的行为，经教育，被执行人仍拒不履行的，人民法院应当按照妨害执行行为的有关规定处理。

七、被执行人到期债权的执行

61. 被执行人不能清偿债务，但对本案以外的第三人享有到期债权的，人民法院可以依申请执行人或被执行人的申请，向第三人发出履行到期债务的通知（以下简称履行通知）。履行通知必须直接送达第三人。

履行通知应当包含下列内容：

（1）第三人直接向申请执行人履行其对被执行人所负的债务，不得向被执行人清偿；

（2）第三人应当在收到履行通知后的15日内向申请执行人履行债务；

（3）第三人对履行到期债权有异议的，应当在收到履行通知后的15日内向执行法院提出；

（4）第三人违背上述义务的法律后果。

62. 第三人对履行通知的异议一般应当以书面形式提出，口头提出的，执行人员应记入笔录，并由第三人签字或盖章。

63. 第三人在履行通知指定的期间内提出异议的，人民法院不得对第三人强制执行，对提出的异议不进行审查。

64. 第三人提出自己无履行能力或其与申请执行人无直接法律关系，不属于本规定所指的异议。

第三人对债务部分承认、部分有异议的，可以对其承认的部分强制执行。

65. 第三人在履行通知指定的期限内没有提出异议，而又不履行的，执行法院有权裁定对其强制执行。此裁定同时送达第三人和被执行人。

66. 被执行人收到人民法院履行通知后，放弃其对第三人的债权或延缓第三人履行期限的行为无效，人民法院仍可在第三人无异议又不履行的情况下予以强制执行。

67. 第三人收到人民法院要求其履行到期债务的通知后，擅自向被执行人履行，造成已向被执行人履行的财产不能追回的，除在已履行的财产范围内与被执行人承担连带清偿责任外，可以追究其妨害执行的责任。

68. 在对第三人作出强制执行裁定后，第三人确无财产可供执行的，不得就第三人对他人享有的到期债权强制执行。

69. 第三人按照人民法院履行通知向申请执行人履行了债务或已被强制执行后，人民法院应当出具有关证明。

八、对案外人异议的处理

70. 案外人对执行标的主张权利的，可以向执行法院提出异议。

案外人异议一般应当以书面形式提出，并提供相应的证据。以书面形式提出确有困难的，可以允许以口头形式提出。

71. 对案外人提出的异议，执行法院应当依照民事诉讼法第204条的规定进行审查。

审查期间可以对财产采取查封、扣押、冻结等保全措施，但不得进行处分。正在实施的处分措施应当停止。

经审查认为案外人的异议理由不成立的，裁定驳回其异议，继续执行。

72. 案外人提出异议的执行标的物是法律文书指定交付的特定物，经审查认为案外人的异议成立的，报经院长批准，裁定对生效法律文书中该项内容中止执行。

73. 执行标的物不属生效法律文书指定交付的特定物，经审查认为案外人的异议成立的，报经院长批准，停止对该标的物的执行。已经采取的执行措施应当裁定立即解除或撤销，并将该标的物交还案外人。

74. 对案外人提出的异议一时难以确定是否成立，案外人已提供确实有效的担保的，可以解除查封、扣押措施。申请执行人提供确实有效的担保的，可以继续执行。因提供担保而解除查封扣押或继续执行有错误，给对方造成损失的，应裁定以担保的财产予以赔偿。

75. 执行上级人民法院的法律文书遇有本规定72条规定的情形的，或执行的财产是上级人民法院裁定保全的财产时通有本规定73条、74条规定的情形的，需报经上级人民法院批准。

九、被执行主体的变更和追加

76. 被执行人为无法人资格的私营独资企业，无能力履行法律文书确定的义务的，人民法院可以裁定执行该独资企业业主的其他财产。

77. 被执行人为个人合伙组织或合伙型联营企业，无能力履行生效法律文书确定的义务的，人民法院可以裁定追加该合伙组织的合伙人或参加该联营企业的法人为被执行人。

78. 被执行人为企业法人的分支机构不能清偿债务时，可以裁定企业法人为被执行人。企业法人直接经营管理的财产仍不能清偿债务的，人民法院可以裁定执行该企业法人其他分支机构的财产。

若必须执行已被承包或租赁的企业法人分支机构的财产时，对承包人或承租人投入及应得的收益应依法保护。

79. 被执行人按法定程序分立为两个或多个具有法人资格的企业，分立后存续的企业按照分立协议确定的比例承担债务；不符合法定程序分立的，裁定由分立后存续的企业按照其从被执行企业分得的资产占原企业总资产的比例对申请执行人承担责任。

80. 被执行人无财产清偿债务，如果其开办单位对其开办时投入的注册资金不实或抽逃注册资金，可以裁定变更或追加其开办单位为被执行人，在注册资金不实或抽逃注册资金的范围内，对申请执行人承担责任。

81. 被执行人被撤销、注销或歇业后，上级主管部门或开办单位无偿接受被执行人的财产，致使被执行人无遗留财产清偿债务或遗留财产不足清偿的，可以裁定由上级主管部门或开办单位在所接受的财产范围内承担责任。

82. 被执行人的开办单位已经在注册资金范围内或接受财产的范围内向其他债权人承担了全部责任的，人民法院不得裁定开办单位重复承担责任。

83. 依照民事诉讼法第209条、最高人民法院关于适用民事诉讼法若干问题的意见第271条至第274条及本规定裁定变更或追加被执行主体的，由执行法院的执行机构办理。

十、执行担保和执行和解

84. 被执行人或其担保人以财产向人民法院提供执行担保的，应当依据《中华人民共和国担保法》的有关规定，按照担保物的种类、性质，将担保物移交执行法院，或依法到有关机关办理登记手续。

85. 人民法院在审理案件期间，保证人为被执行人提供保证，人民法院据此未对被执行人的财产采取保全措施或解除保全措施的，案件审结后如果被执行人无财产可供执行或其财产不足清偿债务时，即使生效法律文书中未确定保证人承担责任，人民法院有权裁定执行保证人在保证责任范围内的财产。

86. 在执行中，双方当事人可以自愿达成和解协议，变更生效法律文书确定的履行义务主体、标的物及其数额、履行期限和履行方式。

和解协议一般应当采取书面形式。执行人员应将和解协议副本附卷。无书面协议的，执行人员应将和解协议的内容记入笔录，并由双方当事人签名或盖章。

87. 当事人之间达成的和解协议合法有效并已履行完毕的，人民法院作执行结案处理。

十一、多个债权人对一个债务人申请执行和参与分配

88. 多份生效法律文书确定金钱给付内容的多个债权人分别对同一被执行人申请执行，各债权人对执行标的物均无担保物权的，按照执行法院采取执行措施的先后顺序受偿。

多个债权人的债权种类不同的，基于所有权和担保物权而享有的债权，优先于金钱债权受偿。有多个担保物权的，按照各担保物权成立的先后顺序清偿。

一份生效法律文书确定金钱给付内容的多个债权人对同一被执行人申请执行，执行的财产不足清偿全部债务的，各债权人对执行标的物均无担保物权的，按照各债权比例受偿。

89. 被执行人为企业法人，其财产不足清偿全部债务的，可告知当事人依法申请被执行人破产。

90. 被执行人为公民或其他组织，其全部或主要财产已被一个人民法院因执行确定金钱给付的生效法律文书而查封、扣押或冻结，无其他财产可供执行或其他财产不足清偿全部债务的，在被执行人的财产被执行完毕前，对该被执行人已经取得金钱债权执行依据的其他债权人可以申请对该被执行人的财产参与分配。

91. 对参与被执行人财产的具体分配，应当由首先查封、扣押或冻结的法院主持进行。

首先查封、扣押、冻结的法院所采取的执行措施如系为执行财产保全裁定，具体分配应当在该院案件审理终结后进行。

92. 债权人申请参与分配的，应当向其原申请执行法院提交参与分配申请书，写明参与分配的理由，并附有执行依据。该执行法院应将参与分配申请书转交给主持分配的法院，并说明执行情况。

93. 对人民法院查封、扣押或冻结的财产有优先权、担保物权的债权人，可以申请参加参与分配程序，主张优先受偿权。

94. 参与分配案件中可供执行的财产，在对享有优先权、担保权的债权人依照法律规定的顺序优先受偿后，按照各个案件债权额的比例进行分配。

95. 被执行人的财产被分配给各债权人后，被执行人对其剩余债务应当继续清偿。债权人发现被执行人有其他财产的，人民法院可以根据债权人的申请继续依法执行。

96. 被执行人为企业法人，未经清理或清算而撤销、注销或歇业，其财产不足清偿全部债务的，应当参照本规定90条至95条的规定，对各债权人的债权按比例清偿。

十二、对妨害执行行为的强制措施的适用

97. 对必须到人民法院接受询问的被执行人或被执行人的法定代表人或负责人，经两次传票传唤，无正当理由拒不到场的，人民法院可以对其进行拘传。

98. 对被拘传人的调查询问不得超过24小时，调查询问后不得限制被拘传人的人身自由。

99. 在本辖区以外采取拘传措施时，应当将被拘传人拘传到当地法院，当地法院应予以协助。

100. 被执行人或其他人有下列拒不履行生效法律文书或者妨害执行行为之一的，人民法院可以依照民事诉讼法第102条的规定处理：

（1）隐藏、转移、变卖、毁损向人民法院提供执行担保的财产的；

（2）案外人与被执行人恶意串通转移被执行人财产的；

（3）故意撕毁人民法院执行公告、封条的；

（4）伪造、隐藏、毁灭有关被执行人履行能力的重要证据，妨碍人民法院查明被执行人财产状况的；

（5）指使、贿买、胁迫他人对被执行人的财产状况和履行义务的能力问题作伪证的；

（6）妨碍人民法院依法搜查的；

（7）以暴力、威胁或其他方法妨碍或抗拒执行的；

（8）哄闹、冲击执行现场的；

（9）对人民法院执行人员或协助执行人员进行侮辱、诽谤、诬陷、围攻、威胁、殴打或者打击报复的；

（10）毁损、抢夺执行案件材料、执行公务车辆、其他执行器械、执行人员服装和执行公务证件的。

101. 在执行过程中遇有被执行人或其他人拒不履行生效法律文书或者妨害执行情节严重，需要追究刑事责任的，应将有关材料移交有关机关处理。

十三、执行的中止、终结、结案和执行回转

102. 有下列情形之一的，人民法院应当依照民事诉讼法第232条第1款第5项的规定裁定中止执行：

（1）人民法院已受理以被执行人为债务人的破产申请的；

（2）被执行人确无财产可供执行的；

（3）执行的标的物是其他法院或仲裁机构正在审理的案件争议标的物，需要等待该案件审理完毕确定权属的；

（4）一方当事人申请执行仲裁裁决，另一方当事人申请撤销仲裁裁决的；

（5）仲裁裁决的被申请执行人依据民事诉讼法第213条第2款的规定向人民法院提出不予执行请求，并提供适当担保的。

103. 按照审判监督程序提审或再审的案件，执行机构根据上级法院或本院作出的中止执行裁定书中止执行。

104. 中止执行的情形消失后，执行法院可以根据当事人的申请或依职权恢复执行。

恢复执行应当书面通知当事人。

105. 在执行中，被执行人被人民法院裁定宣告破产的，执行法院应当依照民事诉讼法第235条第6项的规定，裁定终结执行。

106. 中止执行和终结执行的裁定书应当写明中止或终结执行的理由和法律依据。

107. 人民法院执行生效法律文书，一般应当在立案之日起6个月内执行结案，但中止执行的期间应当扣除。确有特殊情况需要延长的，由本院院长批准。

108. 执行结案的方式为：

（1）生效法律文书确定的内容全部执行完毕；

（2）裁定终结执行；

（3）裁定不予执行；

（4）当事人之间达成执行和解协议并已履行完毕。

109. 在执行中或执行完毕后，据以执行的法律文书被人民法院或其他有关机关撤销或变更的，原执行机构应当依照民事诉讼法第210条的规定，依当事人申请或依职权，按照新的生效法律文书，作出执行回转的裁定，责令原申请执行人返还已取得的财产及其孳息。拒不返还的，强制执行。

执行回转应重新立案，适用执行程序的有关规定。

110. 执行回转时，已执行的标的物系特定物的，应当退还原物。不能退还原物的，可以折价抵偿。

十四、委托执行、协助执行和执行争议的协调

111. 凡需要委托执行的案件，委托法院应在立案后1个月内办妥委托执行手续。超过此期限委托的，应当经对方法院同意。

112. 委托法院明知被执行人有下列情形的，应当及时依法裁定中止执行或终结执行，不得委托当地法院执行：

（1）无确切住所，长期下落不明，又无财产可供执行的；

（2）有关法院已经受理以被执行人为债务人的破产案件或者已经宣告其破产的。

113. 委托执行一般应在同级人民法院之间进行。经对方法院同意，也可委托上一级的法院执行。

被执行人是军队企业的，可以委托其所在地的军事法院执行。

执行标的物是船舶的，可以委托有关海事法院执行。

114. 委托法院应当向受委托法院出具书面委托函，并附送据以执行的生效法律文书副本原件、立案审批表复印件及有关情况说明，包括财产保全情况、被执行人的财产状况、生效法律文书履行的情况，并注明委托法院地址、联系电话、联系人等。

115. 委托执行案件的实际支出费用，由受托法院向被执行人收取，确有必要的，可以

向申请执行人预收。委托法院已经向申请执行人预收费用的，应当将预收的费用转交受托法院。

116．案件委托执行后，未经受托法院同意，委托法院不得自行执行。

117．受托法院接到委托后，应当及时将指定的承办人、联系电话、地址等告知委托法院；如发现委托执行的手续、资料不全，应及时要求委托法院补办。但不得据此拒绝接受委托。

118．受托法院对受托执行的案件应当严格按照民事诉讼法和最高人民法院有关规定执行，有权依法采取强制执行措施和对妨害执行行为的强制措施。

119．被执行人在受托法院当地有工商登记或户籍登记，但人员下落不明，如有可供执行的财产，可以直接执行其财产。

120．对执行担保和执行和解的情况以及案外人对非属法律文书指定交付的执行标的物提出的异议，受托法院可以按照有关法律规定处理，并及时通知委托法院。

121．受托法院在执行中，认为需要变更被执行人的，应当将有关情况函告委托法院，由委托法院依法决定是否作出变更被执行人的裁定。

122．受托法院认为受托执行的案件应当中止、终结执行的，应提供有关证据材料，函告委托法院作出裁定。受托法院提供的证据材料确实、充分的，委托法院应当及时作出中止或终结执行的裁定。

123．受托法院认为委托执行的法律文书有错误，如执行可能造成执行回转困难或无法执行回转的，应当首先采取查封、扣押、冻结等保全措施，必要时要将保全款项划到法院账户，然后函请委托法院审查。受托法院按照委托法院的审查结果继续执行或停止执行。

124．人民法院在异地执行时，当地人民法院应当积极配合，协同排除障碍，保证执行人员的人身安全和执行装备、执行标的物不受侵害。

125．两个或两个以上人民法院在执行相关案件中发生争议的，应当协商解决。协商不成的，逐级报请上级法院，直至报请共同的上级法院协调处理。

执行争议经高级人民法院协商不成的，由有关的高级人民法院书面报请最高人民法院协调处理。

126．执行中发现两地法院或人民法院与仲裁机构就同一法律关系作出不同裁判内容的法律文书的，各有关法院应当立即停止执行，报请共同的上级法院处理。

127．上级法院协调处理有关执行争议案件，认为必要时，可以决定将有关款项划到本院指定的账户。

128．上级法院协调下级法院之间的执行争议所作出的处理决定，有关法院必须执行。

十五、执行监督

129．上级人民法院依法监督下级人民法院的执行工作。最高人民法院依法监督地方各级人民法院和专门法院的执行工作。

130．上级法院发现下级法院在执行中作出的裁定、决定、通知或具体执行行为不当或有错误的，应当及时指令下级法院纠正，并可以通知有关法院暂缓执行。

下级法院收到上级法院的指令后必须立即纠正。如果认为上级法院的指令有错误，可以在收到该指令后 5 日内请求上级法院复议。

上级法院认为请求复议的理由不成立，而下级法院仍不纠正的，上级法院可直接作出裁定或决定予以纠正，送达有关法院及当事人，并可直接向有关单位发出协助执行通知书。

131. 上级法院发现下级法院执行的非诉讼生效法律文书有不予执行事由，应当依法作出不予执行裁定而不制作的，可以责令下级法院在指定时限内作出裁定，必要时可直接裁定不予执行。

132. 上级法院发现下级法院的执行案件（包括受委托执行的案件）在规定的期限内未能执行结案的，应当作出裁定、决定、通知而不制作的，或应当依法实施具体执行行为而不实施的，应当督促下级法院限期执行，及时作出有关裁定等法律文书，或采取相应措施。

对下级法院长期未能执结的案件，确有必要的，上级法院可以决定由本院执行或与下级法院共同执行，也可以指定本辖区其他法院执行。

133. 上级法院在监督、指导、协调下级法院执行案件中，发现据以执行的生效法律文书确有错误的，应当书面通知下级法院暂缓执行，并按照审判监督程序处理。

134，上级法院在申诉案件复查期间，决定对生效法律文书暂缓执行的，有关审判庭应当将暂缓执行的通知抄送执行机构。

135. 上级法院通知暂缓执行的，应同时指定暂缓执行的期限。暂缓执行的期限一般不得超过 3 个月。有特殊情况需要延长的，应报经院长批准，并及时通知下级法院。

暂缓执行的原因消除后，应当及时通知执行法院恢复执行。期满后上级法院未通知继续暂缓执行的，执行法院可以恢复执行。

136. 下级法院不按照上级法院的裁定、决定或通知执行，造成严重后果的，按照有关规定追究有关主管人员和直接责任人员的责任。

十六、附则

137. 本规定自公布之日起试行。

本院以前作出的司法解释与本规定有抵触的，以本规定为准。本规定未尽事宜，按照以前的规定办理。

最高人民法院院关于人民法院民事执行中拍卖、变卖财产的规定

（2004 年 10 月 26 日最高人民法院审判委员会第 1330 次会议通过）

为了进一步规范民事执行中的拍卖、变卖措施，维护当事人的合法权益，根据《中华人民共和国民事诉讼法》等法律的规定，结合人民法院民事执行工作的实践经验，制定本规定。

第一条 在执行程序中，被执行人的财产被查封、扣押、冻结后，人民法院应当及时

进行拍卖、变卖或者采取其他执行措施。

第二条　人民法院对查封、扣押、冻结的财产进行变价处理时，应当首先采取拍卖的方式，但法律、司法解释另有规定的除外。

第三条　人民法院拍卖被执行人财产，应当委托具有相应资质的拍卖机构进行，并对拍卖机构的拍卖进行监督，但法律、司法解释另有规定的除外。

第四条　对拟拍卖的财产，人民法院应当委托具有相应资质的评估机构进行价格评估。对于财产价值较低或者价格依照通常方法容易确定的，可以不进行评估。

当事人双方及其他执行债权人申请不进行评估的，人民法院应当准许。

对被执行人的股权进行评估时，人民法院可以责令有关企业提供会计报表等资料；有关企业拒不提供的，可以强制提取。

第五条　评估机构由当事人协商一致后经人民法院审查确定；协商不成的，从负责执行的人民法院或者被执行人财产所在地的人民法院确定的评估机构名册中，采取随机的方式确定；当事人双方申请通过公开招标方式确定评估机构的，人民法院应当准许。

第六条　人民法院收到评估机构作出的评估报告后，应当在 5 日内将评估报告发送当事人及其他利害关系人。当事人或者其他利害关系人对评估报告有异议的，可以在收到评估报告后 10 日内以书面形式向人民法院提出。

当事人或者其他利害关系人有证据证明评估机构、评估人员不具备相应的评估资质或者评估程序严重违法而申请重新评估的，人民法院应当准许。

第七条　拍卖机构由当事人协商一致后经人民法院审查确定；协商不成的，从负责执行的人民法院或者被执行人财产所在地的人民法院确定的拍卖机构名册中，采取随机的方式确定；当事人双方申请通过公开招标方式确定拍卖机构的，人民法院应当准许。

第八条　拍卖应当确定保留价。

拍卖保留价由人民法院参照评估价确定；未作评估的，参照市价确定，并应当征询有关当事人的意见。

人民法院确定的保留价，第一次拍卖时，不得低于评估价或者市价的 80%；如果出现流拍，再行拍卖时，可以酌情降低保留价，但每次降低的数额不得超过前次保留价的 20%。

第九条　保留价确定后，依据本次拍卖保留价计算，拍卖所得价款在清偿优先债权和强制执行费用后无剩余可能的，应当在实施拍卖前将有关情况通知申请执行人。申请执行人于收到通知后 5 日内申请继续拍卖的，人民法院应当准许，但应当重新确定保留价；重新确定的保留价应当大于该优先债权及强制执行费用的总额。

依照前款规定流拍的，拍卖费用由申请执行人负担。

第十条　执行人员应当对拍卖财产的权属状况、占有使用情况等进行必要的调查，制作拍卖财产现状的调查笔录或者收集其他有关资料。

第十一条　拍卖应当先期公告。

拍卖动产的，应当在拍卖 7 日前公告；拍卖不动产或者其他财产权的，应当在拍卖 15 日前公告。

第十二条 拍卖公告的范围及媒体由当事人双方协商确定；协商不成的，由人民法院确定。拍卖财产具有专业属性的，应当同时在专业性报纸上进行公告。

当事人申请在其他新闻媒体上公告或者要求扩大公告范围的，应当准许，但该部分的公告费用由其自行承担。

第十三条 拍卖不动产、其他财产权或者价值较高的动产的，竞买人应当于拍卖前向人民法院预交保证金。申请执行人参加竞买的，可以不预交保证金。保证金的数额由人民法院确定，但不得低于评估价或者市价的5%。

应当预交保证金而未交纳的，不得参加竞买。拍卖成交后，买受人预交的保证金充抵价款，其他竞买人预交的保证金应当在3日内退还；拍卖未成交的，保证金应当于3日内退还竞买人。

第十四条 人民法院应当在拍卖5日前以书面或者其他能够确认收悉的适当方式，通知当事人和已知的担保物权人、优先购买权人或者其他优先权人于拍卖日到场。

优先购买权人经通知未到场的，视为放弃优先购买权。

第十五条 法律、行政法规对买受人的资格或者条件有特殊规定的，竞买人应当具备规定的资格或者条件。

申请执行人、被执行人可以参加竞买。

第十六条 拍卖过程中，有最高应价时，优先购买权人可以表示以该最高价买受，如无更高应价，则拍归优先购买权人；如有更高应价，而优先购买权人不作表示的，则拍归该应价最高的竞买人。

顺序相同的多个优先购买权人同时表示买受的，以抽签方式决定买受人。

第十七条 拍卖多项财产时，其中部分财产卖得的价款足以清偿债务和支付被执行人应当负担的费用的，对剩余的财产应当停止拍卖，但被执行人同意全部拍卖的除外。

第十八条 拍卖的多项财产在使用上不可分，或者分别拍卖可能严重减损其价值的，应当合并拍卖。

第十九条 拍卖时无人竞买或者竞买人的最高应价低于保留价，到场的申请执行人或者其他执行债权人申请或者同意以该次拍卖所定的保留价接受拍卖财产的，应当将该财产交其抵债。

有两个以上执行债权人申请以拍卖财产抵债的，由法定受偿顺位在先的债权人优先承受；受偿顺位相同的，以抽签方式决定承受人。承受人应受清偿的债权额低于抵债财产的价额的，人民法院应当责令其在指定的期间内补交差额。

第二十条 在拍卖开始前，有下列情形之一的，人民法院应当撤回拍卖委托：

（一）据以执行的生效法律文书被撤销的；

（二）申请执行人及其他执行债权人撤回执行申请的；

（三）被执行人全部履行了法律文书确定的金钱债务的；

（四）当事人达成了执行和解协议，不需要拍卖财产的；

（五）案外人对拍卖财产提出确有理由的异议的；

（六）拍卖机构与竞买人恶意串通的；

（七）其他应当撤回拍卖委托的情形。

第二十一条　人民法院委托拍卖后，遇有依法应当暂缓执行或者中止执行的情形的，应当决定暂缓执行或者裁定中止执行，并及时通知拍卖机构和当事人。拍卖机构收到通知后，应当立即停止拍卖，并通知竞买人。

暂缓执行期限届满或者中止执行的事由消失后，需要继续拍卖的，人民法院应当在 15 日内通知拍卖机构恢复拍卖。

第二十二条　被执行人在拍卖日之前向人民法院提交足额金钱清偿债务，要求停止拍卖的，人民法院应当准许，但被执行人应当负担因拍卖支出的必要费用。

第二十三条　拍卖成交或者以流拍的财产抵债的，人民法院应当作出裁定，并于价款或者需要补交的差价全额交付后 10 日内，送达买受人或者承受人。

第二十四条　拍卖成交后，买受人应当在拍卖公告确定的期限或者人民法院指定的期限内将价款交付到人民法院或者汇入人民法院指定的账户。

第二十五条　拍卖成交或者以流拍的财产抵债后，买受人逾期未支付价款或者承受人逾期未补交差价而使拍卖、抵债的目的难以实现的，人民法院可以裁定重新拍卖。重新拍卖时，原买受人不得参加竞买。

重新拍卖的价款低于原拍卖价款造成的差价、费用损失及原拍卖中的佣金，由原买受人承担。人民法院可以直接从其预交的保证金中扣除。扣除后保证金有剩余的，应当退还原买受人；保证金数额不足的，可以责令原买受人补交；拒不补交的，强制执行。

第二十六条　拍卖时无人竞买或者竞买人的最高应价低于保留价，到场的申请执行人或者其他执行债权人不申请以该次拍卖所定的保留价抵债的，应当在 60 日内再行拍卖。

第二十七条　对于第二次拍卖仍流拍的动产，人民法院可以依照本规定第 19 条的规定将其作价交申请执行人或者其他执行债权人抵债。申请执行人或者其他执行债权人拒绝接受或者依法不能交付其抵债的，人民法院应当解除查封、扣押，并将该动产退还被执行人。

第二十八条　对于第二次拍卖仍流拍的不动产或者其他财产权，人民法院可以依照本规定第 19 条的规定将其作价交申请执行人或者其他执行债权人抵债。申请执行人或者其他执行债权人拒绝接受或者依法不能交付其抵债的，应当在 60 日内进行第三次拍卖。

第三次拍卖流拍且申请执行人或者其他执行债权人拒绝接受或者依法不能接受该不动产或者其他财产权抵债的，人民法院应当于第三次拍卖终结之日起 7 日内发出变卖公告。自公告之日起 60 日内没有买受人愿意以第三次拍卖的保留价买受该财产，且申请执行人、其他执行债权人仍不表示接受该财产抵债的，应当解除查封、冻结，将该财产退还被执行人，但对该财产可以采取其他执行措施的除外。

第二十九条　动产拍卖成交或者抵债后，其所有权自该动产交付时起转移给买受人或者承受人。

不动产、有登记的特定动产或者其他财产权拍卖成交或者抵债后，该不动产、特定动产的所有权、其他财产权自拍卖成交或者抵债裁定送达买受人或者承受人时起转移。

第三十条 人民法院裁定拍卖成交或者以流拍的财产抵债后，除有依法不能移交的情形外，应当于裁定送达后 15 日内，将拍卖的财产移交买受人或者承受人。被执行人或者第三人占有拍卖财产应当移交而拒不移交的，强制执行。

第三十一条 拍卖财产上原有的担保物权及其他优先受偿权，因拍卖而消灭，拍卖所得价款，应当优先清偿担保物权人及其他优先受偿权人的债权，但当事人另有约定的除外。

拍卖财产上原有的租赁权及其他用益物权，不因拍卖而消灭，但该权利继续存在于拍卖财产上，对在先的担保物权或者其他优先受偿权的实现有影响的，人民法院应当依法将其除去后进行拍卖。

第三十二条 拍卖成交的，拍卖机构可以按照下列比例向买受人收取佣金：

拍卖成交价 200 万元以下的，收取佣金的比例不得超过 5%；超过 200 万元至 1000 万元的部分，不得超过 3%；超过 1000 万元至 5000 万元的部分，不得超过 2%；超过 5000 万元至 1 亿元的部分，不得超过 1%；超过 1 亿元的部分，不得超过 0.5%。

采取公开招标方式确定拍卖机构的，按照中标方案确定的数额收取佣金。

拍卖未成交或者非因拍卖机构的原因撤回拍卖委托的，拍卖机构为本次拍卖已经支出的合理费用，应当由被执行人负担。

第三十三条 在执行程序中拍卖上市公司国有股和社会法人股的，适用最高人民法院《关于冻结、拍卖上市公司国有股和社会法人股若干问题的规定》。

第三十四条 对查封、扣押、冻结的财产，当事人双方及有关权利人同意变卖的，可以变卖。

金银及其制品、当地市场有公开交易价格的动产、易腐烂变质的物品、季节性商品、保管困难或者保管费用过高的物品，人民法院可以决定变卖。

第三十五条 当事人双方及有关权利人对变卖财产的价格有约定的，按照其约定价格变卖；无约定价格但有市价的，变卖价格不得低于市价；无市价但价值较大、价格不易确定的，应当委托评估机构进行评估，并按照评估价格进行变卖。

按照评估价格变卖不成的，可以降低价格变卖，但最低的变卖价不得低于评估价的 1/2。

变卖的财产无人应买的，适用本规定第 19 条的规定将该财产交申请执行人或者其他执行债权人抵债；申请执行人或者其他执行债权人拒绝接受或者依法不能交付其抵债的，人民法院应当解除查封、扣押，并将该财产退还被执行人。

第三十六条 本规定自 2005 年 1 月 1 日起施行。施行前本院公布的司法解释与本规定不一致的，以本规定为准。

最高人民法院关于执行
《中华人民共和国行政诉讼法》若干问题的解释（节录）

（1999 年 11 月 24 日最高人民法院审判委员会第 1088 次会议通过）

七、执　行

第八十三条　对发生法律效力的行政判决书、行政裁定书、行政赔偿判决书和行政赔偿调解书，负有义务的一方当事人拒绝履行的，对方当事人可以依法申请人民法院强制执行。

第八十四条　申请人是公民的，申请执行生效的行政判决书、行政裁定书、行政赔偿判决书和行政赔偿调解书的期限为 1 年，申请人是行政机关、法人或者其他组织的为 180 日。

申请执行的期限从法律文书规定的履行期间最后一日起计算；法律文书中没有规定履行期限的，从该法律文书送达当事人之日起计算。

逾期申请的，除有正当理由外，人民法院不予受理。

第八十五条　发生法律效力的行政判决书、行政裁定书、行政赔偿判决书和行政赔偿调解书，由第一审人民法院执行。

第一审人民法院认为情况特殊需要由第二审人民法院执行的，可以报请第二审人民法院执行；第二审人民法院可以决定由其执行，也可以决定由第一审人民法院执行。

第八十六条　行政机关根据行政诉讼法第 66 条的规定申请执行其具体行政行为，应当具备以下条件：

（一）具体行政行为依法可以由人民法院执行；

（二）具体行政行为已经生效并具有可执行内容；

（三）申请人是作出该具体行政行为的行政机关或者法律、法规、规章授权的组织；

（四）被申请人是该具体行政行为所确定的义务人；

（五）被申请人在具体行政行为确定的期限内或者行政机关另行指定的期限内未履行义务；

（六）申请人在法定期限内提出申请；

（七）被申请执行的行政案件属于受理申请执行的人民法院管辖。

人民法院对符合条件的申请，应当立案受理，并通知申请人；对不符合条件的申请，应当裁定不予受理。

第八十七条　法律、法规没有赋予行政机关强制执行权，行政机关申请人民法院强制执行的，人民法院应当依法受理。

法律、法规规定既可以由行政机关依法强制执行，也可以申请人民法院强制执行，行政机关申请人民法院强制执行的,人民法院可以依法受理。

第八十八条 行政机关申请人民法院强制执行其具体行政行为,应当自被执行人的法定起诉期限届满之日起 180 日内提出。逾期申请的,除有正当理由外,人民法院不予受理。

第八十九条 行政机关申请人民法院强制执行其具体行政行为,由申请人所在地的基层人民法院受理;执行对象为不动产的,由不动产所在地的基层人民法院受理。

基层人民法院认为执行确有困难的,可以报请上级人民法院执行;上级人民法院可以决定由其执行,也可以决定由下级人民法院执行。

第九十条 行政机关根据法律的授权对平等主体之间民事争议作出裁决后,当事人在法定期限内不起诉又不履行,作出裁决的行政机关在申请执行的期限内未申请人民法院强制执行的,生效具体行政行为确定的权利人或者其继承人、权利承受人在 90 日内可以申请人民法院强制执行。

享有权利的公民、法人或者其他组织申请人民法院强制执行具体行政行为,参照行政机关申请人民法院强制执行具体行政行为的规定。

第九十一条 行政机关申请人民法院强制执行其具体行政行为,应当提交申请执行书、据以执行的行政法律文书、证明该具体行政行为合法的材料和被执行人财产状况以及其他必须提交的材料。

享有权利的公民、法人或者其他组织申请人民法院强制执行的,人民法院应当向作出裁决的行政机关调取有关材料。

第九十二条 行政机关或者具体行政行为确定的权利人申请人民法院强制执行前,有充分理由认为被执行人可能逃避执行的,可以申请人民法院采取财产保全措施。后者申请强制执行的,应当提供相应的财产担保。

第九十三条 人民法院受理行政机关申请执行其具体行政行为的案件后,应当在 30 日内由行政审判庭组成合议庭对具体行政行为的合法性进行审查,并就是否准予强制执行作出裁定;需要采取强制执行措施的,由本院负责强制执行非诉行政行为的机构执行。

第九十四条 在诉讼过程中,被告或者具体行政行为确定的权利人申请人民法院强制执行被诉具体行政行为,人民法院不予执行,但不及时执行可能给国家利益、公共利益或者他人合法权益造成不可弥补的损失的,人民法院可以先予执行。后者申请强制执行的,应当提供相应的财产担保。

第九十五条 被申请执行的具体行政行为有下列情形之一的,人民法院应当裁定不准予执行:

(一)明显缺乏事实根据的;

(二)明显缺乏法律依据的;

(三)其他明显违法并损害被执行人合法权益的。

第九十六条 行政机关拒绝履行人民法院生效判决、裁定的,人民法院可以依照行政诉讼法第65条第3款的规定处理,并可以参照民事诉讼法第102条的有关规定,对主要负责人或者直接责任人员予以罚款处罚。

最高人民法院关于
适用《中华人民共和国刑事诉讼法》的解释（节录）

（《最高人民法院关于适用〈中华人民共和国刑事诉讼法〉的解释》已于 2012 年 11 月 5 日由最高人民法院审判委员会第 1559 次会议通过，现予公布，自 2013 年 1 月 1 日起施行）

第十九章　执行程序

第一节　死刑的执行

第四百一十五条　被判处死刑缓期执行的罪犯，在死刑缓期执行期间故意犯罪的，应当由罪犯服刑地的中级人民法院依法审判，所作的判决可以上诉、抗诉。

认定构成故意犯罪的判决、裁定发生法律效力后，应当层报最高人民法院核准执行死刑。

第四百一十六条　死刑缓期执行的期间，从判决或者裁定核准死刑缓期执行的法律文书宣告或者送达之日起计算。

死刑缓期执行期满，依法应当减刑的，人民法院应当及时减刑。死刑缓期执行期满减为无期徒刑、有期徒刑的，刑期自死刑缓期执行期满之日起计算。

第四百一十七条　最高人民法院的执行死刑命令，由高级人民法院交付第一审人民法院执行。第一审人民法院接到执行死刑命令后，应当在 7 日内执行。

在死刑缓期执行期间故意犯罪，最高人民法院核准执行死刑的，由罪犯服刑地的中级人民法院执行。

第四百一十八条　第一审人民法院在接到执行死刑命令后、执行前，发现有下列情形之一的，应当暂停执行，并立即将请求停止执行死刑的报告和相关材料层报最高人民法院：

（一）罪犯可能有其他犯罪的；

（二）共同犯罪的其他犯罪嫌疑人到案，可能影响罪犯量刑的；

（三）共同犯罪的其他罪犯被暂停或者停止执行死刑，可能影响罪犯量刑的；

（四）罪犯揭发重大犯罪事实或者有其他重大立功表现，可能需要改判的；

（五）罪犯怀孕的；

（六）判决、裁定可能有影响定罪量刑的其他错误的。

最高人民法院经审查，认为可能影响罪犯定罪量刑的，应当裁定停止执行死刑；认为不影响的，应当决定继续执行死刑。

第四百一十九条 最高人民法院在执行死刑命令签发后、执行前，发现有前条第1款规定情形的，应当立即裁定停止执行死刑，并将有关材料移交下级人民法院。

第四百二十条 下级人民法院接到最高人民法院停止执行死刑的裁定后，应当会同有关部门调查核实停止执行死刑的事由，并及时将调查结果和意见层报最高人民法院审核。

第四百二十一条 对下级人民法院报送的停止执行死刑的调查结果和意见，由最高人民法院原作出核准死刑判决、裁定的合议庭负责审查，必要时，另行组成合议庭进行审查。

第四百二十二条 最高人民法院对停止执行死刑的案件，应当按照下列情形分别处理：

（一）确认罪犯怀孕的，应当改判；

（二）确认罪犯有其他犯罪，依法应当追诉的，应当裁定不予核准死刑，撤销原判，发回重新审判；

（三）确认原判决、裁定有错误或者罪犯有重大立功表现，需要改判的，应当裁定不予核准死刑，撤销原判，发回重新审判；

（四）确认原判决、裁定没有错误，罪犯没有重大立功表现，或者重大立功表现不影响原判决、裁定执行的，应当裁定继续执行死刑，并由院长重新签发执行死刑的命令。

第四百二十三条 第一审人民法院在执行死刑前，应当告知罪犯有权会见其近亲属。罪犯申请会见并提供具体联系方式的，人民法院应当通知其近亲属。罪犯近亲属申请会见的，人民法院应当准许，并及时安排会见。

第四百二十四条 第一审人民法院在执行死刑3日前，应当通知同级人民检察院派员临场监督。

第四百二十五条 死刑采用枪决或者注射等方法执行。

采用注射方法执行死刑的，应当在指定的刑场或者羁押场所内执行。

采用枪决、注射以外的其他方法执行死刑的，应当事先层报最高人民法院批准。

第四百二十六条 执行死刑前，指挥执行的审判人员对罪犯应当验明正身，讯问有无遗言、信札，并制作笔录，再交执行人员执行死刑。

执行死刑应当公布，禁止游街示众或者其他有辱罪犯人格的行为。

第四百二十七条 执行死刑后，应当由法医验明罪犯确实死亡，在场书记员制作笔录。负责执行的人民法院应当在执行死刑后15日内将执行情况，包括罪犯被执行死刑前后的照片，上报最高人民法院。

第四百二十八条 执行死刑后，负责执行的人民法院应当办理以下事项：

（一）对罪犯的遗书、遗言笔录，应当及时审查；涉及财产继承、债务清偿、家事嘱托等内容的，将遗书、遗言笔录交给家属，同时复制附卷备查；涉及案件线索等问题的，抄送有关机关；

（二）通知罪犯家属在限期内领取罪犯骨灰；没有火化条件或者因民族、宗教等原因不宜火化的，通知领取尸体；过期不领取的，由人民法院通知有关单位处理，并要求有关单位出具处理情况的说明；对罪犯骨灰或者尸体的处理情况，应当记录在案；

（三）对外国籍罪犯执行死刑后，通知外国驻华使、领馆的程序和时限，根据有关规定办理。

第二节　死刑缓期执行、无期徒刑、有期徒刑、拘役的交付执行

第四百二十九条　被判处死刑缓期执行、无期徒刑、有期徒刑、拘役的罪犯，交付执行时在押的，第一审人民法院应当在判决、裁定生效后 10 日内，将判决书、裁定书、起诉书副本、自诉状复印件、执行通知书、结案登记表送达看守所，由公安机关将罪犯交付执行。

罪犯需要收押执行刑罚，而判决、裁定生效前未被羁押的，人民法院应当根据生效的判决书、裁定书将罪犯送交看守所羁押，并依照前款的规定办理执行手续。

第四百三十条　同案审理的案件中，部分被告人被判处死刑，对未被判处死刑的同案被告人需要羁押执行刑罚的，应当在其判决、裁定生效后 10 日内交付执行。但是，该同案被告人参与实施有关死刑之罪的，应当在最高人民法院复核讯问被判处死刑的被告人后交付执行。

第四百三十一条　执行通知书回执经看守所盖章后，应当附卷备查。

第四百三十二条　被判处无期徒刑、有期徒刑或者拘役的罪犯，符合刑事诉讼法第 254 条第 1 款、第 2 款的规定，人民法院决定暂予监外执行的，应当制作暂予监外执行决定书，写明罪犯基本情况、判决确定的罪名和刑罚、决定暂予监外执行的原因、依据等，通知罪犯居住地的县级司法行政机关派员办理交接手续，并将暂予监外执行决定书抄送罪犯居住地的县级人民检察院和公安机关。

人民检察院认为人民法院的暂予监外执行决定不当，在法定期限内提出书面意见的，人民法院应当立即对该决定重新核查，并在 1 个月内作出决定。

第四百三十三条　暂予监外执行的罪犯具有下列情形之一的，原作出暂予监外执行决定的人民法院，应当在收到执行机关的收监执行建议书后 15 日内，作出收监执行的决定：

（一）不符合暂予监外执行条件的；

（二）未经批准离开所居住的市、县，经警告拒不改正，或者拒不报告行踪，脱离监管的；

（三）因违反监督管理规定受到治安管理处罚，仍不改正的；

（四）受到执行机关 2 次警告，仍不改正的；

（五）保外就医期间不按规定提交病情复查情况，经警告拒不改正的；

（六）暂予监外执行的情形消失后，刑期未满的；

（七）保证人丧失保证条件或者因不履行义务被取消保证人资格，不能在规定期限内提出新的保证人的；

（八）违反法律、行政法规和监督管理规定，情节严重的其他情形。

人民法院收监执行决定书，一经作出，立即生效。

第四百三十四条 人民法院应当将收监执行决定书送交罪犯居住地的县级司法行政机关，由其根据有关规定将罪犯交付执行。收监执行决定书应当同时抄送罪犯居住地的同级人民检察院和公安机关。

第四百三十五条 被收监执行的罪犯有不计入执行刑期情形的，人民法院应当在作出收监决定时，确定不计入执行刑期的具体时间。

第三节 管制、缓刑、剥夺政治权利的交付执行

第四百三十六条 对被判处管制、宣告缓刑的罪犯，人民法院应当核实其居住地。宣判时，应当书面告知罪犯到居住地县级司法行政机关报到的期限和不按期报到的后果。判决、裁定生效后 10 日内，应当将判决书、裁定书、执行通知书等法律文书送达罪犯居住地的县级司法行政机关，同时抄送罪犯居住地的县级人民检察院。

第四百三十七条 对单处剥夺政治权利的罪犯，人民法院应当在判决、裁定生效后 10 日内，将判决书、裁定书、执行通知书等法律文书送达罪犯居住地的县级公安机关，并抄送罪犯居住地的县级人民检察院。

第四节 财产刑和附带民事裁判的执行

第四百三十八条 财产刑和附带民事裁判由第一审人民法院负责裁判执行的机构执行。

第四百三十九条 罚金在判决规定的期限内一次或者分期缴纳。期满无故不缴纳或者未足额缴纳的，人民法院应当强制缴纳。经强制缴纳仍不能全部缴纳的，在任何时候，包括主刑执行完毕后，发现被执行人有可供执行的财产的，应当追缴。

行政机关对被告人就同一事实已经处以罚款的，人民法院判处罚金时应当折抵，扣除行政处罚已执行的部分。

判处没收财产的，判决生效后，应当立即执行。

第四百四十条 执行财产刑和附带民事裁判过程中，案外人对被执行财产提出权属异议的，人民法院应当参照民事诉讼有关执行异议的规定进行审查并作出处理。

第四百四十一条 被判处财产刑，同时又承担附带民事赔偿责任的被执行人，应当先履行民事赔偿责任。

判处财产刑之前被执行人所负正当债务，需要以被执行的财产偿还的，经债权人请求，应当偿还。

第四百四十二条　被执行人或者被执行财产在外地的，可以委托当地人民法院执行。

受托法院在执行财产刑后，应当及时将执行的财产上缴国库。

第四百四十三条　执行财产刑过程中，具有下列情形之一的，人民法院应当裁定中止执行：

（一）执行标的物系人民法院或者仲裁机构正在审理案件的争议标的物，需等待该案件审理完毕确定权属的；

（二）案外人对执行标的物提出异议的；

（三）应当中止执行的其他情形。

中止执行的原因消除后，应当恢复执行。

第四百四十四条　执行财产刑过程中，具有下列情形之一的，人民法院应当裁定终结执行：

（一）据以执行的判决、裁定被撤销的；

（二）被执行人死亡或者被执行死刑，且无财产可供执行的；

（三）被判处罚金的单位终止，且无财产可供执行的；

（四）依照刑法第53条规定免除罚金的；

（五）应当终结执行的其他情形。

裁定终结执行后，发现被执行人的财产有被隐匿、转移等情形的，应当追缴。

第四百四十五条　财产刑全部或者部分被撤销的，已经执行的财产应当全部或者部分返还被执行人；无法返还的，应当依法赔偿。

第四百四十六条　因遭遇不能抗拒的灾祸缴纳罚金确有困难，被执行人申请减少或者免除罚金的，应当提交相关证明材料。人民法院应当在收到申请后1个月内作出裁定。符合法定减免条件的，应当准许；不符合条件的，驳回申请。

第四百四十七条　财产刑和附带民事裁判的执行，本解释没有规定的，参照适用民事执行的有关规定。

最高人民法院关于刑事裁判涉财产部分执行的若干规定

（2014年9月1日最高人民法院审判委员会第1625次会议通过）

为进一步规范刑事裁判涉财产部分的执行，维护当事人合法权益，根据《中华人民共和国刑法》《中华人民共和国刑事诉讼法》等法律规定，结合人民法院执行工作实际，制定本规定。

第一条　本规定所称刑事裁判涉财产部分的执行，是指发生法律效力的刑事裁判主文确定的下列事项的执行：

（一）罚金、没收财产；

（二）责令退赔；

（三）处置随案移送的赃款赃物；

（四）没收随案移送的供犯罪所用本人财物；

（五）其他应当由人民法院执行的相关事项。

刑事附带民事裁判的执行，适用民事执行的有关规定。

第二条 刑事裁判涉财产部分，由第一审人民法院执行。第一审人民法院可以委托财产所在地的同级人民法院执行。

第三条 人民法院办理刑事裁判涉财产部分执行案件的期限为 6 个月。有特殊情况需要延长的，经本院院长批准，可以延长。

第四条 人民法院刑事审判中可能判处被告人财产刑、责令退赔的，刑事审判部门应当依法对被告人的财产状况进行调查；发现可能隐匿、转移财产的，应当及时查封、扣押、冻结其相应财产。

第五条 刑事审判或者执行中，对于侦查机关已经采取的查封、扣押、冻结，人民法院应当在期限届满前及时续行查封、扣押、冻结。人民法院续行查封、扣押、冻结的顺位与侦查机关查封、扣押、冻结的顺位相同。

对侦查机关查封、扣押、冻结的财产，人民法院执行中可以直接裁定处置，无需侦查机关出具解除手续，但裁定中应当指明侦查机关查封、扣押、冻结的事实。

第六条 刑事裁判涉财产部分的裁判内容，应当明确、具体。涉案财物或者被害人人数较多，不宜在判决主文中详细列明的，可以概括叙明并另附清单。

判处没收部分财产的，应当明确没收的具体财物或者金额。

判处追缴或者责令退赔的，应当明确追缴或者退赔的金额或财物的名称、数量等相关情况。

第七条 由人民法院执行机构负责执行的刑事裁判涉财产部分，刑事审判部门应当及时移送立案部门审查立案。

移送立案应当提交生效裁判文书及其附件和其他相关材料，并填写《移送执行表》。《移送执行表》应当载明以下内容：

（一）被执行人、被害人的基本信息；

（二）已查明的财产状况或者财产线索；

（三）随案移送的财产和已经处置财产的情况；

（四）查封、扣押、冻结财产的情况；

（五）移送执行的时间；

（六）其他需要说明的情况。

人民法院立案部门经审查，认为属于移送范围且移送材料齐全的，应当在 7 日内立案，并移送执行机构。

第八条　人民法院可以向刑罚执行机关、社区矫正机构等有关单位调查被执行人的财产状况，并可以根据不同情形要求有关单位协助采取查封、扣押、冻结、划拨等执行措施。

第九条　判处没收财产的，应当执行刑事裁判生效时被执行人合法所有的财产。

执行没收财产或罚金刑，应当参照被扶养人住所地政府公布的上年度当地居民最低生活费标准，保留被执行人及其所扶养家属的生活必需费用。

第十条　对赃款赃物及其收益，人民法院应当一并追缴。

被执行人将赃款赃物投资或者置业，对因此形成的财产及其收益，人民法院应予追缴。

被执行人将赃款赃物与其他合法财产共同投资或者置业，对因此形成的财产中与赃款赃物对应的份额及其收益，人民法院应予追缴。

对于被害人的损失，应当按照刑事裁判认定的实际损失予以发还或者赔偿。

第十一条　被执行人将刑事裁判认定为赃款赃物的涉案财物用于清偿债务、转让或者设置其他权利负担，具有下列情形之一的，人民法院应予追缴：

（一）第三人明知是涉案财物而接受的；

（二）第三人无偿或者以明显低于市场的价格取得涉案财物的；

（三）第三人通过非法债务清偿或者违法犯罪活动取得涉案财物的；

（四）第三人通过其他恶意方式取得涉案财物的。

第三人善意取得涉案财物的，执行程序中不予追缴。作为原所有人的被害人对该涉案财物主张权利的，人民法院应当告知其通过诉讼程序处理。

第十二条　被执行财产需要变价的，人民法院执行机构应当依法采取拍卖、变卖等变价措施。

涉案财物最后一次拍卖未能成交，需要上缴国库的，人民法院应当通知有关财政机关以该次拍卖保留价予以接收；有关财政机关要求继续变价的，可以进行无保留价拍卖。需要退赔被害人的，以该次拍卖保留价以物退赔；被害人不同意以物退赔的，可以进行无保留价拍卖。

第十三条　被执行人在执行中同时承担刑事责任、民事责任，其财产不足以支付的，按照下列顺序执行：

（一）人身损害赔偿中的医疗费用；

（二）退赔被害人的损失；

（三）其他民事债务；

（四）罚金；

（五）没收财产。

债权人对执行标的依法享有优先受偿权，其主张优先受偿的，人民法院应当在前款第（一）项规定的医疗费用受偿后，予以支持。

第十四条　执行过程中，当事人、利害关系人认为执行行为违反法律规定，或者案外人对执行标的主张足以阻止执行的实体权利，向执行法院提出书面异议的，执行法院应当依照民事诉讼法第 225 条的规定处理。

人民法院审查案外人异议、复议，应当公开听证。

第十五条　执行过程中，案外人或被害人认为刑事裁判中对涉案财物是否属于赃款赃物认定错误或者应予认定而未认定，向执行法院提出书面异议，可以通过裁定补正的，执行机构应当将异议材料移送刑事审判部门处理；无法通过裁定补正的，应当告知异议人通过审判监督程序处理。

第十六条　人民法院办理刑事裁判涉财产部分执行案件，刑法、刑事诉讼法及有关司法解释没有相应规定的，参照适用民事执行的有关规定。

第十七条　最高人民法院此前发布的司法解释与本规定不一致的，以本规定为准。

参考文献

1. 郭兵主编：《法院强制执行》，人民法院出版社 2007 年版。

2. 童付章主编：《法院执行实务》，华中科技大学出版社 2011 年版。

3. 谭秋桂：《民事执行法学》，北京大学出版社 2005 年版。

4. 王少南主编：《法院执行实用管理学》，人民法院出版社 2009 年版。

5. 政玉英、姜先良、孙之斌编著：《民事执行程序操作细则》，中国法制出版社 2007 年版。

6. 张晓秦、刘玉民主编：《民事执行要点与技巧》，中国民主法制出版社 2009 年版。

8. 金永熙：《法院执行实务新论》，人民法院出版社 2000 年版。

9. 童兆洪主编：《民事执行调查与分析》，人民法院出版社 2005 年版。

10. 戴建志主编：《法院执行运作实务》，法律出版社 1999 年版。

11. 江必新主编：《最高人民法院执行司法解释、规范性文件理解与适用（2010～2013)》，中国法制出版社 2014 年版。

12. 韩玉胜主编：《刑事执行制度研究》，中国人民大学出版社 2007 年版。

13. 吴宗宪主编：《刑事执行法学》，中国人民大学出版社 2007 年版。

14. 姜明安主编：《行政法与行政诉讼法》，北京大学出版社 2005 年版。

15. 孙笑侠：《法律对行政的控制——现代行政法的法理解释》，山东人民出版社 1999 年版。

16. 孙力：《罚金刑研究》，中国人民公安大学出版社 1995 年版。